Superb View in the World
世界の絶景
超完全版

JN012712

Superb View in the World
世界の絶景
超完全版

CONTENTS

超絶！世界No.1の絶景に出合う
The Best Landscapes in the World

世界一｜オーロラに出合う
確率が高い村
遭遇確率 3日間で95％

001 イエローナイフ
Yellowknife

地上から100〜500kmの高さで光るオーロラの観賞に欠かせないのは、晴天と地球上の位置。圧倒的な晴天率の高さと絶好のロケーションで世界一の条件が整う、天から選ばれた場所だ。

カナダ ➡P313

カナダのオーロラ観賞地点ではダイナミックなオーロラだけでなく、カーテン状のものや降り注ぐようなオーロラも出現する。

太陽から放たれる
地球への贈り物

002 イグアスの滝
Iguazu Falls

周辺に点在する大小275もの滝を総称して「大いなる水」とよばれる。唸り声をあげながら流れ落ちる膨大な水量は、東京ドーム1個分に相当する12億4000万ℓをわずか20秒で満たす。

アルゼンチンほか ➡P378

あたり一帯に鳴り響く
「大いなる水」の音

アルゼンチン側からのハイライトは遊歩道の先にある「悪魔の喉笛」。悪魔の唸りのような低い音が恐ろしいほどに鳴り響く。

果てしない草原の風景
紡がれる命の連鎖

世界一	広大なサバンナ
	面積 約1万4763㎢

003 セレンゲティ国立公園

Serengeti National Park

地の果てまで広がるサバンナの風景は四国の面積の80%に相当する。見渡す限りの大自然には約300万頭もの草食動物や肉食獣が生息し、地球のダイナミズムを全身で感じられる。

タンザニア →P437

キリマンジャロの裾野に広がるサバンナは隣国ケニアのマサイ・マラ国立保護区と隣接し、動物は季節ごとに食べ物を求め国境を行き来する。

世界一 広大な峡谷

面積 約4931㎢

004 グランド・キャニオン国立公園
Grand Canyon National Park

世界最大の峡谷は福岡県とほぼ同じ面積に及ぶ。断崖の深さは平均1600mの巨大スケール、地底にはコロラド川が流れ、隆起と浸食という自然のパワーと、重なる地層が地球の歴史を伝える。

アメリカ →P285

想像を絶する規模で
目撃する地球の躍動

日の出の絶景ポイントとして知られるマーサーポイントは、ビジターセンターに最も近く、日中は反対側のノース・リムまでを見渡せる。

自然の恵みたっぷりの
死の名と正反対の湖

世界一	地表で低い場所
	海抜 -430m

005 死海
Dead Sea

世界で一番低い場所、海抜-430mにある死海。道中、海抜0m地点を通過してなお下っていくと、気圧の変化を体感するほど地表から奥深い。年間を通じて降雨量が少なく温暖だ。

ヨルダンほか →P165

水しぶきのかかる湖岸には、真っ白で芸術品のような塩の結晶が見られる。塩分濃度が高い水はしょっぱいというよりも辛い。

サンゴが生み出す
神秘的な海中の楽園

世界一　広大な珊瑚礁
面積 約35万km²

006 グレート・バリア・リーフ
Great Barrier Reef

温暖な気候と大陸棚に恵まれ、形成された巨大なサンゴ礁群は
日本列島の総面積に匹敵する約35万km²もの面積で世界最大。
400種以上のサンゴや1500種もの魚類が生息する。

オーストラリア　➡P461

　サンゴは太陽光が届く、浅く暖かい海中でなければ育たない。サンゴ礁2500、島900以上からなり、リーフ全体は宇宙からも確認できる。

熱を帯び湿気た空気と
闇に包まれた地下空洞

世界一 巨大な地下洞窟が点在
ディア・ケイブ 幅180m、高さ120m

007 グヌン・ムル国立公園
Gunung Mulu National Park

総面積528k㎡の公園内に巨大な地下洞窟が点在。一般公開されている洞窟で、ディア・ケイブは世界最大級の空洞の大きさを誇り、洞窟内には数百万のコウモリが棲息していることでも有名。

マレーシア ➡P196

国立公園になっているムル山域一帯はカルスト台地。雨水で浸食された地下に迷路のように空洞が広がり、石筍や鍾乳洞も点在する。

008 マチュピチュ

Machu Picchu

麓からは決して見ることのできない都市は標高2445m、世界一の高さにある。精巧な石積の技術が見られるが、文字をもたない文明は多くを語らず、今もなお謎に包まれたまま。

ペルー ➡P372

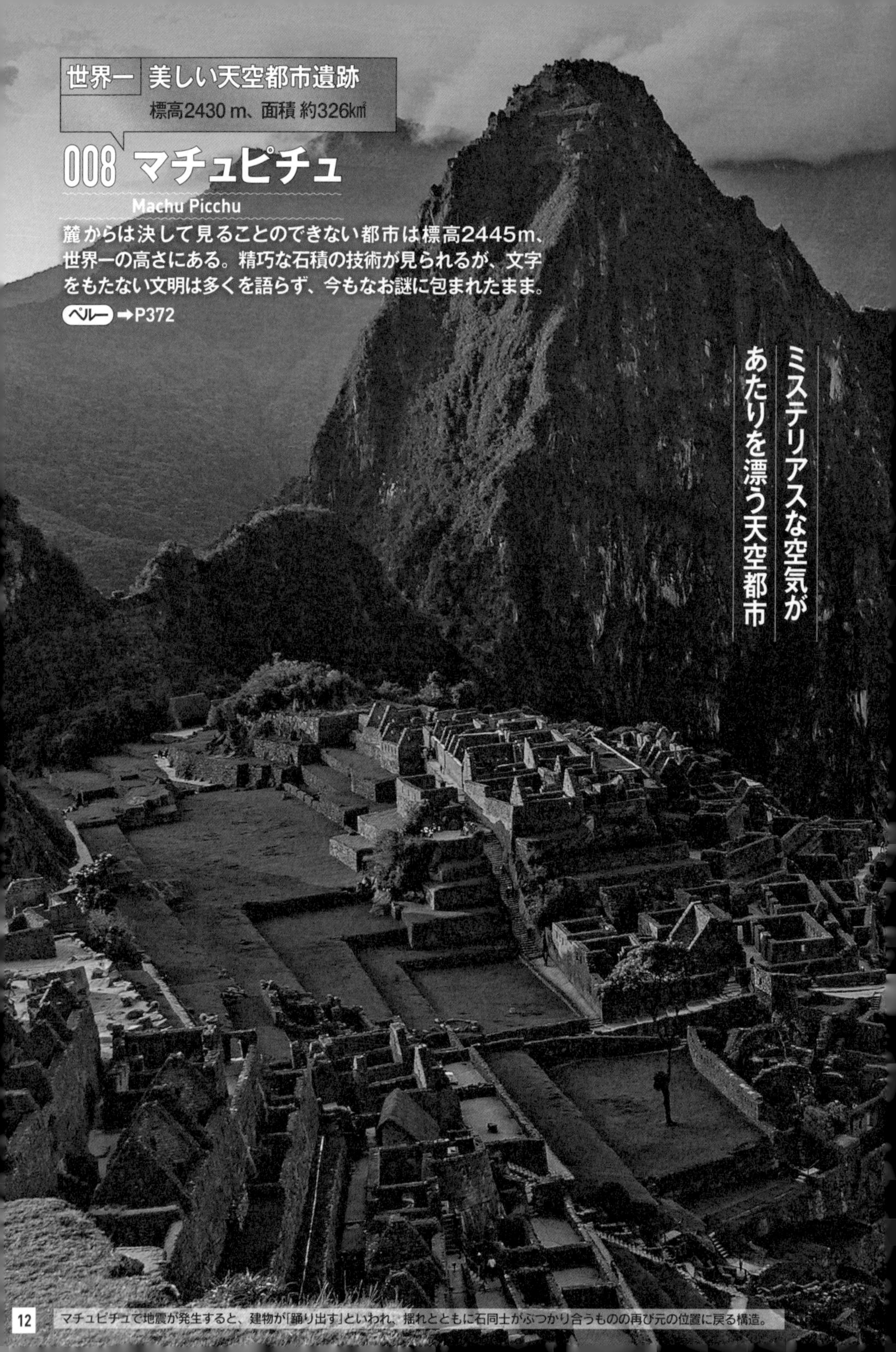

ミステリアスな空気が
あたりを漂う天空都市

マチュピチュで地震が発生すると、建物が「踊り出す」といわれ、揺れとともに石同士がぶつかり合うものの再び元の位置に戻る構造。

世界一 広大な棚田
面積 約461㎢

009 紅河ハニ棚田群
Honghe Hani Rice Terraces

雲南省の山間部に広がる世界一広い棚田は、群馬県高崎市の面積とほぼ同じ。山上に村を作ったハニ族が麓に向けて徐々に田を開拓、斜面一帯を水田にしたもので1300年以上の歴史がある。

中国 ➡P269

太陽に照らされ輝く
暮らしが息づく絶景

森林と水系、村、棚田の4要素からなる、生態学的にも優れた独自の灌漑システムを作り上げたハニ族の生活は、自然との共生を体現している。

世界一 来場者が多い美術館
来場者 年間約1000万人

010 ルーヴル美術館
Louvre Museum

2018年に年間来場者数が1000万人を超えた美術館。30万点以上の美術品を所有し、総面積7万3000㎡、展示室は400を超える。来場者数増加に伴い2019年から完全予約制となった。

フランス ➡P121

収蔵品は世界の広大な地域をカバーし、時間軸にすると数世紀に広がる。最も古い美術品は7000年以上前のもの。

世界一 大きい仏教寺院
面積 約1万5000㎡、高さ 約35m

011 ボロブドゥール

Borobudur

樹海にたたずむ世界最大の仏教寺院は、自然の丘に盛土をし約200万個もの切石を積み上げげた、階段状のピラミッド構造。全体が仏教の宇宙観を示した立体曼荼羅であるとされる。

インドネシア ➡P193

聖域の荘厳さが漂う
巨大かつ精緻な寺院

総延長5kmの回廊にびっしりと描かれた釈迦の生涯のレリーフや72基のストゥーパ、500体余りの仏像もみどころ。

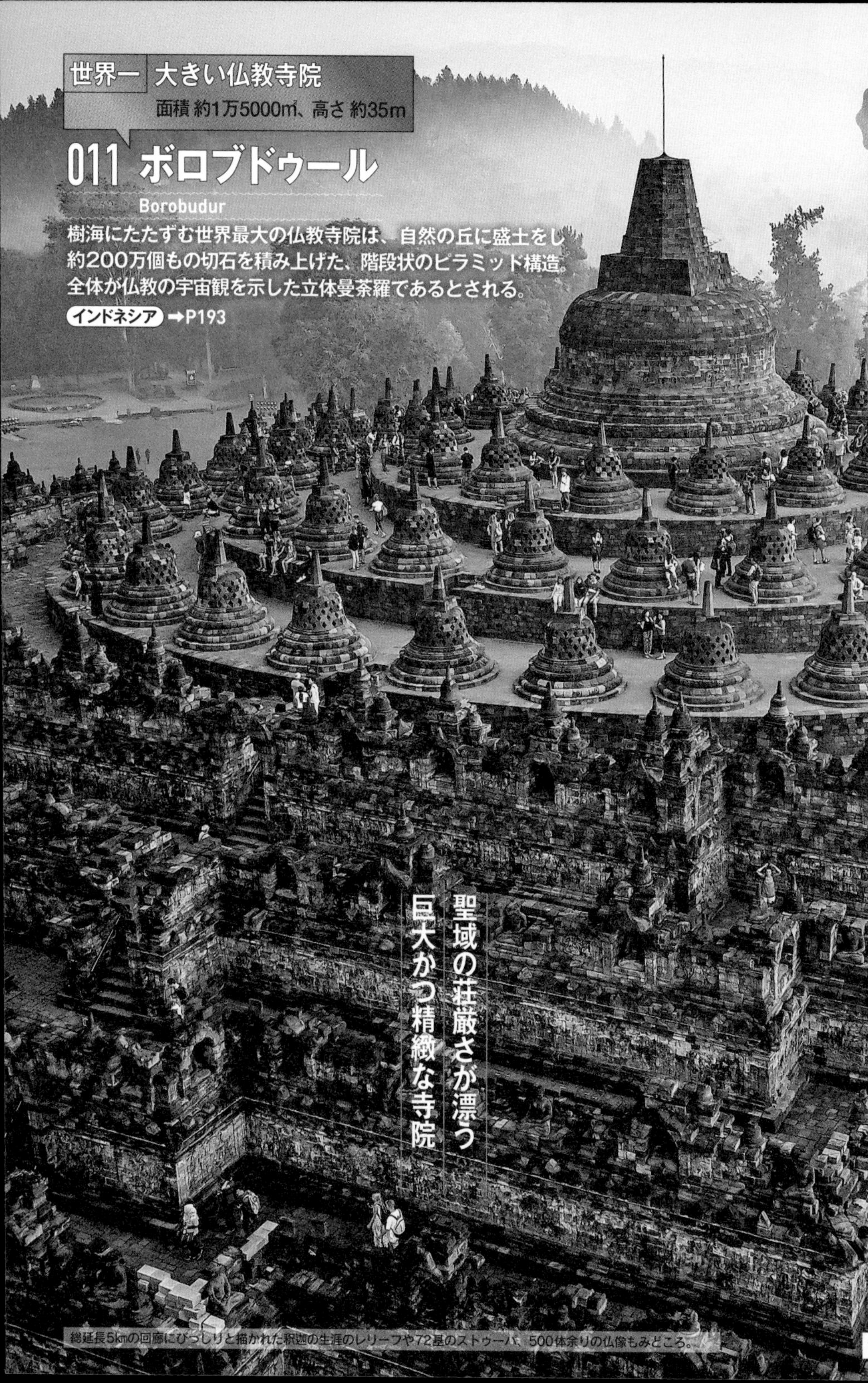

絶景テーマ
絶景スポットはそれぞれテーマ
ごとに分類して紹介しています

通し番号
エリアごと、紹介順に通し番号を付して
います。各エリアの初めに、エリア全体
が把握できる一覧があります

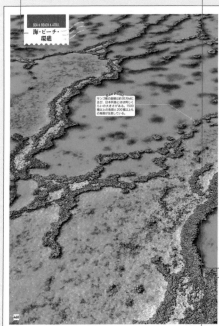

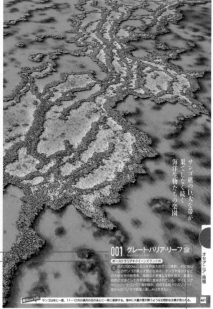

001 グレート・バリア・リーフ

国名
国名は通称で記載していま
す。香港やハワイなど、地
域や自治領なども国として
紹介しています

世界遺産
世界遺産に登録されているス
ポットにつきます。旧市街地
区など都市や街の一部のエリ
アが登録されている場合でも、
マークをつけています

● 本誌掲載のデータは2020年9月末日現在のものです。

● 本誌に掲載された内容による損害等は弊社では補償しかねますので、あらかじめご了承くだ
  さいますようお願いいたします。

● 写真はイメージです。天候、修復、工事、自然災害、立入不可などにより、同じ風景が見ら
  れるとは限りません。

● 国内情勢や感染症の状況などにより、外務省が渡航をすすめていない国もありますので、ご
  注意ください。おでかけの際には、事前に最新情報をご確認ください。

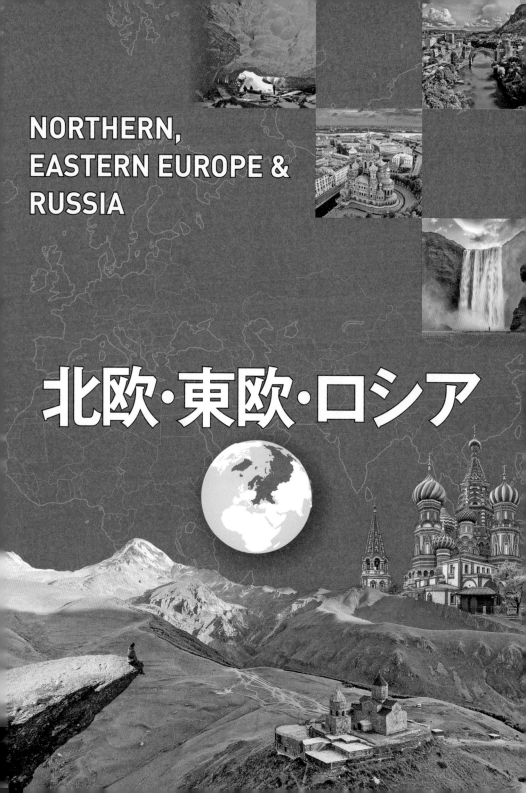

NORTHERN, EASTERN EUROPE & RUSSIA

北欧・東欧・ロシア

美しくダイナミックな自然と洗練された街が共存する

北欧・東欧・ロシア **70** SPOT
NORTHERN, EASTERN EUROPE & RUSSIA

世界最大の面積をもつロシアと旧共産圏の国々、ヴァイキングの国々からなるエリア。

夏の白夜や雪に閉ざされる日照時間の短い冬といった特徴的な気候帯に属し、夜空に幻想的なオーロラが現れ、フィヨルドの海岸線に代表される北欧は、ここでしか見られない自然絶景の宝庫。世界最大の国土を有するロシアは帝政時代に領土を拡大、サンクトペテルブルクにその栄華の名残を感じる。東欧では長年にわたる植民地支配からの脱却と自由化、近代化が進むが、トラカイ城に代表される独自の文化やアイデンティティへのこだわりがうかがえる。

BASIC INFORMATION
- **国** 27カ国
- **人口** 約2億9500万人（世界の約4%）
- **面積** 約2243万km²（世界の約15%）

アイスランド

ハダンゲルフィヨルド（P28）

🏛 世界遺産登録されているスポット

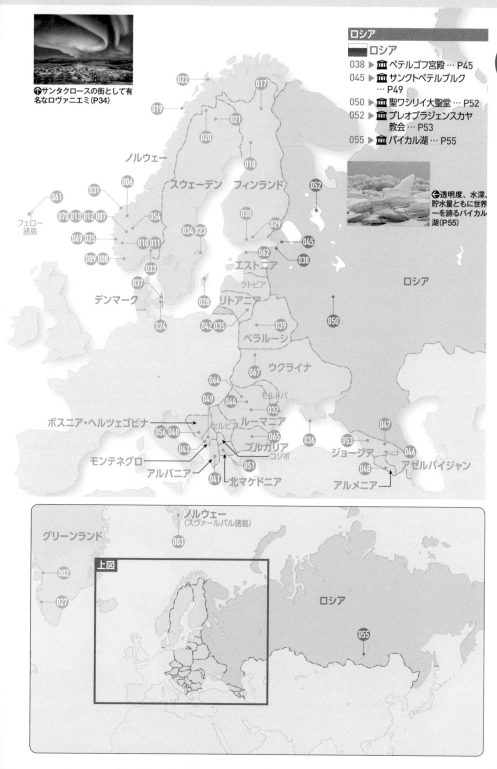

サンタクロースの街として有名なロヴァニエミ(P34)

ロシア

ロシア

038 ▶ 🏛 ペテルゴフ宮殿 … P45
045 ▶ 🏛 サンクトペテルブルク … P49
050 ▶ 🏛 聖ワシリイ大聖堂 … P52
052 ▶ 🏛 プレオブラジェンスカヤ 教会 … P53
055 ▶ 🏛 バイカル湖 … P55

透明度、水深、貯水量ともに世界一を誇るバイカル湖(P55)

ノルウェー
スウェーデン
フィンランド
フェロー諸島
デンマーク
エストニア
ラトビア
リトアニア
ベラルーシ
ウクライナ
モルドバ
ルーマニア
ボスニア・ヘルツェゴビナ →
セルビア
ブルガリア
モンテネグロ
コソボ
アルバニア
北マケドニア
ジョージア
アゼルバイジャン
アルメニア
ロシア

グリーンランド
ノルウェー (スヴァールバル諸島)
上図
ロシア

022 017 019 021 020 018 052 006 031 061 070 013 012 007 054 030 029 045 069 025 010 011 034 023 062 038 009 008 033 037 028 024 042 035 039 050 067 064 049 044 032 056 040 065 036 053 047 043 051 046 048 041 003 002 027 055

19

国土の約8%を覆う
広さ81万haの
アイスランド最大の氷河

001 ヴァトナヨークトル氷河
Vatnajokull

アイスランド◆南東部

⑳ 19年に世界遺産に登録された国立公園の名前の由来となった氷河。ここにだけできるアイスケーヴ（氷の洞窟）は11月から3月まで開放され、スーパーブルーという名で知られる。一般的に氷は気泡が混じるので白く見えるが、アイスケーヴの氷は長い時間をかけて雪の重さで圧縮されて純度が高くなり、太陽光の青以外の色を吸収してしまうため、洞窟の中が青く光って見える。

One Point
洞窟は、夏に氷河が溶けてできるクレバスによって形成される。毎年さまざまな場所に構造の異なる洞窟ができるが、発見されない年もある。

ⓘMore Info 雪上車で駆けて氷河の大きさを体感したり、氷の感触を確かめながら歩くなど、ほかでは体験できないアクティビティが魅力。

002 イルリサット・アイスフィヨルド 🏛

グリーンランド◆アヴァンナータ

グリーンランドの西海岸に位置する世界遺産のアイスフィヨルド。ここにあるセルメク・クジャレク氷河は世界最速の1日約20m移動する。また、この氷河から分離される氷の量は年間40km³にも及ぶ。

003 スヴァールバル諸島
Svalbard

ノルウェー◆スヴァールバル諸島

北極圏にあるノルウェー領の群島。そのほとんどが一年を通して分厚い雪と氷に覆われており、有人島はスピッツベルゲン島のみ。北極探検の基地としても長い歴史のある極北の島。

北緯74〜81度の島でホッキョクグマに出会う

白と青から
オレンジと赤の影をまとう
氷河を眺める

005 ダイヤモンド・ビーチ
Diamond Beach

アイスランド◆南東部

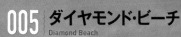

ヨークルスアゥルロゥン氷河から流れ着いた大小さまざまな氷塊が黒砂のビーチ一面に広がる。太陽光により宝石のようにキラキラと輝くことからダイヤモンド・ビーチとよばれる。

004 ラングヨークトル氷河
Langjökull

アイスランド◆西部

アイスランドで2番目に大きな氷河。夏でも溶けることのない氷河の下に造られた人工のトンネルでは、クレバスも見ることができる。何千年もかけて積み上げられた氷の層は圧巻。

手つかずの自然が
多く残る
ノルウェーの秘境

006 ガイランゲルフィヨルド 🏛

ノルウェー◆ムーレ・オ・ロムスダール県

ソグネ、ハダンゲル、リーセ、ノールと並ぶ5大フィヨ
ルドのひとつ。穏やかなブルーの入り江が美しく、
2005年にユネスコの世界自然遺産に登録された。その景
観は「フィヨルドの真珠」と評されるほど。海岸線からは
120kmも奥まった場所にあり、1500m級の山々が左右に
連なる。フィヨルドを一望することができるダルスニッパ
展望台からの景色は、訪れる人々を圧倒する。

One Point
北欧のフィヨルドをより満喫できるのがクルーズだ。氷河により浸食された荒々しく雄大な景色を、船上から見るのもオススメ。

More Info　ガイランゲルフィヨルドには、「7人姉妹の滝」や「求婚者の滝」などのユニークな名前の滝がある。

007 アウルランフィヨルド
Aurlandsfjord

ノルウェー◆ヴェストラン県

入り江の全長は204km。周囲には標高1700m
を超える山々が連なり、最深部の水深が
1308mにも及ぶ世界最大級のソグネフィヨルド。
そのソグネフィヨルドの支流のひとつがアウルラ
ンフィヨルドだ。崖からせり出すように建てられ
たステーガスタイン展望台では、海抜650mの高
さからの絶景を見渡すことができる。

すがすがしい絶景に
心も体も癒やされる

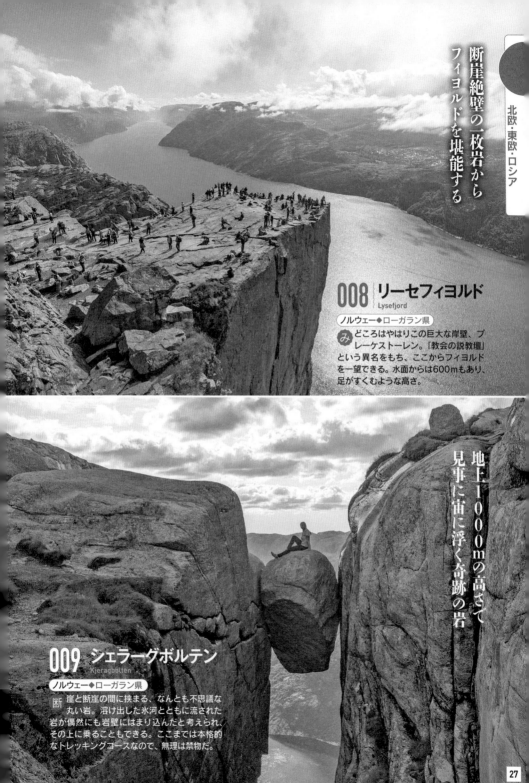

断崖絶壁の一枚岩から
フィヨルドを堪能する

008 リーセフィヨルド
Lysefjord

ノルウェー◆ローガラン県

み どころはやはりこの巨大な岸壁、プ
レーケストーレン。「教会の説教壇」
という異名をもち、ここからフィヨルド
を一望できる。水面からは600mもあり、
足がすくむような高さ。

地上1000mの高さで
見事に宙に浮く奇跡の岩

009 シェラーグボルテン
Kjeragbolten

ノルウェー◆ローガラン県

断 崖と断崖の間に挟まる、なんとも不思議な
丸い岩。溶け出した氷河とともに流された
岩が偶然にも岩壁にはまり込んだと考えられ、
その上に乗ることもできる。ここまでは本格的
なトレッキングコースなので、無理は禁物だ。

トロルの舌から見渡すフィヨルドの美景

010 トロルトゥンガ
Trolltunga

ノルウェー◆ヴェストラン県

岩の妖精トロルの舌のように見えることからトロルトゥンガとよばれる観光スポット。安全柵などがなく、手つかずの自然が楽しめる。標高約1000mの断崖絶壁に突き出た岩から眺める景色は圧巻のひとこと。

011 ハダンゲルフィヨルド
Hardangerfjord

ノルウェー◆ヴェストラン県

全長179kmでソグネフィヨルドに次ぎノルウェー第2位の長さを誇る。穏やかな山々が連なり、海とのコントラストが美しい。斜面にはリンゴやサクランボなどの果樹園が続き、5月になると一斉に咲いた花々がフィヨルドを彩る。

最狭幅のフィヨルドと
迫力ある山並みに息をのむ

**012 ネーロイ
フィヨルド** 🏛
Naeroyfjord

ノルウェー◆ヴェストラン県

ソグネフィヨルドの支流のひと
つで、2005年に世界遺産に
登録。幅250mの場所もありフィ
ヨルド最狭。フィヨルドクルーズ
などのアクティビティが楽しめる。

なだらかな山々が広がる
牧歌的な風景

013 スタルハイム渓谷
Stalheim

ノルウェー◆ヴェストラン県

氷河に削り取られて生まれた渓谷。つづら折りの急勾配の山道が続き、豊富な水量を誇るスタルハイム滝など、各所に美景が広がる。山腹には渓谷を見下ろすスタルハイム・ホテルがあり、展望台から眺める景色は見事。

かつて誰も知らなかった柱状節理の絶景

014 ストゥドラギル渓谷
Studlagil Canyon

アイスランド◆東部

川に水没していた神秘的な渓谷。激流により断絶されていた川の両岸の住民たちがダムを建設し、水位を低下させたことで現れた柱状節理は見ごたえ抜群。空の色や光の加減によって姿を変える川の流れが美しい。

手つかずの自然がつくり出す圧巻の景色

015 ファズラオルグリューブル渓谷
Fjadrargljufur Canyon

アイスランド◆南部

深さ100m、長さ2kmの渓谷。曲がりくねる川や、断崖に圧倒される。ジャスティン・ビーバーのMVに使われ有名になった観光スポット。夏はハイキングが気持ちいい。

ハイキングが楽しめる緑豊かな渓谷

016 アウスビルギ渓谷
Asbyrgi Canyon

アイスランド◆北部

ヴァトナヨークトル国立公園の北端にあり、高さ約100mの断崖が馬蹄型をなし3.5km続く。火山噴火に伴う大洪水によって形成されたといわれるが、北欧神話の神オーディンが騎乗する8本足の馬スレイプニルの足跡という伝説も。

31

オーロラの見える街

神秘の輝きに
出合える
オーロラリゾート

017 サーリセルカ
Saariselka

フィンランド◆ラッピ県

フィンランド北部のリゾート。スカンジナビア半島北部に広がるラップランドのなかでも屈指のオーロラ観賞スポットで知られる。小さな街なので、どこにでも歩いていけるのが魅力だ。春から夏はハイキング、秋は紅葉とベリー摘み、冬はオーロラ観賞とウインターアクティビティが気軽に楽しめる。

One Point
全面ガラス張りの暖かい室内にいながら夜空に輝く無数の星やオーロラ観賞ができる「ガラスイグルー」とよばれる宿泊施設が人気。

More Info 犬ぞりやトナカイぞり、スノーモービル、スキーなど、昼間に楽しめるアクティビティの種類も豊富。

フィンランド◆ラッピ県

北 極線周辺にある冬の観光の拠
点となる街。オーロラ観光は
もちろん、サンタクロースの街と
しても知られ、サンタクロース村
では一年を通してサンタクロース
に会うことができる。

冬の北欧を代表する
サンタクロースの街

自然美を凝縮した
海のアルプス

019 ロフォーテン諸島
Lofoten Islands

ノルウェー◆ヌールラン県

北 極圏に位置し、白夜や極夜、オーロラ
などの自然現象が見られる。氷河の浸
食でできた屹立する山々が海に浮かび「ア
ルプスが海に沈んでいるようだ」と形容さ
れるほどに美しい景色が広がる。

020 アビスコ
Abisko

スウェーデン◆ノールボッテン県

　ス ウェーデン北部にある村。アビスコ国立公園には有名なハイキングコース「王様の散歩道」がある。高い確率でオーロラを見ることができる。

021 ユッカスヤルヴィ
Jukkasjarvi

スウェーデン◆ノールボッテン県

　世 界中から宿泊客が訪れる氷でできたアイスホテルやオーロラ観測で知られる街。アイスホテルはデザインが異なり、氷でできたインテリアも美しい。

022 トロムソ
Tromso

ノルウェー◆トロムス・オ・フィンマルク県

　海 に囲まれた北極圏の街。夏は白夜、冬は街中からオーロラが見えることで有名。北極圏ならではの自然豊かな風景に出会える。

023 ストックホルム

スウェーデン◆ストックホルム県

大 小いくつもの島をもち、湖と海に囲まれた「北欧のヴェネツィア」や「世界一美しい首都」とも称されるスウェーデンの首都。1250年代より海峡交通の要衝としてできた計画都市で、その利を生かし、商業地として成長した。市内には中世の街並みが残る旧市街や多くの博物館・美術館がある。また、映画『魔女の宅急便』の舞台といわれるほど美しく魅力的な街。

One Point

13世紀建築のサンフランシ
スコ会の修道院を改築した
リッダーホルム教会。19世
紀半ばに再建された尖塔が印
象的。国王一族が眠る。

地の利を生かし発展した
どこを切り取っても
絵になる水の都

ⓘ **More Info** 　観光クルーズ船や水上バスに乗って船上から美しい街の景色を眺めるのもおすすめ。

アンデルセンも愛したデンマークの港町

024 コペンハーゲン
Copenhagen

デンマーク◆デンマーク首都地域

デンマーク語で「商人の港」という意味があるデンマークの首都。古い建物が立ち並ぶ街並みやカラフルな建物と運河に浮かぶヨットや船の景色が美しいニューハウンなどが魅力。

三角屋根が印象的なフィヨルド観光の玄関口

025 ベルゲン 世界遺産
Bergen

ノルウェー◆ヴェストラン県

湾都市として栄えたノルウェー第2の都市で、ソグネフィヨルドやハダンゲルフィヨルドへの観光基点となる街。ベルゲン港周辺の三角屋根の木造建築ブリッゲンは世界遺産に登録されている。

026 ヴィーク
Vik

アイスランド◆南部

ア　イスランド本島の最南端にある小さな村。真っ黒な砂浜のレイニスフィヤラビーチやセリャラントスフォスの滝など自然景観が美しい。

027 ヌーク
Nuuk

グリーンランド◆セルメルソーク

フ　ィヨルドを見下ろす世界最北端の首都。手つかずの自然のなかにカラフルな家が点在する北欧らしい景色が広がる。

028 ヴィスビー
Visby

スウェーデン◆ゴットランド県

バ　ルト海に浮かぶスウェーデン最大の島ゴットランドの都市。約3.4kmの城壁に囲まれた中世の面影を色濃く残す世界遺産の街。

029 ポルヴォー
Porvoo

フィンランド◆ウーシマー県

およそ800年の歴史をもつフィンランドで2番目に古い街。フィンランド一絵になるといわれる旧市街には、14世紀初めに建てられたポルヴォー大聖堂がある。

芸術家たちに愛された美しい街並み

030 ヘルシンキ
Helsinki

フィンランド◆ウーシマー県

穏やかな北欧の雰囲気が楽しめるコンパクトなフィンランドの首都。世界遺産の建造物やマリメッコなどの洗練されたデザインの北欧雑貨が魅力の街。

ゆっくりと時が流れ、自然と都会が同調する街

031 オーレスン
Aalesund

ノルウェー◆ムーレ・オ・ロムスダール県

1904年の大火被害から再建された港町。運河とアール・ヌーヴォー調で鮮やかな街並みがノルウェー一美しいといわれている。運がよければオーロラも観察できる。

ノルウェー一美しい
静かな入り江の港町

032 ブラン城
Bran Castle

ルーマニア◆ブラショヴ県

　南カルパティア山脈に囲まれたブラン村を見下ろすようにそびえ立つ古城。ドイツ騎士団の木製要塞が14世紀にハンガリーのラヨシュ1世によって石造りの城に建て替えられ、20世紀に当時のルーマニア王妃に受け継がれた。ブラム・ストーカーの小説『吸血鬼ドラキュラ』に登場するドラキュラ城のモデルともいわれる。

033 アーケシュフース城
Akershus Catsle

ノルウェー◆オスロ

　のちに首都となるオスロを防衛するために13世紀末に築かれた城塞。海に面した高い壁が印象的で、映画『アナと雪の女王』のアレンデール城のモデルにもなった。

One Point
城内ではルーマニア王家が使用していた家具や調度品が展示。伝統工芸が盛んな地方ならではの手の込んだ刺繍や装飾は見ごたえがある。

ドラキュラ城のモデルにもなった中世の城砦

034 ドロットニングホルム宮殿
Drottningholm Palace

（スウェーデン◆ストックホルム）

メーラレン湖に浮かぶ島にあるスウェーデン王室の住居。クリーム色の外壁と緑色の屋根の配色が美しく、北欧のヴェルサイユ宮殿ともいわれる。

水に浮かぶ古都を見守る
赤レンガの城

035 トラカイ城
Trakai Island Castle

リトアニア◆ヴィリニュス郡

ガ ルヴェ湖上に浮かぶ島の上に建て
られた城。軍事要塞として建設さ
れ、ボーランド王の夏の住居や牢獄、
処刑場などに利用された。

036 スワローズ・ネスト城
Swallow's Nest

ウクライナ◆クリミア半島

ク リミア半島の南にあるオーロ
ラクリフとよばれる崖に立つ。
元はロシア将校の別荘だったが、
1911年にドイツ人貴族によって、
今の形に建て替えられた。

ツバメの巣のように
崖の上にそびえ立つ

037 クロンボー城
Kronborg Castle

デンマーク◆デンマーク首都地域

海 峡を隔てた対岸にスウェーデンを望む、ルネサンス建築の城。16世紀に建てられ、シェイクスピアの戯曲『ハムレット』の舞台としても知られる。

038 ペテルゴフ宮殿
Peterhof

ロシア◆サンクトペテルブルク市

サ ンクトペテルブルクに首都を移したピョートル大帝が、ヴェルサイユ宮殿を意識して造ったといわれる。彫刻と水の織りなす多彩な姿が美しい。

039 ミール城
Mir Castle

ベラルーシ◆フロドナ州

15 世紀末に5つの塔と城壁をもつゴシック様式の城として築かれた。北方戦争やナポレオン戦争、さらには第二次世界大戦で損傷を受けたが修復された。

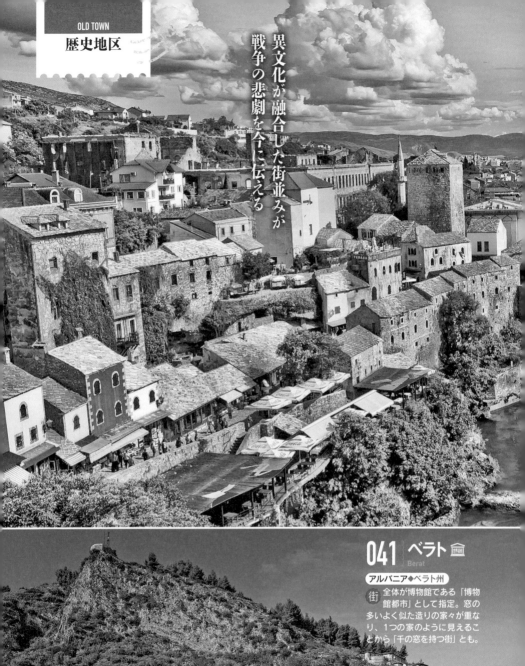

異文化が融合した街並みが
戦争の悲劇を今に伝える

041 ベラト 🏛
Berat

アルバニア◆ベラト州

街 全体が博物館である「博物
館都市」として指定。窓の
多いよく似た造りの家々が重な
り、1つの家のように見えるこ
とから「千の窓を持つ街」とも。

040 モスタル 🏛世界遺産
Mostar

ボスニア・ヘルツェゴビナ◆南部

オスマン帝国やオーストリア・ハンガリー帝国時代に発展し、イスラム文化のなかにヨーロッパ文化を感じさせるオリエンタルな雰囲気が魅力。1990年代のボスニア・ヘルツェゴビナ紛争で街のほとんどが破壊されたが、橋と旧市街の建築物は修復、再建された。

One Point
街のシンボルは水面から20mの天空に架かる古橋を意味する「スターリ・モスト」。橋の下には神秘的な深緑色のネレトヴァ川が流れる。

042 ヴィリニュス 🏛世界遺産
Vilnius

リトアニア◆ヴィリニュス郡

ヨーロッパ最大規模の旧市街。ヴィリニュス大聖堂をはじめとする多数の教会やレトロな建物、石畳の細い路地が残り、まるで中世のような雰囲気。

043 コトル
Kotor

モンテネグロ◆コトル

さまざまな国に支配されてきたが一定の自治を保ち繁栄した、かつての芸術や商業の中心地。4つの教会や街を囲む城壁などが、中世の面影を残している。

アドリア海と山々に囲まれた要害の地

緑の丘の上に立つ街で中世に思いを馳せる

044 シギショアラ歴史地区
Sighisoara

ルーマニア◆ムレシュ県

12〜14世紀にトランシルヴァニア・ザクセン人によって築かれた7つの要塞都市のひとつ。素朴な中世の街並みがこれほど状態がよく残っているのは貴重。

豪奢な宮殿が立ち並ぶ
芸術とロマンの都

045 サンクト ペテルブルク
Saint Petersburg

ロシア◆サンクトペテルブルク市

ロシアの近代化の窓口として1703年から莫大な費用をかけて建設された都市。バレエや文学が盛んな街として知られ、太陽の沈まない白夜の時期もある。

046 トビリシ
Tbilisi

ジョージア◆トビリシ首都圏

多くの民族に支配されながら、キリスト教などの伝統文化を守り通してきたジョージアの首都。旧市街は紀元前からの歴史と、ヨーロッパとアジアが交わる立地ならではの独特な街並みを形成する。

マルコ・ポーロに
「絵に描いたように美しい」
と評された街並み

49

『ギリシャ神話』の舞台
コーカサス山脈を望む
天国に一番近い教会

047 ゲルゲティ三位一体教会
Gergeti Trinity Church

ジョージア◆ムツヘタ=ムティアネティ州

ジョージア正教の教会で、14世紀に建てられた。切り立った壁のような険しいコーカサス山脈の懐、標高2170m地点に立ち、名峰カズベク山のダイナミックな風景が広がる。夏は緑に包まれた美しい自然に囲まれ、冬は雪景色が楽しめる。

048 ホル・ヴィラップ修道院
Khor Virap Monastery

アルメニア◆アララト地方

ルコとの国境近くにある修道院。ノアの箱舟がたどり着いた山として有名なアララト山を望む。かつては王室の監獄として使用されていた。

049 オストログ修道院
Ostrog Monastery

モンテネグロ◆ダニロヴグラード

17世紀に建てられたセルビア正教会の修道院。断崖絶壁のカーブ道が続く秘境にあり、山の岩肌にへばりつくようにして立っている。

050 聖ワシリイ大聖堂
Saint Basil's Cathedral 世界遺産

ロシア◆モスクワ

カ ザン・ハン国への戦勝を記念して、16世紀にイヴァン雷帝が建造させた。丸いカラフルなネギ坊主の塔が特徴。2つの十字架が交差する中央礼拝堂の周りには8つの礼拝堂を配する。

赤の広場に立つ
ロシア正教会の大聖堂

051 聖ヨヴァン・カネオ教会 世界遺産
Church of Saint John at Kaneo

北マケドニア◆オフリド

世 界最古の湖のひとつに数えられるオフリド湖に面した岬の突端にたたずむ。13世紀ごろに建てられオスマン・トルコ時代には長く放置されたが、1964年に修復された。ここから望む湖に沈む夕日も美しい。

波乱の歴史を刻む
古代湖を見下ろす教会

自然崇拝の聖地にある伝統的な木造建築

052 プレオブラジェンスカヤ教会
Preobrajensky Church

ロシア◆カレリア共和国

シア正教会の木造建築が立ち並ぶ、オネガ湖に浮かぶキジ島。1714年に再建されたこの教会は、22個もある十字架を頂く玉ネギ型のドームが特徴。

054 ボルグン・スターヴ教会
Borgund Stave Church

ノルウェー◆ヴェストラン県

ルウェーに28ある中世の木造教会のひとつ。釘やねじを使わず支柱と梁で構成され、12世紀ごろに建築された。

053 カツヒの柱
Katskhi Pillar

ジョージア◆イメレティ州

さな街にある高さ40mほどの岩の柱に建てられた修道院。今も一人の修道士が暮らしており、梯子で登り降りしているそう。

世界で最も古く深い湖は
多種多様な生物が暮らす
ロシアのガラパゴス

056 クラビカの滝
Kravice Waterfall

ボスニア・ヘルツェゴビナ◆南部

クロアチアとの国境から近い位置にあり、高さ約25mの滝が、100m以上にわたっていくつも並ぶ。夏場は湖水浴場として賑わう。

One Point
動物相のユニークさと豊富さも世界でトップクラス。動物は1300種(固有種700種)、植物は500種(固有種100種)以上が確認されている。

055 バイカル湖
Lake Baikal

ロシア◆ブリヤート共和国ほか

シベリア南東部に位置する2500万年前に誕生した湖。最も深いところで1700mあり、その水量は地球上の凍っていない淡水の2割に相当する。その歴史の古さとほかから隔絶されていることから、「生物進化の博物館」などともいわれる。

057 デティフォスの滝
Dettifoss

アイスランド◆北東部

アイスランド語で「落ちる滝」を意味。落差44mから毎秒約200m³の水が流れ落ち、けたたましい轟音と強烈な水しぶきを間近で感じることができる。

058 シルフラ
Silfra

アイスランド◆西部

プレートの境目に位置し「ギャウ」とよばれる大地の裂け目を目の当たりにできるシンクヴェトリル国立公園。シルフラ（裂け目）は岩の間からじっくりと染み出した氷河の雪解け水に満ちていて、不純物をほとんど含まない水中は100m先を見通せるという。

驚異の透明度を誇るダイバーの聖地

059 スコウガフォス
Skogafoss

アイスランド◆南部

幅25m、落差60mのアイスランド最大級の瀑布。晴天時には、落水で生じる水煙により虹が見られることも。この地に最初に入植したヴァイキングが滝の後ろの洞窟に宝物を埋めたという伝説が残る。

むき出しの大地を大量の水が流れ落ちる

060 セリャラントスフォス
Seljalandsfoss

アイスランド◆南部

最 大落差はおよそ65m。滝の裏側にはくりぬ
かれたような窪みがあり、そこからは空と
大地を背景に滝を眺めることができる。

061 ソーバーグスバース
Sorvagsvatn Lake

フェロー諸島◆ヴォーアル島

険 しいフィヨルドのすぐ上に大きな湖がある
不思議な光景。湖からは水があふれ出し、
滝となって海に注がれている。

062 ルンム
Rummu Ash-Hills

エストニア◆ハリュ県

か つて石灰岩の採石場だったが、
閉鎖後急激に地下水の水位が上
昇し、掘削機や建物が沈んだまま湖
となった。水中のユニークな景観は
水中博物館ともいわれ、人気のダイ
ビングスポットとなっている。

アイスランド最大級
大迫力の間欠泉

063 ゲイシール
Geysir

アイスランド◆南西部

アイスランドの南西部にある国内最大規模の間欠泉。グトルフォス、シンクヴェトリル国立公園と合わせて「ゴールデンサークル」とよばれ、人気の観光エリアとなっている。ゲイシール間欠泉は現在活動が不定期になっているが、写真のストロックル間欠泉は、20〜40mの高さまで噴出し、迫力ある景色を見ることができる。

地底に広がる深淵の
アミューズメントパーク

064 サリーナ・トゥルダ
Salina Turda

ルーマニア◆クルジュ県

ルーマニア最大の岩塩坑跡だった場所を
利用して造られた大人も楽しめる遊園
地。気温は常に12℃前後に保たれ、塩は呼
吸系の病気に効果があるといわれるため、
観光するだけでも体が癒やされるそう。

065 旧ブルガリア共産党本部
Buzludzha Monument

ブルガリア◆スタラ・ザゴラ州

廃 墟マニアの間では有名な巨大廃墟。当時の権力を誇
示するかのような巨大な建造物は、ブルガリア共産
党が解散し、しだいに荒廃。現在は、国内外のテレビで取
り上げられ人気の観光スポットとなっている。

異様な空気に包まれる
宇宙船のような巨大廃墟

066 ブルーラグーン
Blue Lagoon

アイスランド◆西部

首都レイキャビックから車で40分ほどのところにある広大なスケールの温泉施設。地熱を利用した発電所の近くに副産物として発生したお湯が溜まりできた人工温泉だ。底に溜まった白い泥「シリカ」には美容効果があるとされている。

皮膚病にも効果的な世界最大の青い露天風呂

067 愛のトンネル
Tunnel of Love

ウクライナ◆リウネ州

リウネの中心から車で約30分、資材搬送用の線路の周りを木々が覆いトンネルのようになっている場所。恋人と歩くと願いが叶うというジンクスがある。

願いが叶うロマンチックな緑のトンネル

野生のクジラに出会える
田舎の小さな港町

068 フーサヴィーク
Húsavík

アイスランド◆北部

アイスランド北部にあるホエールウォッチングで有名な人口3000人ほどの街。出会えるクジラの種類が豊富で、夏はツアー客で賑わう。

変わりゆく季節を映し出す大自然を体感

絶景鉄道の旅へ Part.1

北欧が誇る2つの景勝ルートは各国から鉄道ファンが訪れる名路線だ。
車窓いっぱいに広がる自然は一日中眺めていても飽きない。

世界最高の眺め

鉄道に揺られて楽しむ

川が凍り森林が凍てつく初冬の風景に黄色い駅舎が北欧ムードを盛り上げる。

オスロ～ミュルダール間

069 ベルゲン急行
Bergen Railway

ノルウェー

ノルウェーの首都オスロと第2の都市ベルゲンを約6時間半で結ぶ幹線鉄道。オスロ出発後しばらくはノルウェーの森の風景が続き、やがて標高が高くなり森林限界線を越えると、荒涼とした岩と灌木の風景に変わる。世界で最も美しい眺めの鉄道として知られる。

ルートMAP

ソグネフィヨルド
Sognefjord

フェリー区間→
グドヴァンゲン
Gudvangen

フロム
Flam

スタルハイム
Stalheim

ノルウェー
NORWAY

バス区間→

フロム鉄道

ミュルダール
Myrdal

ダーレ
Dale

ヴォス
Voss

オスロ
Oslo

ベルゲン急行（ベルゲン鉄道）

ベルゲン
Bergen

クヴァンダール
Kvanndal

ノールハイムスン
Norheimsund

ハダンゲルヴィッダ
国立公園

ミュルダール～フロム間

070 フロム鉄道
Flam Railway

ノルウェー

ベルゲン急行からソグネフィヨルドを結ぶ支線。標高867mのミュルダール駅から標高2mのフロム駅まで、最大傾斜5度にもなる急勾配をゆっくりと下っていく山岳峡谷列車。左右にみどころが次々と現れる絶景尽くしの路線として世界中から観光客が集まる。

四季折々の花や緑に心癒される旅

落差93mのヒョース滝の目の前の駅では5分間停車するので、写真撮影ができる。

WESTERN,
CENTRAL,
SOUTHERN EUROPE

西欧・中欧・南欧

麗しい歴史的建築物と自然景観に誰もが見惚れる

西欧・中欧・南欧① 61 SPOT

WESTERN, CENTRAL, SOUTHERN EUROPE

島国イギリスや、ドイツ、フランス、イタリアなどヨーロッパ大陸でも有数の大国が属し、民族、歴史、宗教、文化において、それぞれ独立した特徴をもつ。

ひとたび国境を越えると人と街の雰囲気がガラリと変わるヨーロッパ。広々とした草原や山脈、森林、湖、一面の花畑など広大な自然の風景に心を奪われる。教会や城を中心に発展し、おとぎ話の世界のような中世の街並みや、自然のなかにたたずむ山城をはじめ、各地の古城、宮殿も見逃せない。地中海沿岸部に目を向けると、美しい紺碧の海と地形を生かしたリゾート地が多数見られる。

BASIC INFORMATION

- **国** 27カ国
- **人口** 約4億6898万人（世界の約7%）
- **面積** 約307万km²（世界の約2%）

アイルランド

イギリス

ベルギー

フランス

🏛 世界遺産登録されているスポット

↑茅葺き屋根の家と運河が織りなす景観に魅了されるオランダのヒートホールン(P130)

↑イギリス南部のセブン・シスターズ(P125)。巨大な白壁の海岸線に圧倒される

↑カラフルな木組みの建物と花々により、おとぎ話に出てくるような街になっているフランスのコルマール(P71)

↑スイスにある風光明媚なレマン湖のほとりに建つ名城・シヨン城(P89)

ランダ
51 102
131
045
067 ドイツ
145
005
ルクセンブルク
073
002 130
061 028 031
066 027 044
32 スイス リヒテンシュタイン
105
133
090 058 098
094
モナコ
089
115
110
035
017 085
143
095
ポーランド
チェコ
スロバキア
オーストリア
ハンガリー
スロベニア
クロアチア

←ドイツのホーエンツォレルン城(P88)は、山の頂上に立つ優美な城

西欧・中欧・南欧② 84 SPOT
WESTERN, CENTRAL, SOUTHERN EUROPE

スイス
アンドラ
スペイン
ポルトガル

ポルトガル

🔗街をぐるりと城壁に囲まれた、スペインを代表する要塞都市・アビラ（P110）（左）。ポルトガルのペーナ宮殿（P119）。鮮やかな色彩と、さまざまな建築様式が混在しているのが特徴だ（右）

🏛 世界遺産登録されているスポット

↑オーストリアのベルヴェデーレ宮殿 (P121)。
庭園や美術館も見逃せない

↑クロアチアのフヴァル島 (P81)には、夏に
なると世界中からバカンス客が訪れる

西欧・中欧・南欧

ドイツ
ポーランド
チェコ
スロバキア
オーストリア
リヒテンシュタイン
ハンガリー
スロベニア
クロアチア
イタリア
サンマリノ
バチカン
ギリシャ
マルタ
イタリア
キプロス

⬅イタリアのチンクエ・テッレ(P135)
は、色彩豊かな家々が崖上に立ち並ぶ
様子が見られる5カ所の村の総称(左)。
チェコの首都プラハ(P78)。大都市な
がら中世の記憶をそのままに残す麗し
の都(中)。ギリシャのサントリーニ島
(P81)は、紺碧の海に真っ白な建物が
映える風景で名高い(右)

001 ヴロツワフ
Wroclaw

ポーランド◆ドルヌィ・シロンスク県

10 00年以上の歴史がある古都は、まるで絵本の世界。1945年に再びポーランドの地となるまでに、長いドイツ領時代をはじめ、さまざまな国の領土となった歴史から独特の街並みが形成された。広場の北側には大学があり、学生街特有の活気も満ちるなか、小人のオブジェが観光客を楽しませている。

色とりどりの建物が立つ街を小人に導かれて歩くおとぎ話の1ページ

One Point
中世の雰囲気たっぷりの旧市場広場は、中央に立つ市庁舎などの建物をぐるりと囲んだ構造。聖エルジュビェタ教会の塔から街を一望できる。

ⓘ More Info　街のあちこちに置かれている小人のオブジェはそれぞれ職業や役割があり表情も豊か。小人マップも配布されている。

003 コスタ・ノヴァ
Costa Nova

ポルトガル◆アヴェイロ県

パジャマのようなストライプ柄の建物は、漁師たちが自分の家を見つけやすいようにしたのが始まりとされる。現在は別荘としての利用が多く、近くには海水浴客で賑わうビーチも。

映画やアニメの世界に
迷い込んだような風景

002 コルマール
Colmar

フランス◆グランテスト地域圏

ドイツとの国境近くに位置し、アルザス地方の文化が色濃く残る街並み。パステルカラーの壁がかわいらしいコロンバージュ（木組み）の建物を見上げながら、運河を小舟で巡るのがここでの人気の過ごし方だ。アルザスワインの生産地としても名高い。

004 ブラーノ
Burano

イタリア◆ヴェネト州

漁師が多く暮らす小さな島は、漁網を繕う技術から派生したレース編みでも有名。家がカラフルに塗られているのは、霧の中でも漁師が自分の家を見分けるためだ。

時が止まったような
中世の街は宝石箱を思わせる

005 ローテンブルク
Rothenburg ob der Tauber

ドイツ◆バイエルン州

タウバー川を望み、中世の街並みがほぼ完全な形で残されている街。歴史を物語る博物館や教会、市庁舎、城門などみどころも多い。カラフルな木組みの家や塔が立ち並ぶプレーンラインが人気撮影スポット。

「モラヴィアの真珠」の
呼び名に違わぬ美観

006 テルチ
Telc

チェコ◆ヴィソチナ州

個性的な色彩で、整然と立ち並ぶ広場の建物。16世紀の大火で焼失した街の再建の際、当時の領主がルネサンスと初期バロック様式を基準に定めたが、家主の自由とした、家の外観は、各々趣がある。

007 ポズナン
Poznan

ポーランド◆ヴィエルコポルスカ県

ポーランド王国発祥の地。建国当初は首都として機能。首都が他都市に移ったあとも商業都市として発展してきた。カラフルな建物が立ち並ぶ旧市場広場をのんびり歩きたい。

008 キンセール
Kinsale

アイルランド◆コーク県

色彩豊かでチャーミングな海辺の小さな町。17世紀のキンセールの戦いでも知られ、要塞チャールズ・フォートなど当時を物語る建物も残っている。

009 ポートリー
Portree

イギリス◆スコットランド（スカイ島）

ゲール語で「翼」を意味するスカイ島の港町。かわいらしいカラフルな家屋が立ち並び、水辺や緑とのコントラストは、そこだけ別世界のよう。

010 ブリュッセル
Brussels

ベルギー◆ブリュッセル首都圏地域

べルギーの首都であると同時に、EU本部や国際機関が置かれ、ヨーロッパの首都とも称される。街の中心グラン・プラス広場は、観光客と地元の人が行き交う象徴的な場所。ギルドハウスや市庁舎などの中世の建物にぐるりと囲まれ、13世紀に市場が開かれていたころの賑わいを思い起こさせる。

One Point
「王の家」とよばれる市立博物館だが、実際に王が暮らしたことはない。ブリューゲルの絵画や小便小僧などが展示されている。

さまざまな言語や文化、
伝統と歴史が交差する
ヨーロッパの中心

ハンガリー◆ブダペスト

ドナウ川が流れるハンガリーの首都。川を挟んで分かれるブダ地区とペスト地区を、最初につないだくさり橋は、街のシンボルといえる存在だ。特に橋と周辺の建物が織りなす夜景は見事。ブダ王宮やマーチャーシュ教会といった優美な建築物も多く見られる。

「ドナウの真珠」とも称される
ロマンチックな街並み

すべての景色が絵になる
花の都、憧れのパリ

012 パリ
Paris

フランス◆イル=ド=フランス地域圏

セーヌ川の中州シテ島から発展した。パリの中心ともいえるエトワール凱旋門からは、12の街路が放射状に延びている。凱旋門の展望台に上ると、エッフェル塔のほか、19世紀に整備された美しい街並みを一望できる。

ビッグ・ベンの鐘の音が
テムズの川面に響く

013 ロンドン
London

イギリス◆イングランド

1世紀ごろにローマ人が街を築いたことに始まる。テムズ川に面して立つ国会議事堂や、ゴシック様式の美しいウエストミンスター寺院、衛兵交代式も印象的なバッキンガム宮殿など、英国王室の歴史が詰まった建物は圧巻。

雄大なヴルタヴァ川が流れ
各時代の建築物が共存する

014 プラハ 🏛
Prague

チェコ◆プラハ

ルネサンスやゴシック、バロックなど異なる時代の建築様式が混在する建築博物館と称される街。丘の上に立つ大きなプラハ城もまた複合建築だ。ヴルタヴァ川に架かるカレル橋は、多くの人でいつも賑やか。

015 アムステルダム 🏛
Amsterdam

オランダ◆北ホランド州

アムステル川をダム（堤防）でせき止め、街をつくったことが名前の由来。160本以上の運河が張りめぐらされ、1500本以上の橋が架かる水の街。運河沿いには、おしゃれでカラフルな建造物が立ち並ぶ。

レンガ造りの家並みが
運河沿いを彩る

016 リスボン
Lisbon

ポルトガル◆リスボン県

「7 つの丘の街」とよばれる、ヨーロッパで最も西にある首都。石畳の坂を上り下りしながら歩くと、歴史と共存する市井の人々の素朴な暮らしを感じられる。

017 ベルリン
Berlin

ドイツ◆ベルリン州

東西分断の過去を乗り越えて、見事な発展を遂げてきたドイツの首都。写真のミッテ地区には、テレビ塔やベルリン大聖堂など歴史を語るさまざまな時代の遺産が残る。

018 バルセロナ
Barcelona

スペイン◆カタルーニャ州

ガウディが手がけた建築物で、カラフルな破砕タイルも印象的なグエル公園から街を一望したい。街のあちこちでピカソやダリの作品に出合えるのも醍醐味。

西欧・中欧・南欧

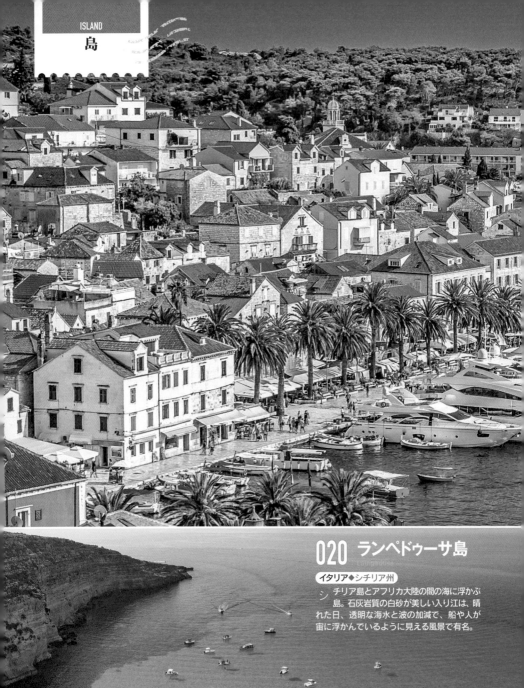

020 ランペドゥーサ島

イタリア◆シチリア州

シチリア島とアフリカ大陸の間の海に浮かぶ島。石灰岩質の白砂が美しい入り江は、晴れた日、透明な海水と波の加減で、船や人が宙に浮かんでいるように見える風景で有名。

Lampedusa

上質なリゾート島に降り注ぐ太陽の光

019 フヴァル島
Hvar

クロアチア◆スプリト=ダルマチア郡

アドリア海に浮かぶ世界有数のリゾートの島。5月ごろから観光客で賑わう島も、秋の訪れとともにオフシーズンとなり、島を離れる島民も多い。フヴァルタウンの旧市街の北側には、小高い丘の上に城塞が立ち、港町、アドリア海、島々を見渡せる。

021 サントリーニ島
Santorini

ギリシャ◆南エーゲ地方

エーゲ海に浮かぶ三日月形の島。真っ白な建物に鮮やかなブルーのドーム屋根が海を望むおなじみの風景は、サントリーニ島の代名詞。古代都市の遺跡も多く残っている。

スペイン王室も訪れる
ヨーロッパのハワイ

022 マヨルカ島
Majorca

スペイン◆バレアレス諸島州

「地中海の宝石」と称されるバカンスの島は、年間300日以上が晴天。王国時代の面影が残る街並みをはじめ、透き通る水が気持ちのよいビーチ、島内に点在する小さな村、リゾートホテルなど、訪れる人たちを魅了してやまない。

見たこともないほどに
透明なブルーを発見

023 ザキントス島
Zakynthos

ギリシャ◆イオニア諸島地方

目の覚めるようなトルコブルー色の海と真っ白なビーチが自慢。島のシンボルのような存在で、海からしかアクセスできないナヴァイオ・ビーチは、映画『紅の豚』の主人公の隠れ家のモデルとして知られる。

024 プローチダ島
Procida

イタリア◆カンパニア州

ナポリから船で1時間弱で着く島は、現在も漁業が盛ん。ナポリ湾のなかでもいちばん小さく人々の素朴な暮らしが営まれている。入り江に漁師たちのカラフルな家が立ち並ぶ。

025 ヴィス島
Vis

クロアチア◆スプリト=ダルマチア郡

クロアチアを代表するリゾート島。島の南部に位置し、山道を進んだ先に広がるスティニヴァ・ビーチは、高い崖に囲まれ、自然が生み出した隠れ家のような場所。

026 イビサ島
Ibiza

スペイン◆バレアレス諸島州

多くの有名クラブが軒を連ね、世界の有名DJが夏の夜を盛り上げる。さまざまな勢力の支配下に置かれた歴史もあり、島全体が世界遺産に登録されている。

One Point

城の内装において、オペラの場面や白鳥のモチーフなどは、作曲家ワーグナーの作品にまつわるものが多く、王の心酔ぶりがうかがえる。

027 ノイシュヴァンシュタイン城
Neuschwanstein Castle

ドイツ◆バイエルン州

18 69年にバイエルン王ルートヴィヒ2世の命により着工。若くして即位した王が戦争の敗北や政治の駆け引きに失望し、現実逃避のため、城の建築に没頭した。やがて昼に寝て夜に活動するなど常軌を逸した王は、着工から17年後、湖で謎の死を遂げたため現在も城は未完のまま。

おとぎ話の世界へ誘う
森の奥深くにひっそりと
舞い降りた白鳥のよう

ⓘ More Info 峡谷に架かるマリエン橋は城と森、湖が一望できる撮影スポット。城から徒歩15分またはシャトルバスでアクセスできる。

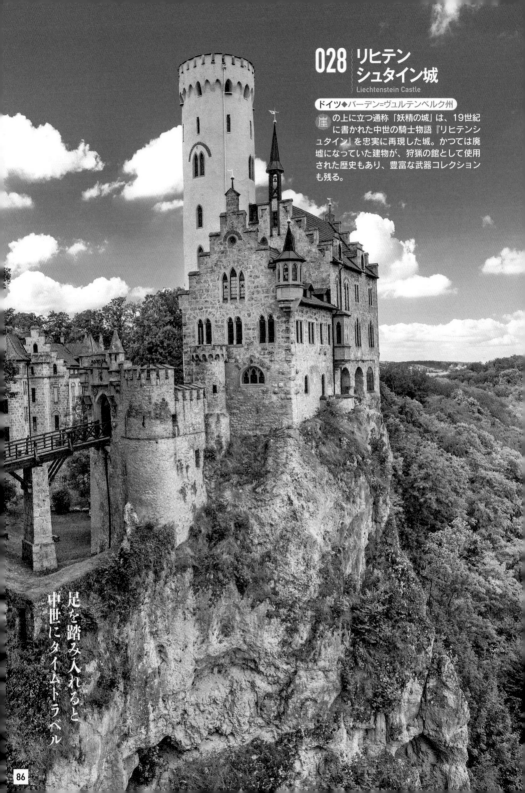

028 リヒテン シュタイン城
Liechtenstein Castle

ドイツ◆バーデン=ヴュルテンベルク州

崖の上に立つ通称「妖精の城」は、19世紀に書かれた中世の騎士物語『リヒテンシュタイン』を忠実に再現した城。かつては廃墟になっていた建物が、狩猟の館として使用された歴史もあり、豊富な武器コレクションも残る。

足を踏み入れると中世にタイムトラベル

険しい山の尾根から
国を見守ってきた城

029 ロッカ・グアイタ
Rocca Guaita

サンマリノ◆サンマリノ市

11世紀にティターノ山の尾根に建てられた城砦は、イタリアに国土を囲まれた小国を守ってきた歴史があり、国旗のデザインにもなっている。市街地を一望する見晴らしはすばらしいが、1975年まで牢屋として使われていた歴史もある。

中世スペインの中心地に立ち
美しい尖塔をもつ城

030 アルカサル 🏛
Alcazar

スペイン◆カスティーリャ・イ・レオン州（セゴビア）

ローマ時代から要塞として使われ、その立地のよさから、中世においてはカスティーリャ王国の王の居城になった。ディズニー映画『白雪姫』の城のモデルにもなったといわれる。ムデハル様式の天井装飾や玉座の間も必見。

031 ホーエンツォレルン城
Hohenzollern Castle

ドイツ◆バーデン=ヴュルテンベルク州

プロイセン王家であるホーエンツォレルン家が代々守り継いできた城は、11世紀の築城で、現在の姿は1867年に再建されたもの。周囲の森や街並みを見下ろす、城からの眺望も魅力だ。天気によっては、雲海に浮かんでいるかのような姿にも。

山上にそびえ立つ
ドイツを代表する城

詩人や画家を魅了した
水に浮かぶ幻想的な城

032 シヨン城
Chillon Castle

スイス◆ヴォー州

レマン湖に突き出た岩盤に立ち、湖に浮かぶように見える古城。かつてこの地を支配したサヴォイア公の居城としても使われた。19世紀に書かれたバイロンの叙事詩『シヨンの囚人』の舞台。

033 マルボルク城
Malbork Castle

ヨーロッパ最大規模のゴシック様式の要塞

ポーランド◆ポモージェ県

ドイツの騎士団が13世紀に築いたレンガ造りの要塞。政治や軍事だけでなく、宗教の拠点としても重要な役割を果たした。床暖房システムのある大食堂や、ポーランドで多く産出される琥珀の芸術品展示がユニーク。

034 デ・ハール城
De Haar Castle

オランダ◆ユトレヒト州

ファン・ザイレン家がもつ、ネオ・ゴシック様式の城。14世紀ごろに建てられるも、17世紀にルイ14世の軍の攻撃によって一度は廃墟に。現在の姿は1892年から20年かけて再建されたもの。

035 シュヴェリーン城
Schwerin Castle

ドイツ◆メクレンブルク=フォアポンメルン州

ドイツ北部の湖水地帯に立ち、フランスのシャンボール城をモデルにしたとされる別名「湖上の宝石」。左右対称のフランス・バロック式の庭園が、優雅な城を引き立てる。

036 ヴィランドリー城
Villandry Castle

フランス◆サントル=ヴァル・ド・ロワール地域圏

幾何学模様の広いフランス式庭園で知られるルネサンス様式の城。3段にわたる庭園は観賞用、菜園、水の庭に分かれ、テーマに沿って植えられた草花が季節ごとに色づく。

037 フルボカー城
Hluboka Castle

チェコ◆南ボヘミア州

(小) 高い丘に立つ、チェコで最も美しいとされる城館。王族の城であったが、17世紀ごろ、ドイツの貴族シュヴァルツェンベルク家の所有になった。豪華な装飾や家具などが残る。

038 シャンボール城
Chambord Castle

フランス◆サントル゠ヴァル・ド・ロワール地域圏

(も) もともとはフランソワ1世が狩猟用に建てたもの。フランス・ルネサンス様式の城は、レオナルド・ダ・ヴィンチが招かれ、構想に関わったとされる二重らせん階段が有名。

039 プレジャマ城
Predjama Castle

スロベニア◆ポストイナ市

(洞) 窟を利用した城の内部は、岩がむき出しになっている部分も。15世紀の城主エラゼムは騎士であり、盗賊でもあった。トイレ使用中に家来によって殺されたという。

芸術と信仰が集結した
荘厳な大聖堂の迫力に
神の存在を感じる

040 サン・ピエトロ大聖堂 🏛
Saint Peter's Basilica

バチカン◆バチカン

🕂 リストの第一弟子聖ペテロの墓所に建てられた大聖堂は、世界最大級のキリスト教建築物。324年にコンスタンティヌス帝が建設、その後16～17世紀にかけて再建された際には著名な芸術家らが招かれている。聖堂内には45の祭壇と11の礼拝室があり、6万人を収容できるカトリックの総本山。

One Point
ミケランジェロ設計のクーポラに上ると聖堂内を見下ろせ、ドーム内側の装飾が間近に見られるほか、テラスからはローマ市街の眺望も楽しめる。

西欧・中欧・南欧

041 メテオラ
Meteora

ギリシャ◆テッサリア地方

9世紀ごろに俗世からの隔絶を目指した修道士たちが瞑想の場所としてこの奇岩群を選んだのが始まり。やがて岩の頂上に修道院が建てられた。最盛期には24あった修道院は現在6つ。今も祈りが捧げられている。

現地の言葉で「中空」

宙に浮かぶ修行の場

042 モン・サン・ミッシェル
Mont Saint-Michel

フランス◆ノルマンディー地域圏

8世紀に夢のなかで大天使ミカエルのお告げを受けた司教が礼拝堂を建てたのが始まり。要塞や牢獄として使用された歴史もある。途中、増改築を繰り返し、さまざまな建築様式が見られる現在の独特な姿になった。

刻一刻と景観を変える

海に浮かぶ西洋の驚異

043 サグラダ・ファミリア 🏛
Sagrada Familia

スペイン◆カタルーニャ州（バルセロナ）

18 82年に着工し、翌年2代目建築家に就任した天才ガウディが生涯を捧げたが、完成しなかった教会。詳細な設計図がなく、曲線を駆使した全体像のスケッチなどを頼りに、今も工事が進められている。

着工から100年以上
今なお未完の世界遺産

天から降ってきた宝石
天井画に感動

044 ヴィース教会 🏛
Wies Church

ドイツ◆バイエルン州

シ ンプルな外観ながら煌びやかな内装の教会は、ロココ芸術の巨匠として名高かった兄弟が建築に携わった。ある農婦の祈りの最中に涙を流した伝説で知られる木像『鞭打たれるキリスト像』が祭壇に祀られている。

天を突きさす尖塔や精緻な細工に目を奪われる

045 ケルン大聖堂
Cologne Cathedral

ドイツ◆ノルトライン=ヴェストファーレン州

18 80年の完成までに600年以上かかった世界最大級のゴシック様式のカトリック教会。細部にわたり施された精緻な彫刻のほか、東方三博士の聖遺物が納められた棺や立派なステンドグラスなど内部のみどころも多い。

のこぎり山に寄り添う堂々たる修道院

046 モンセラット修道院
Abbey of Montserrat

スペイン◆カタルーニャ州

9 世紀に羊飼いの少年たちが洞窟の中でマリア像を発見、麓まで下ろそうとしたが重くて動かなかったため、ここに聖堂が建てられたという伝説が残る。黒いマリア像が手に持つ珠に触れるとご利益があると人気。

047 ドゥオーモ
Duomo

イタリア◆ロンバルディア州（ミラノ）

ミラノの中心的存在で、ゴシック建築の大聖堂は、完成までに約500年もかかった。135本の尖塔や、レースのように美しく繊細な彫刻、ステンドグラスに注目。

西欧・中欧・南欧

048 パラポルティアニ教会
Paraportiani Church

ギリシャ◆南エーゲ地方（ミコノス島）

5つの礼拝堂が集合した珍しい形の教会は、地中海の青空に映える真っ白な壁が特徴的。最も古い礼拝堂は、1425年ごろのもので、残り4つの礼拝堂は地下に造られている。

049 聖アルジュベタ教会（青の教会）
The Church of Saint Elizabeth (Blue Church)

スロバキア◆ブラチスラヴァ県

1913年に建てられたハンガリーの著名な建築家によるアール・ヌーヴォー様式の教会。屋根瓦やモザイク、外壁だけでなく、内部にも淡い青が使われている。

050 ピエモンテ
Piedmont

イタリア◆ピエモンテ州

イタリア北西部にあり、「山の麓」という意味のピエモンテは、イタリア最高級といわれる良質な赤ワインなどで有名。スローフード発祥の村、ブラもここにある。州南部の丘陵地帯、ランゲ=ロエロ、モンフェッラートは一面にブドウ畑が広がり、映画のワンシーンのような景観。世界遺産に登録されている。

どこまでも続く
緑の丘の連なり
上質の景色を堪能

One Point
そこだけ時が止まったかのような丘陵地帯に、今も残る中世集落や中世の城。ワイン生産農家も多く、ワイナリーが見学できるところもある。

051 北東ポルダー
Noordoostpolder

オランダ◆フレヴォランド州

イデル海の開発によって誕生した干拓地の一部。道路沿いに色彩豊かな長いチューリップ畑が並ぶ様子は、じゅうたんを敷き詰めたような美しさだ。開花時期にはチューリップフェスティバルが開かれ、さまざまなアクティビティも用意される。

052 アンダルシア
Andalusia

スペイン◆アンダルシア州

温暖な気候に恵まれたこの地でヒマワリが開花するのは6月ごろ。スペインを代表する夏の風景だ。遥かかなたまで続く黄金のじゅうたんは、ヒマワリ油生産のための農作物で、開花状況は畑によって異なる。

燦々と輝く太陽と
見渡す限りの花畑

絵はがきにしたくなる
オランダ特有の風景

果てしなく広がる草原に
懐かしい気持ちになる

053 モラヴィア大草原
Moravian Green Carpet

チェコ◆南モラヴィア州

大　海原のように、緑の草原の風景が一面に
　　広がる。観光地ではなく、農作物の畑の
ため、育てられているものや季節によって、
さまざまな色に染まる。緑の草原が見られる
のは4〜6月。

054 キューケンホフ公園
Keukenhof Park

オランダ◆南ホランド州

オランダを代表する広大な花の名所。花の開花時期に合わせて、3月中旬から5月中旬の間だけ開園する。チューリップのほかにも、ヒヤシンスなど700万株以上が植えられ、色鮮やかで甘い香りが漂う。

色とりどりの花々が
あたり一面に咲き誇る

胸いっぱいに吸い込む
ラベンダーの香り

055 ヴァランソル高原
Valensole Plateau

フランス

プロヴァンス=アルプ=コート・ダジュール地域圏

南フランスのプロヴァンス地方の夏は、ラベンダー色に染まる。一斉に開花した紫の畝が整然と並び、あたりの空気がラベンダーの香りに包まれる夢のような時間を体験できる。6月中旬から7月にかけて見頃を迎える。

056 オルチャ渓谷 🏛

イタリア◆トスカーナ州

杉並木やブドウ畑が美しい、広大な丘陵地帯。見事な田園風景はそこに暮らす人々が、土地の改良を重ねつくり上げたもので、ルネサンス以降多くの芸術家を魅了した。

057 アッシュリッジ・エステート
Ashridge Estate

イギリス◆イングランド中部

ショナル・トラストが管轄する自然保護区で、ブルーベルの森として知られる。4月中旬から5月にかけて咲き乱れる紫のブルーベルは、イギリスに春の訪れを告げる花。

058 ミューレン
Murren

スイス◆ベルン州

朴なアルプスの風景が保たれている村。ユングフラウ3山を見渡せる展望台アルメントフーベル周辺には、高山植物を眺めながら歩けるハイキングコースも充実している。

緑と湖に囲まれてたたずむ
小さな町の風景は
色褪せない絵画のよう

059 ハルシュタット 🏛
Hallstatt

オーストリア◆オーバーエスターライヒ州

ダッハシュタイン山の麓にある小さな町は山と湖畔にひしめき合うヨーロッパの家々が、見事に調和するオーストリアの象徴的風景。ハルはケルト語で塩という意味。町外れには古代ローマ時代から採掘されている岩塩坑が残り、先史時代から価値の高かった塩で栄えた地であったことがわかる。

One Point
尖塔のある教会が町を見守り、湖まで迫る山の斜面に木造の家がひしめき合っている。人口1000人ほどの小さな町の夏は観光客で賑わう。

かつての繁栄を残す華やかな水の都

060 ヴェネツィア
Venice

イタリア◆ヴェネト州

5世紀にアドリア海の干潟に築かれた118もの小島からなる街。いたるところに水路が張りめぐらされ、徒歩で橋を渡り、ゴンドラや水上バスで運河を移動するロマンチックな街並みは、かつて海上貿易で栄えた強力な共和国時代の輝かしい面影を色濃く残す。

近代都市の機能美と歴史が共存する首都

061 ベルン
Bern

スイス◆ベルン州

アーレ川が流れるスイスの首都。今も中世の雰囲気を残している旧市街は世界遺産に登録されており、ユニークな像が立つ泉(水飲み場)や、石造りアーケードなど、歴史の足跡が随所に感じられる。

062 ポジターノ
Positano

イタリア◆カンパニア州

テイレニア海に突き出た半島にあり、国内でも屈指の人気を誇る高級リゾート地アマルフィ海岸の街。小さな砂浜を囲むようにそびえる急峻な山々や、断崖に立ち並ぶ家並みを海に浮かぶ船から見上げてみたい。

アマルフィ海岸でも屈指の大人のリゾート

街を囲むように流れる
川が見てきた街の歴史

063 チェスキー・クルムロフ
Cesky Krumlov

チェコ◆南ボヘミア州

ヴルタヴァ川が流れ、オレンジ色の屋根が青空に映える中世の街並みが残る。街の起源でもある城は、ボヘミアの有力貴族が13世紀に築城。その後、歴代の城主により増改築されたため、多様な建築様式が混在する。

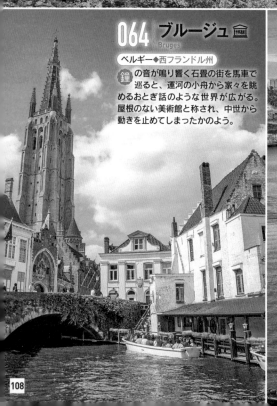

064 ブルージュ
Bruges

ベルギー◆西フランドル州

鐘の音が鳴り響く石畳の街を馬車で巡ると、運河の小舟から家々を眺めるおとぎ話のような世界が広がる。屋根のない美術館と称され、中世から動きを止めてしまったかのよう。

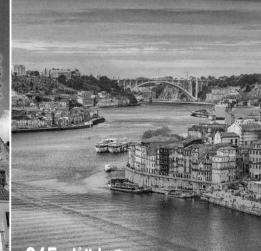

065 ポルト
Porto

ポルトガル◆ポルト県

ポートワインの積出港として知られる港町。ドウロ川が街の中央を流れ、オレンジ色の屋根の家々の間に教会建築が立つ。大航海時代には、航海へ向かう船たちを送り出してきた。

066 イゼルトヴァルト
Iseltwald

スイス◆ベルン州

エ メラルドグリーンの湖面が印象的なブリエンツ湖のほとりに広がり、湖を渡るクルーズ船の発着所もある。湖と赤い三角屋根の家並み、優美な城が見事に調和。

067 ディナン
Dinant

ベルギー◆ナミュール州

ム ーズ川と切り立つ岩に挟まれた街は、中世から銅細工で有名で、楽器サクソフォンの発明者が生まれた地でもある。崖の上のシタデルへはロープウェイか石段で上る。

068 ロヴィニ
Rovinj

クロアチア◆イストラ郡

丘 の上の教会の鐘塔が、半島の中心から顔を出す港町。教会は1736年に建てられた町のシンボル的存在で、高さ約60mの塔に上り、町並みとアドリア海を一望したい。

緑に囲まれた要塞
迫力ある防御構造物

070 アビラ
Avila

スペイン◆カスティーリャ・イ・レオン州

イ スラム教徒から街を守るために造られた、全長2.5kmにわたる城壁に囲まれた要塞都市。大聖堂はその位置関係からも砦としての機能があったとされている。

069 ナールデン _{世界遺産}
Naarden

オランダ◆北ホランド州

ア ムステルダムの防壁の一部として機能してきたナールデンの要塞。ヨーロッパの各地に築かれてきた星形要塞のなかでも、保存状態のよさで知られる。市庁舎や要塞博物館、ショップに改装された当時の武器庫や古い家屋などがみどころ。

071 ヴァレッタ _{世界遺産}
Valletta

マルタ◆マルタ島

街 全体が要塞となっているマルタ共和国の首都には、中世の騎士の足跡が随所に残る。街の中心部にある聖ヨハネ大聖堂は大理石の床が騎士の墓碑銘となっている。

072 パルマノーヴァ
Palmanova

イタリア◆フリウリ=ヴェネツィア・ジュリア州

15 93年に建造されたヴェネツィア共和国の星形要塞都市。主にオーストリアとトルコの侵入からヴェネツィアを守るために建てられ、正確な九角形の星形でどの方向からの攻撃にも死角がないように設計されている。

美しく堅牢な城郭はルネサンス理想都市

073 ルクセンブルク
Luxembourg

ルクセンブルク◆ルクセンブルク郡

10 世紀に自然の断崖を利用した要塞を築き、14～15世紀には、市を囲む環状城壁が完成。断崖の下にも大きな地下道要塞が造られた。旧市街には侵略された各時代の建造物が残されている。

世界にひとつの大公国 旧市街全体が世界遺産

074 カルカソンヌ
Carcassonne

フランス◆オクシタニー地域圏

フランス南西部の城塞都市は、現存するヨーロッパ最大規模のもの。地中海やスペインを結ぶ要衝にあり、その歴史は紀元前3世紀にまで遡る。重厚な城壁は二重になっている。

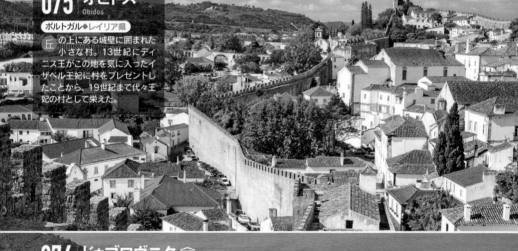

075 オビドス
Obidos

ポルトガル◆レイリア県

丘の上にある城壁に囲まれた小さな村。13世紀にディニス王がこの地を気に入ったイザベル王妃に村をプレゼントしたことから、19世紀まで代々王妃の村として栄えた。

076 ドゥブロヴニク
Dubrovnik

クロアチア◆ドゥブロヴニク=ネレトヴァ郡

紺碧の海にオレンジ色の屋根が映える街は、「アドリア海の真珠」とも称され、高さ25mの重厚な城壁に囲まれている。地震や戦争の被害を受けるも、修復がなされてきた。

世界遺産の街にそびえる
国王たちの美意識の
結晶を垣間見る

One Point
歴代国王が美意識を誇示する
ため増改築を繰り返した結果、
ゴシック、マヌエル、ルネサン
ス、ムデハルなどの多様な
建築様式が混在している。

077 シントラの王宮 🏛
National Palace of Sintra

ポルトガル◆リスボン県（シントラ）

ムーア人が残した建物をもとにディニス王が整備。14世紀初頭にはジョアン1世が大幅改築をして、王宮の基礎を築いた。27羽の白鳥が天井に描かれた「白鳥の間」や、美しい色彩のアズレージョなど、歴代王の栄華と美意識が随所に反映されたユニークな建築美を堪能できる。

西欧・中欧・南欧

ⓘ More Info　最上部の「紋章の広間」は、貴族以外にも航路開拓の功績を讃えられたヴァスコ・ダ・ガマや、カブラルの紋章などがある。

フランスにルネサンスの風を運んだ王室の狩猟場

078 フォンテーヌブロー宮殿 🏛
Palace of Fontainebleau

フランス◆イル=ド=フランス地域圏

16世紀前半、フランソワ1世が関わり建造されたルネサンス様式の宮殿。もともと王家の狩猟場とされていた地に立ち、居住した歴代の国王が建物の改築などを行って現在の姿になった。豪華な装飾はもちろん、宮殿の周囲に広がるフランス式庭園も趣深い。

079 アルハンブラ宮殿 🏛
Alhambra

スペイン◆アンダルシア州（グラナダ）

イベリア半島で最後のイスラム王朝・ナスル王朝の宮殿で、13〜14世紀に建造されたイスラム文化の遺産。シエラ・ネバダ山脈の麓、グラナダの小高い丘に立つ。緻密な装飾の宮殿のほか、堅牢な城塞、噴水を多用した庭園など多くのみどころを有し、イスラム建築の最高峰と名高い。

優美で哀愁に満ちたイスラム王朝最後の砦

080 シェーンブルン宮殿

Schonbrunn Palace

オーストリア◆ウィーン

外観はバロック様式、内装はロココ様式の造りで、18世紀に女帝マリア・テレジアによって現在の姿に改装された。絢爛豪華な「大ギャラリー」をはじめ、モーツァルトが御前演奏をした「鏡の間」など、みどころが点在。

華やかな装飾で彩られるハプスブルグ家の居城

©Schloss Schönbrunn Kuitur-und Betriebsges.m.b.H / Julius Silver

081 ヴィラヌフ宮殿

Wilanow Palace Museum

ポーランド◆マゾフシェ県(ワルシャワ)

17世紀末にヤン3世ソビエスキ王によって建てられたバロック様式の宮殿で、現在は博物館として公開されている。宮殿を取り囲む庭園は、季節ごとの花々が咲く。「ポーランドのヴェルサイユ宮殿」との異名も。

ポーランド王が休息したきらびやかな離宮

082 ペーナ宮殿 🏛

ポルトガル◆リスボン県（シントラ）

⑱85年に完成。フェルナンド2世の命により建てられた。19世紀ロマン主義を象徴する建築で、標高529mの山頂にそびえる。詩人バイロンが「この世のエデン」と絶賛したシントラの街にあり、カラフルな外壁が印象的。

色鮮やかなロマン主義の建築美に目を見張る

083 バッキンガム宮殿
Buckingham Palace

イギリス◆イングランド（ロンドン）

春から夏は花と緑に囲まれ、より華やかな雰囲気に。1703年にバッキンガム公の邸宅として建てられたが、のちに絢爛な宮殿に造り変えられ、1837年以降は、英国王室の正式な宮殿に。衛兵交代式は宮殿の前庭で行われる。

ロイヤル・ファミリーの住む憧れの宮殿

084 ヴェルサイユ宮殿
Palace of Versailles

フランス◆イル=ド=フランス地域圏

1661年から数十年かけて、ルイ14世が築かせたバロック様式の宮殿。夏季は当時の宮廷の祝宴を再現した、さまざまなイベントが行われる。夜のライトアップは幻想的だ。

085 サンスーシー宮殿
Sanssouci Palace

ドイツ◆ブランデンブルク州

18世紀半ばにロココ様式で建造された、フリードリヒ2世の居城。バロック様式を取り入れた庭園は、約290万㎡にも及び、イチヂクやブドウの畑が階段状になっている。

086 ミラベル宮殿
Mirabell Palace

オーストリア◆ザルツブルク州

17世紀初めに大司教ディートリッヒが愛人のために造った。庭園からはホーエンザルツブルク城を望む。映画『サウンド・オブ・ミュージック』の『ドレミの歌』の舞台として有名。

087 ベルヴェデーレ宮殿 🏛
Belvedere Palace

オーストリア◆ウィーン

17 14〜23年に建設されたバロック建築の傑作。上宮の美術館では、クリムトの代表作『接吻』が見られる。宮殿前の壮麗な庭園には鏡の池が配置され、そこに映るファサードが美しい。

088 ルーヴル美術館 🏛
Louvre Museum

フランス◆イル=ド=フランス地域圏（パリ）

名 画『モナ・リザ』をはじめ、世界の名だたる美術品を所蔵。1989年に完成した中庭のルーヴル・ピラミッドはガラスと金属で造られており、夜は幻想的にライトアップされる。

089 モナコ海洋博物館
Oceanographic Museum of Monaco

モナコ◆モナコ・ヴィル地区

19 10年、海洋学者でもあった、モナコ公アルベール1世によって設立された。地中海を見下ろすように立ち、宮殿を思わせるような造り。水族館もあり豊富な展示物が魅力だ。

圧倒的存在感
標高4478mの
「アルプスの女王」

090 マッターホルン
Matterhorn

スイス◆ヴァレー州

ス イスとイタリアの国境にある名峰。氷河に削られた四角錐が美しく、登山鉄道の車窓からもその雄姿を眺めることができる。古くから「悪魔がすむ」と恐れられていたが、世界中のアルピニストにとっては憧れの山。リッフェル湖の湖面に映る「逆さマッターホルン」も神秘的だ。

西欧・中欧・南欧

091 モハーの断崖
Cliffs of Moher

アイルランド◆クレア県

大 西洋からそそり立つ高さ約200mの断崖絶壁。波打つように連なる大迫力の崖は約8kmにも及ぶ。映画『ハリー・ポッターと謎のプリンス』のシーンに登場したことでも有名。

092 ジャイアンツ・コーズウェイ
Giant's Causeway

イギリス◆北アイルランド

溶 岩が冷え固まってできた六角形の玄武岩に覆われた「巨人の石道」。高さ12mの石柱が並ぶ「巨人のオルガン」など、巨人伝説にちなんで名付けられた奇岩もある。

崖上からも崖下からも、真っ白な7姉妹が大人気

アルプスの最高峰　標高4810mの「白い山」

094 モンブラン
Mont Blanc

フランス◆オーヴェルニュ=ローヌ=アルプ地域圏

フランスとイタリアの国境にまたがる山で、見る角度によって表情を変える。万年雪に覆われた美しく白い景観ながら、イタリア側では峻険な姿から「魔の山」ともよばれる。

093 セブン・シスターズ
Seven Sisters

イギリス◆イングランド南部

ゆ るやかな起伏の丘を波が削りとった海食崖。7つの頂を7姉妹に見立てて名付けられたという白亜の壁は、チョーク素材でできていることから現在も徐々に浸食され、刻一刻と姿を変えている。貴重な野鳥や植物も見られる。

そびえ立つ奇岩の中を重厚な石橋が通る

095 ザクセン・スイス国立公園
Saxon Switzerland National Park

ドイツ◆ザクセン州

州 都のドレスデンからエルベ川をたどった先の山岳地帯にある公園。奇岩や断崖がそびえ立ち、岩山に架かる石橋のバスタイ橋の景観で名高い。橋からは奇岩群やエルベ川、小さな村などが見渡せる。

切り立つ尖峰が並ぶ
北イタリアの山塊

096 ドロミテ
The Dolomites

イタリア◆ヴェネト州ほか

14万haに及ぶ広大な山岳地帯のことで、ごつごつとした尖峰や氷河地形などが織りなす山岳景観のうち、9つの地域が世界遺産に登録。灰色の特徴的な岩肌はドロマイトの成分によるもので、名前の由来になっている。

097 カミニート・デル・レイ
Caminito del Rey

スペイン◆アンダルシア州

1905年、水力発電工事のために峡谷に造られた小道で、「王の小道」を意味する。高さ100m以上のところや、人がひとり通れる程度の幅しかないところも。転落事故が相次ぎ、立入禁止の時期もあったが、改修工事を経て、再度開通した。

スリルに満ちた
断崖絶壁の「世界一危険な道」

098 アイガー／メンヒ／ユングフラウ 🏛
Eiger ／ Monch ／ Jungfrau

スイス◆ベルン州

標 高4000m級の山々が3つ並ぶ、スイスアルプスの誇り高き名峰・ユングフラウ3山。3山を眺めるハイキングコースや展望台も多く設けられている。

099 グレコ岬
Cape Greco

キプロス◆ファマグスタ地区

東 地中海に浮かぶ島国キプロスの南東部に位置。透明度が高く、エメラルドグリーンに美しく輝く海や、自然がつくり出した岩のアーチなど、驚きの景観が広がる。

100 ピコ・ド・アリエイロ
Pico do Arieiro

ポルトガル◆マデイラ諸島

標 高1818m、マデイラ諸島で3番目に高い山。山頂から見える雲海の景色は有名で、その隙間からは迫力ある険しい山々が顔を出す。トレッキングで天空の山を堪能したい。

のどかな田園風景と
ハチミツ色の家並みが
美しい村々を堪能する

101 コッツウォルズ
Cotswolds

イギリス◆イングランド中部

ウィリアム・モリスが「イギリスで最も美しい村」と賞賛したバイブリーや、最も古い家並みが残るとして知られるカースル・クーム(写真)など、みどころあふれる丘陵地帯。特別自然美観地域として保全され、バイブリーなどを流れるコルン川では白鳥など野鳥の姿を眺めることもできる。

One Point
コッツウォルズに代表されるハチミツ色の建築物は、この地方でとれるライムストーン(石灰岩)で造られており、今なお愛らしい景観を生み出している。

ⓘ More Info コッツウォルズとは「羊小屋のある丘」という意味。かつて羊毛産業で栄えていた丘陵地帯には、10以上の村が点在している。

102 ヒートホールン
Giethoorn

オランダ◆オーファーアイセル州

13 00年ころから行われた泥炭採掘の跡が湖となり、泥炭を運ぶために運河ができたことにより、現在の村が形成された。茅葺き屋根の牧歌的な家並みが見られる。行き交う小舟や水鳥の姿が印象的で、ボートに乗って村を巡ることもできる。

空と地中海の青さに
まぶしい白が映える村

103 フリヒリアナ
Frigiliana

スペイン◆アンダルシア州

ア ンダルシア地方特有の白壁の建物が立ち並ぶ。統一された白のなかに現れるモザイク模様の石畳や、カラフルなドアのセンスは抜群。「スペインで最も美しい村」に選ばれたことにも納得の景観だ。

「オランダのヴェネツィア」と
よばれる美しい水郷

104 コンク
Conques 世界遺産

フランス◆オクシタニー地域圏

映画『美女と野獣』のモデルとなった地で、ロット渓谷の山あいにたたずむ。スペインの北西部にあるサンティアゴ・デ・コンポステーラへの巡礼者が立ち寄る要所で、ロマネスク様式の建物などの文化遺産も見られる。

巡礼者が行き交う
「フランスの最も美しい村」へ

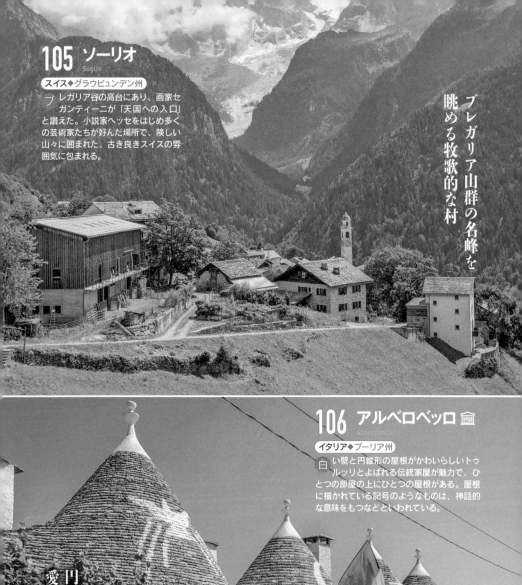

105 ソーリオ
Soglio

スイス◆グラウビュンデン州

レガリア谷の高台にあり、画家セガンティーニが「天国への入口」と讃えた。小説家ヘッセをはじめ多くの芸術家たちが好んだ場所で、険しい山々に囲まれた、古き良きスイスの雰囲気に包まれる。

ブレガリア山群の名峰を眺める牧歌的な村

106 アルベロベッロ
Alberobello

イタリア◆プーリア州

白い壁と円錐形の屋根がかわいらしいトゥルッリとよばれる伝統家屋が魅力で、ひとつの部屋の上にひとつの屋根がある。屋根に描かれている記号のようなものは、神話的な意味をもつなどといわれている。

円錐形のとんがり屋根が愛らしい絵本の世界

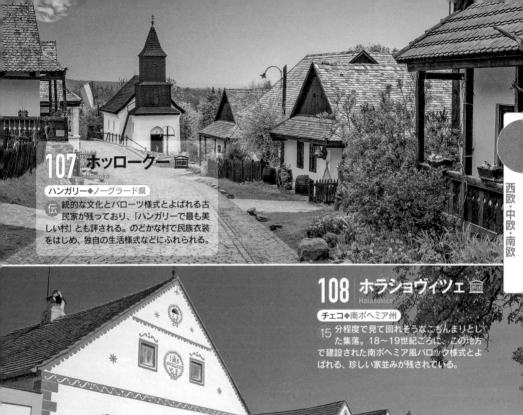

107 ホッローケー
Hollokó

ハンガリー◆ノーグラード県

伝　統的な文化とバローツ様式とよばれる古民家が残っており、「ハンガリーで最も美しい村」とも評される。のどかな村で民族衣装をはじめ、独自の生活様式などにふれられる。

108 ホラショヴィツェ
Holasovice

チェコ◆南ボヘミア州

15　分程度で見て回れそうなこぢんまりとした集落。18～19世紀ころに、この地方で建設された南ボヘミア風バロック様式とよばれる、珍しい家並みが残されている。

109 フスカル
Juzcar

スペイン◆アンダルシア州

映　画『スマーフ』のPRのために青く彩られた村。スマーフ村として多くの観光客が訪れるようになり、過疎の村を救う結果となったため、今でも村は爽やかな青色のまま。

崖上の街

えぐられた白い断崖に
そそり立つ海上の城塞

111 ロカマドゥール
Rocamadour

フランス◆オクシタニー地域圏

ア ルズー川の谷を見下ろす崖に形
成された巡礼地。巡礼者の階段
を上った先にある聖域には、数々の
奇跡を起こしたという「黒い聖母像」
のある礼拝堂などが立つ。

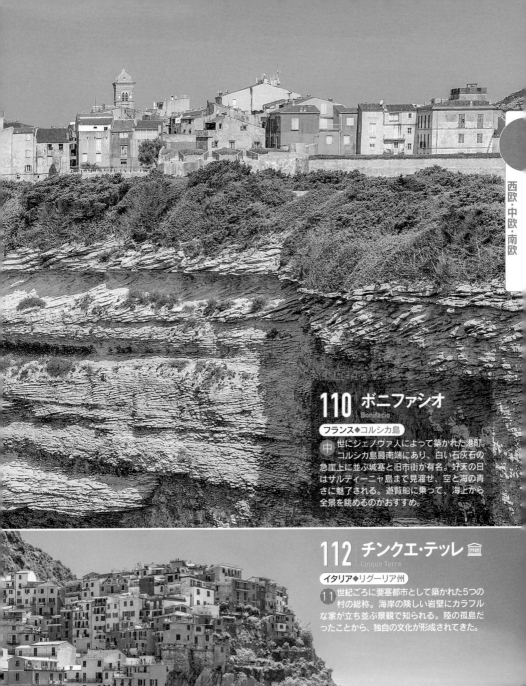

110 ボニファシオ
Bonifacio

フランス◆コルシカ島

中世にジェノヴァ人によって築かれた港町。コルシカ島最南端にあり、白い石灰石の急崖上に並ぶ城塞と旧市街が有名。好天の日はサルディーニャ島まで見渡せ、空と海の青さに魅了される。遊覧船に乗って、海上から全景を眺めるのがおすすめ。

112 チンクエ・テッレ 🏛

イタリア◆リグーリア州

11世紀ごろに要塞都市として築かれた5つの村の総称。海岸の険しい岩壁にカラフルな家が立ち並ぶ景観で知られる。陸の孤島だったことから、独自の文化が形成されてきた。

崖上に広がる
アンダルシアの白い家並み

113 ロンダ
Ronda

スペイン◆アンダルシア州

街のシンボルは高さ98mのヌエボ橋。グアダレビン川に架かり、旧市街と新市街を結ぶ。旧市街側の展望台や新市街側にあるハルディネス・デ・クエンカとよばれる公園などから橋と街並みを一望できる。

約300mの急勾配の橋を
渡って向かう天空の町

114 チヴィタ・ディ・バニョレージョ
Civita di Bagnoregio

イタリア◆ラツィオ州

2500年以上前にエトルリア人によってつくられた。古くから浸食や崩落の危険にさらされており、「死にゆく町」ともよばれる。映画『天空の城ラピュタ』のモデルといわれ、崖の上に美しく浮かんで見える。

115 エズ
Eze

フランス◆プロヴァンス=アルプ=コート・ダジュール地域圏

海　抜約420mの崖上にあり、コート・ダジュール地方特有の要塞の村。鷲が敵から身を守るために崖上に巣を作るのになぞらえて「鷲の巣村」とよばれる。オレンジ色の家々と紺碧の地中海が織りなす光景をエズ熱帯庭園から眺めたい。

崖上に築かれた海と空の間に浮かぶ村

117 カステルフォリット・デ・ラ・ロカ
Castellfollit de la Roca

スペイン◆カタルーニャ州

高　さ50m以上、長さ約1kmほどの切り立った玄武岩の上にある小さな村。スペインでは数少ない玄武岩の採石場で、その岩の上に細長く家が立ち並ぶ姿はとてもユニーク。

116 クエンカ
Cuenca

スペイン◆カスティーリャ=ラ・マンチャ州

古　都クエンカ屈指の観光名所はウエカル川の断崖上に立つ「宙吊りの家」。14世紀に建てられ、市庁舎の役割を果たしていたが、今ではモダンな美術館となっている。

神殿や公共施設が語る
古代ローマの繁栄ぶり

118 フォロ・ロマーノ
Roman Forum

イタリア◆ラツィオ州（ローマ）

古代ローマの公共広場の遺跡。政治、司法、宗教、商業の中心地として数世紀にわたり重要な役割を果たした。目を引く壮大な8本の柱は、聖なる場所のひとつサトゥルヌスの神殿の入口部分。凱旋門やバシリカなど往時の栄華が随所に見られる。

119 コロッセオ
Colosseum

イタリア◆ラツィオ州（ローマ）

かつて5万人を収容したとされる、4階建て構造の円形闘技場。80ものアーチ型入口は混雑の回避に役立った。人々はここで剣闘士と猛獣の死闘を見て熱狂した。

120 アクロポリス

The Acropolis of Athens

ギリシャ◆アッティカ地方(アテネ)

「高い丘の上の都市」という意味で、周囲は断崖絶壁に囲まれている。パルテノン神殿をはじめ、神々を祀った神域であると同時に、都市国家防衛のための要塞の役割もあった。

121 デルフィ
Delphi ⛩世界遺産

ギリシャ◆中央ギリシャ地方

神 のお告げが聞ける神託所だった場所。「汝自身を知れ」「過剰の中の無」などの格言が壁に刻まれている。世界の中心と信じられていた地は、パルナッソス山に囲まれ、今なお神聖な空気が漂う。

預言の神アポロンが運命を司っていた場所

122 タオルミーナ
Taormina

イタリア◆シチリア州

紀 元前3世紀に造られたギリシャ劇場は、イタリア有数のリゾート地を見下ろす絶好のロケーション。遺構は2世紀ごろローマ人によって、円形闘技場に改築されたもの。現在もイベントや劇の上演に使用されている。

見晴らしのよい丘の上に大規模な古代劇場が残る

123 ヴィッラ・アドリアーナ
Villa Adriana

イタリア◆ラツィオ州

ローマ皇帝ハドリアヌス帝が建てた広大な別荘。皇帝が遠征先で目にした場所を参考に建てられた劇場や大浴場、神殿などは後世の建築デザインにも影響を与えた。

124 ストーンヘンジ
Stonehenge

イギリス◆イングランド中部

荒涼とした平原に立つ巨石のストーンサークル。5000年ほど前から段階を経て設置された。何の目的で立てたのかなど、今も多くの謎に包まれている。

125 ローマ水道橋
Roman Aqueduct

スペイン◆カスティーリャ・イ・レオン州（セゴビア）

古代ローマ時代の水道橋がほぼ完全な形で残っている。160以上のアーチは接合剤を使用せず、花崗岩の重みだけで支えられており、悪魔が造ったという伝説もある。

西欧・中欧・南欧

水上の木道から眺める
幻想的な大自然の風景

126 プリトヴィツェ湖群国立公園
Plitvice Lakes National Park

クロアチア◆リカ=セニ郡

ブナやモミの原生林に囲まれ、大小16の湖と92の滝がカルスト台地の渓谷に点在する国立自然公園。石灰岩層を通り澄みきった水が日の光や含有ミネラルの加減で、エメラルドグリーンやコバルトブルーに変化し、川底がはっきりと透けて見える。

王族や貴族も魅了した、翡翠色の湖を望む

127 ブレッド湖
Bled Lake

スロベニア◆ラドヴリツァ市

湖面にアルプス山脈が映り込み、「アルプスの瞳」と称される湖。湖畔の街では高級ホテルが立つなどリゾート地としての賑わいを見せる。ロマンチックな孤島に立つ白い教会で結婚式を挙げるカップルも多い。

緑と花に囲まれる田園地帯で幸せなひととき

128 湖水地方
Lake District

イギリス◆イングランド北部

ピーターラビットや詩人ワーズワースの故郷として知られる湖水地方は、山々に囲まれ、多くの美しい湖が見られる地域。中世の家並みの村や、草を食む羊のいる草原、湖と新鮮な空気に心癒される。

季節の色に染まる森を映し出す鏡のような湖

129 カレッツァ湖
Lake Carezza

イタリア◆トレンティーノ=アルト・アディジェ州

標高1520mにある湖は、荒々しい山肌のラテマール山群と湖畔の針葉樹林が青緑色の湖面に映える神秘の趣。湖に暮らすと信じられている歌の上手な妖精の歌声が、今にも聞こえてきそうなほど幻想的。

130 ライン滝
Rhine Falls

スイス◆チューリッヒ州／シャフハウゼン州

ヨーロッパ最大の水量を誇る滝。その美しさは詩人ゲーテが生涯のうちに4度も訪れたほど。舟に乗って行く滝の中の岩場や、水しぶきのかかる見晴らし台、河畔のラウフェン城などから眺めることができる。

ドイツへと流れていくライン川にある名瀑

131 パーテルスウォルトセ湖
Paterswoldse Lake

オランダ◆フローニンゲン州

冬になると氷の道ができることで知られる湖は、天然のアイススケート場と化し、現地の人々で賑わう。夏は風車と湖が織りなす夕景が長い時間楽しめる。

132 クルカ国立公園
Krka National Park

クロアチア◆シベニク=クニン郡

クルカ川の本流が段々になった岩場を流れ落ちる数多くの滝が特徴。最大のスクラディンスキ・ブクでは滝壺で泳ぐことができる。公園内には湖上の島に立つ修道院などもある。

133 アヌシー湖
Lake Annecy

フランス◆オーヴェルニュ=ローヌ=アルプ地域圏

ヨーロッパでも屈指の透明度で知られる湖。遊覧船に乗れば、かわいらしい湖畔の村や、アルプスの山並みといった優美な景観が満喫できる。

悪魔伝説が息づく洞窟で
地底探検に出かける

134 パディラック洞窟
Padirac Cave

フランス◆オクシタニー地域圏

「悪魔の穴」ともよばれ、地面に大きく口を
開けている直径約35m、深さ約100m
の洞窟は、1889年に探検家による調査が始
まった。穴の底からも洞窟が続き、約25kmに
わたって地下水脈が流れている。地底湖など
洞窟の一部は、ボートツアーで見学できる。

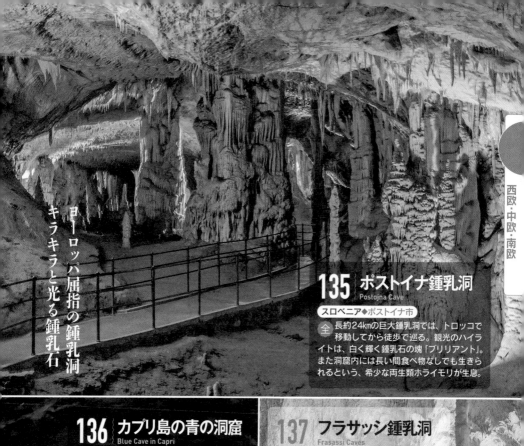

ヨーロッパ屈指の鍾乳洞 キラキラと光る鍾乳石

135 ポストイナ鍾乳洞
Postojna Cave

スロベニア◆ポストイナ市

全 長約24kmの巨大鍾乳洞では、トロッコで移動してから徒歩で巡る。観光のハイライトは、白く輝く鍾乳石の塊「ブリリアント」。また洞窟内には長い間食べ物なしでも生きられるという、希少な両生類ホライモリが生息。

136 カプリ島の青の洞窟
Blue Cave in Capri

イタリア◆カンパニア州

青 い光に浮かび上がる洞窟は、世界的にも有名。太陽光が白い石灰質の海底に反射することで、不思議な青の世界が広がる。波の穏やかな晴れの日に見ることができる。

137 フラサッシ鍾乳洞
Frasassi Caves

イタリア◆マルケ州

水 と石灰岩が生み出した自然界の神秘。ミラノの大聖堂がまるごと入る大きさともいわれる洞窟は、透き通った水や真っ白な鍾乳石と石筍が織りなす壮大な異世界のよう。

138 メリッサニ洞窟
Melissani Cave

ギリシャ◆イオニア諸島地方（ケファロニア島）

イオニア海に浮かぶ島にある洞窟は、海水と淡水の混じった透明な地底湖の美しさで有名。天井部分に開いた穴からスポットライトのように光が差し込むと、透き通ったコバルトブルーに輝く宝石のような姿を見せる。

ライトアップされた洞に
流れるショパンの調べ

139 ドラック洞窟
Caves of Drach

スペイン◆バレアレス諸島州（マヨルカ島）

冷たい空気が漂う、マヨルカ島の鍾乳洞。無数の細い鍾乳石が天井から吊り下がる鍾乳石の森は圧巻だ。世界最大の地底湖・マルテル湖では、湖畔に観客席が設置され、演奏者が小舟で登場する音楽会も開催される。

140 ドブシンスカ氷穴 🏛

スロバキア◆コシツェ県

ヨ ヨーロッパでも有数の氷穴は全長1.2kmで、一年中氷に覆われている。見学は夏に限られているが、中は氷点下の世界、40万年前の氷河時代からの風景が広がる。

141 ヴィエリチカ 岩塩坑 🏛

ポーランド◆マウォポルスカ県

総 延長約300km、最深部は327mの岩塩坑は塩でできた地下都市。信心深い坑夫たちが、礼拝堂やシャンデリア、キリスト像などすべて岩塩で作り、祈りを捧げていた。

142 フィンガルの洞窟

イギリス◆スコットランド（スタッファ島）

人 工的に造ったように見える六角柱の奇岩が密集する謎めいた無人島。洞窟の入口は異次元へつながっているかのよう。作曲家メンデルスゾーンなど多くの芸術家も魅了した。

冬を彩るロマンチックな光に包まれて

クリスマスマーケットを歩く

11月下旬から開かれるクリスマスマーケットは、街が華やぐ冬の風物詩。イルミネーションが輝き、おもちゃやお菓子の屋台が所狭しと並ぶ。

143 ドレスデン
Dresden

ドイツ◆ザクセン州

第二次世界大戦での壊滅的な被害から復興した宮廷都市。エルベ川の南側にある旧市街は、華やかなバロック建築など歴史的建築物が再建され、古の面影を今に伝える。

クリスマス菓子を楽しむための市場

メイン会場のアルトマルクト広場。冬の古都の風景に温かい灯りがともり人々で賑わう

ドレスデナー・シュトリーツェルマルクト

1434年から続くドイツ有数のクリスマスマーケット。伝統菓子シュトレンが名の由来になっている。

マーケットの屋台のほか、メリーゴーラウンドやアイススケート場も設置される

そこだけまるでファンタジーの国

144 ウィーン 🏛
Vienna

オーストリア◆ウィーン

ハプスブルク家の帝都として繁栄し、栄華を極めた宮廷文化が随所に感じられる。街全体がクラシック音楽に包まれたように、華やかでロマンチックな歴史都市だ。

市庁舎前広場のクリスマス市

夜空に照らし出される市庁舎を背景に、150ものクリスマス限定ショップが立ち並ぶマーケット。

145 フランクフルト
Frankfurt am Main

ドイツ◆ヘッセン州

中世以降ドイツの重要な都市として発展し、商業や金融の中心地に。文豪ゲーテの故郷でもあり、高層ビルが林立する近代都市のなかにも、歴史的建築物が調和している。

ドイツでも有数の歴史あるクリスマス市

かわいらしい建物が立ち並ぶレーマー広場を中心に、200ほどの屋台が出揃う

フランクフルター・ヴァイナハツマルクト

1393年に始まったとされる由緒あるマーケット。華やかなライトアップが幻想的な場を演出する。

MIDDLE EAST

中東

中東 ⑤⑤ SPOT

MIDDLE EAST

　ヨーロッパの視点から極東よりも近い東という意味の中東。地中海東岸からアラビア半島、西アジアまでの範囲を含む。

　欧州とアジアの交易路として栄え、古代メソポタミア文明は現在のイラクで発祥。アラビア半島は砂漠気候で不毛の地のイメージがあるが、石油や天然ガスなどの地下資源に恵まれた裕福な国も多く、ブルジュ・ハリファに見られるような近代都市化を急速に遂げている。イスラム、キリスト、ユダヤ教の聖地が1カ所に集結したエルサレムは宗教的に非常に重要な役割があり、さまざまな理由で紛争が絶えない地域でもある。

BASIC INFORMATION

- 国 16カ国
- 人口 約3億7767万人（世界の約5%）
- 面積 約696万km²（世界の約5%）

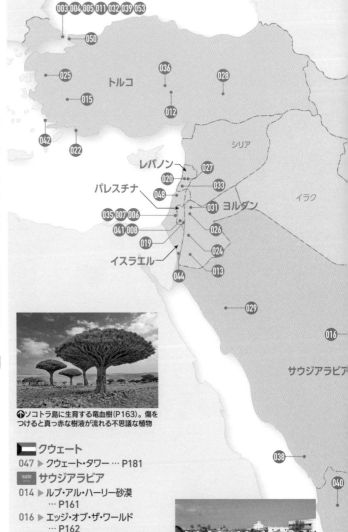

↑ソコトラ島に生育する竜血樹（P163）。傷をつけると真っ赤な樹液が流れる不思議な植物

↑スーク・ワキーフ（P184）では雑貨や生地、アクセサリーのほかに生きたラクダの販売も

🏛 世界遺産登録されているスポット

地図上の地名：トルコ、シリア、イラク、レバノン、パレスチナ、ヨルダン、イスラエル、サウジアラビア

↑ビザンチン建築の最高傑作とうたわれるアヤ・ソフィア（P157）

西アジア

↑一面が鏡モザイクで装飾され、まるで万華鏡のようなシャー・チェラーグ廟（P159）

↑オマーン内陸部にある秘境のオアシス、ワディ・バニ・ハリッド（P167）。山から湧き出るエメラルドグリーンの水とナツメヤシの木に囲まれる憩いの場所

中東

タイルとステンドグラスが織りなす幻想空間

001 ナスィーロル・モルク・モスク
Nasir al-Mulk Mosque

イラン◆シーラーズ

古都・シーラーズにある、1888年に建てられた礼拝堂。ピンクがかった外観から、ピンクモスクやローズモスクともよばれる。色鮮やかなステンドグラスに美しいアーチ、細やかな装飾から目が離せない。モスクの北側には「真珠のアーチ」といわれるほど美しいエリアもある。

One Point
西の礼拝堂。早朝には眩い光がステンドグラスを通して堂内に入り込み、絨毯だけでなく柱も虹色に染め上げる様子は息をのむほどの美しさ。

黄金に輝くフレスコ画に囲まれて

002 ヴァーンク教会
Vank Church

イラン◆エスファハーン

イランでは珍しいキリスト教の教会。教会内部には『最後の晩餐』や『キリストの磔刑』など、聖書の場面を再現したフレスコ画が描かれている。世界最小の聖書が展示されていることでも知られる。

004 スレイマニエ・ジャミイ 🏛
Suleymaniye Camii

トルコ◆イスタンブール

天才建築家ミマール・スィナンによって1550年代に建設された。壮麗王と称されたオスマン帝国最盛期の皇帝、スレイマン大帝のために造られた。赤と白の縞模様のアーチはイスラム建築の代表的な装飾。

003 スルタンアフメット・ジャミイ 🏛
SultanAhmet Camii

トルコ◆イスタンブール

ブルー・モスクの名で知られる。青を基調としたイズニック・タイルを用いた装飾や、繊細なフレスコ画、きらめくステンドグラスなど、絢爛豪華なインテリアの数々に息をのむ。

波乱に満ちた歴史をもつ悠久の歴史遺産

005 アヤ・ソフィア 🏛
Hagia Sophia

トルコ◆イスタンブール

キリスト教会からモスク、博物館、そして再びモスクへと変遷した大聖堂。取り払われた漆喰の下からビザンチン美術の傑作であるキリスト教のモザイク画がのぞく。

006 聖墳墓教会 [世界遺産]
Church of the Holy Sepulchre

イスラエル◆エルサレム

か つてゴルゴダの丘があったとされる場所に立つ。教会内にはイエス・キリストの墓があり、墓の周りにはキリストやその祖先、12使徒のモザイク画が飾られている。

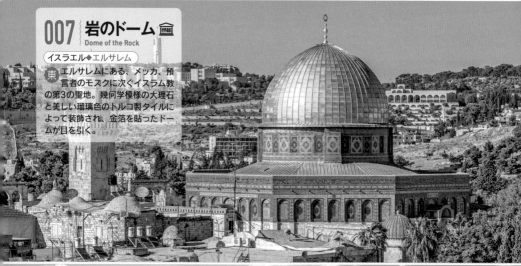

007 岩のドーム [世界遺産]
Dome of the Rock

イスラエル◆エルサレム

東 エルサレムにある、メッカ、預言者のモスクに次ぐイスラム教の第3の聖地。幾何学模様の大理石と美しい瑠璃色のトルコ製タイルによって装飾され、金箔を貼ったドームが目を引く。

008 マルサバ修道院
Mar Saba Monastery

パレスチナ◆ベツレヘム

ベ ツレヘムの東、約15kmの場所に位置する。カッパドキア出身の修道士、聖サバスが5世紀後半に建てた世界で最も古い居住型の修道院のひとつといわれ、今なお多くの修道士が暮らしている。

009 シェイク・ザイード・グランド・モスク

Sheikh Zayed Grand Mosque

アラブ首長国連邦◆アブダビ

白を基調とした大理石で造られたモスク。82個のドームに1000本以上の円柱、24金メッキのシャンデリアをはじめ、世界最大のペルシャ絨毯が敷かれるなど、豪華絢爛さに圧倒される。

010 シャー・チェラーグ廟

Shah Cheragh

イラン◆シーラーズ

ペルシャ語で「光の王」を意味する霊廟。その名のとおり内壁とドームの天井は計算された幾何学模様と緻密な鏡細工で装飾され、きらめく光のシャワーが廟内に降り注ぐ。

011 オルタキョイ・ジャミイ

トルコ◆イスタンブール

Ortakoy Camii

アジアとヨーロッパを隔てるボスポラス海峡に面して立つ、1853年に完成したオスマン・バロック様式のモスク。夜はライトアップされて幻想的な雰囲気に。

012 カッパドキア
Cappadocia

トルコ◆カッパドキア

妖精の煙突やキノコ岩とよばれる奇岩が林立し、渓谷に波打つような岩肌が続く。壮大な絶景を上空から楽しめるバルーンツアーが人気。また地下数十mに及ぶ地下都市カイマクルや、岩をくりぬいた住居や教会などSF世界に迷い込んだような奇観が満喫できる。

013 ワディ・ラム
Wadi Rum

ヨルダン◆アカバ

自然によってつくられた岩石のアーチ、切り立った崖、大きな洞窟など、変化に富んだ砂漠の美しく壮大な景色が広がる。山歩きやロッククライミングなどのアクティビティも楽しめる。

自然がつくり出した
太古の記憶を刻む場所

014 ルブ・アル・ハーリー砂漠
Rub al Khali

サウジアラビアほか

サウジアラビアのほか3カ国にまたがる世界最大級の砂漠で、アラビア半島南部の約3分の1を占める。周囲を取り囲む巨大な砂丘に登って朝日や夕日に照らされた砂漠の幻想的な光景を体感したい。

丘の斜面に広がる
見渡す限りの純白の世界

015 パムッカレ
Pamukkale

トルコ◆パムッカレ

トルコ語で「綿の城」を意味する、小高い丘の斜面を覆い尽くす純白の石灰棚。朝は青白く、夕日を浴びて赤みを帯びるなど、刻々と表情を変える神秘的な風景に出合える。

地平線がどこまでも続く
"世界の果て"

016 エッジ・オブ・ザ・ワールド
Edge of the World

サウジアラビア◆リヤド

まるで世界の先端にいるかのような約600kmにもわたる断崖絶壁。崖の上からあたりを見下ろすと一面に砂漠が広がり、壮大なスケールの光景に地球の鼓動を感じられる。

無数の竜血樹が林立する
自然の神秘を感じて

017 竜血樹 世界遺産
Dragon's Blood Tree

イエメン◆ソコトラ島

「インド洋のガラパゴス」ともよばれるソコトラ島に生育する大樹。なかには樹齢1000年に達するといわれるものもあり、真っ赤な樹液は、古来より薬や塗料として珍重されてきた。

砂漠の真ん中で生きる
希望の象徴

018 生命の木
Tree of Life

バーレーン◆マナーマ

見渡す限り一面の砂漠の中で1本だけ青々と茂っている樹齢約400年にもなるという巨大な木。厳しい環境のなか生き続けるこの木は、生命の象徴として訪れる人々にパワーを与えている。

One Point

死海にポツンと浮かぶ島。塩の結晶が固まってできたとされ、そこから小さな木が生えている不思議な光景。島の中心でぷかぷか浮遊体験を。

019 死海
Dead Sea

ヨルダンほか

塩 分濃度が高すぎて生物が生息できないことから名付けられた。湖としては地球上で最も標高が低い場所にあり酸素濃度が高いため、頭がクリアになるのだとか。エメラルドグリーンの絶景と独特の浮遊体験でリラックスできる。

地球が生み出した
至福のリラクセーションスポット

自然の浸食作用が
もたらす奇跡の造形美

020 バータラ峡谷
Baatara Gorge

レバノン◆北レバノン

天井のように覆い被さる高さ約
255mの岩の割れ目から雪解
け水が、3つの天然の岩橋を通過
して洞窟へ流れ落ちていく。空か
ら差し込む光と洞窟のコントラス
トが幻想的。

021 ワディ・バニ・ハリッド
Wadi Bani Khalid

オマーン◆北シャルキーヤ

オマーンの砂漠に現れたオアシスのような水辺の名所。山から湧き出る天然水はエメラルドグリーンに輝き、ナツメヤシの樹々が織りなす美しい風景が広がる。

022 バタフライ・バレー

トルコ◆フェティエ

ターコイズブルーの海から切り立つ崖、その奥に現れる美しい入り江が目を引く。ボートかハイキングでしかたどり着けない秘境で、さまざまな種類の蝶が生息する。

023 ビマ・シンクホール
Bimmah Sinkhole

オマーン◆マスカット

いちばん深いところは水深約20mもある天然のプール。鮮やかなエメラルドグリーンの水面が日差しによって輝く。野生のドクターフィッシュが生息している。

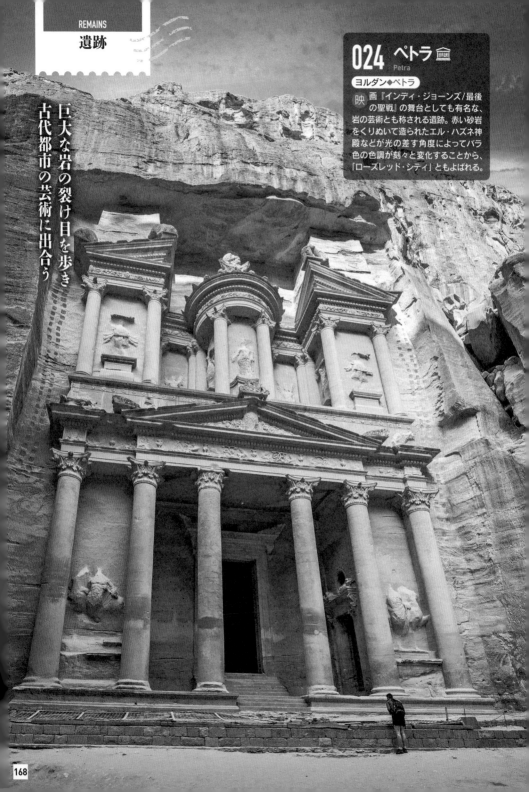

024 ペトラ 🏛
Petra

ヨルダン◆ペトラ

映 画『インディ・ジョーンズ/最後の聖戦』の舞台としても有名な、岩の芸術とも称される遺跡。赤い砂岩をくりぬいて造られたエル・ハズネ神殿などが光の差す角度によってバラ色の色調が刻々と変化することから、「ローズレッド・シティ」ともよばれる。

巨大な岩の裂け目を歩き
古代都市の芸術に出合う

025 アクロポリス 🏛世界遺産
Acropolis

丘の上で悠久の時を刻む王国の都

トルコ◆ベルガマ

ベルガマの丘陵地帯に広がる、古代ベルガモン王国の都市遺跡群。大理石で造られたトラヤヌス神殿や、丘の急斜面を利用して造られた扇形の野外劇場などみどころが多く現存する。

026 アンマン城塞
Amman Citadel

さまざまな時代を感じる大迫力の遺跡

ヨルダン◆アンマン

世界最古の都市のひとつといわれる地にたたずむ城塞。ローマ時代に建てられた存在感のあるヘラクレス神殿やビザンチン様式の教会、ウマイヤ朝時代の宮殿など、貴重な建造物が今も残っている。

027 バッカス神殿 🏛
Temple of Bacchus

レバノン◆バールベック

🍶 神バッカスを祀る神殿。神殿を取り囲んで立ち並ぶコリント式の柱は約20mの高さで、やわらかな丸みを帯びている。神殿入口に残る天井を華やかに飾る神々のレリーフなどがみどころ。

028 ネムルト・ダウ 🏛
Nemrut Dag

トルコ◆アデュヤマン

📏 高約2150mのネムルト山。その山頂部には王の座像のほか、鷲やライオン、神話の神々の頭部が無造作に転がっているが、かつてこの地がどんな用途で使用されていたかなどは今も謎に包まれている。

029 マダイン・サーレハ
Madain Salih

サウジアラビア◆ヒジャーズ北部

砂のアトランティスとも称される、砂漠の中の古代遺跡。岩山に掘られた墓地、装飾が施された墓石群、神殿、用水路や貯水槽などの水利施設の遺跡が良好な状態で保存されている。

030 ペルセポリス
Persepolis

イラン◆シーラーズ

かつて世界の中心とよばれたアケメネス朝ペルシャ帝国時代の遺跡。権力の象徴とされたライオンの像をはじめ、使者を迎える巨大な門、天空にそびえ立つ無数の柱など、古代建造物が残存する。

031 ジェラシュ
Jerash

ヨルダン◆ジェラシュ

ローマ都市のなかでも、最も華麗で壮大な遺跡のひとつといわれている。保存状態もよく、街の入口にはハドリアヌス帝の凱旋門があり、神殿や円形の野外劇場、アルテミス神殿などが残されている。

033 ベイト・
エッディーン宮殿

Beit Eddine Palace

レバノン◆ベイト・エッディーン

伝 統的なアラブ様式と、イタリアのバロ
ック様式が見事に調和する。宮殿の地
下は博物館になっており、レバノン中から
集められたモザイクが展示されている。

032 ドルマバフチェ宮殿
Dolmabahce Palace

煌びやかで壮麗な
贅を尽くした圧巻の造形美

トルコ◆イスタンブール

ボ スフォラス海峡に面して立つ宮殿で、西洋
文化とオスマンの伝統が融合している。宮
殿内には285の部屋、大小44の広間、6つの浴
場があり、どれも豪華な装飾が施されている。

中東

034 ゴレスターン
宮殿
Golestan Palace

イラン◆テヘラン

欧 州の文化を取り入れたイランの
王が造った宮殿。鏡のモザイク
による装飾が光の反射でキラキラと輝
く。整備の行き届いた庭園には季節の
花々が咲き、地元の人の憩いの場に。

旧市街

複雑な歴史を歩んできた
世界3大宗教の聖地

036 ウチヒサール
Uchisar

トルコ◆カッパドキア

尖った要塞という意味をもつ高台の小さな村。村の中心には敵の侵入を防ぐための城塞として利用された岩山がそびえ、頂上からは360度の大パノラマが開ける。

035 エルサレム
Jerusalem

イスラエル◆エルサレム

紀 元前11〜8世紀ごろに建国された古代イスラエル王国の都。イスラム教、キリスト教、ユダヤ教の3宗教の聖地とされ、はるか昔からさまざまな国家や人種、文化が絡み合う。郊外にそびえるオリーブ山は旧市街が一望できる絶景スポット。

中東

037 ミスファ
Misfah

オマーン◆ミスファ

十 色の家屋や、岩を積み上げた建物が岩山に溶け込むかのようにたたずむ。斜面には段々畑がありナツメヤシやフルーツなどが植えられ、村中にめぐらされた水路が涼しげな印象を与える。

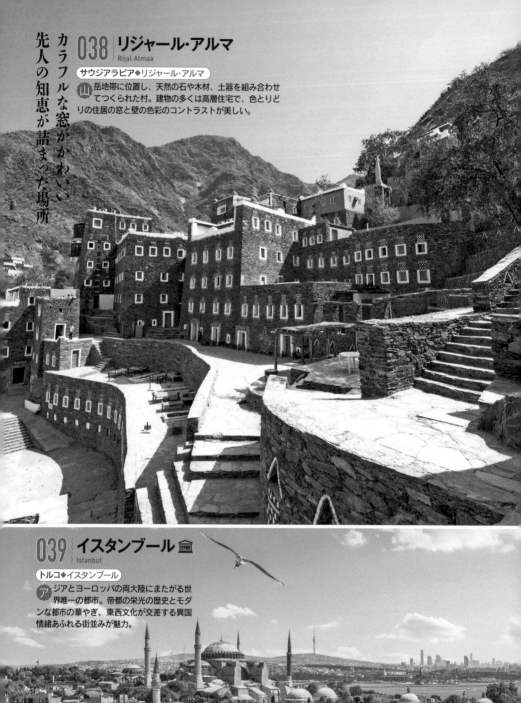

038 リジャール・アルマ
Rijal Almaa

先人の知恵が詰まった場所
カラフルな窓がかわいい

サウジアラビア◆リジャール・アルマ

岳地帯に位置し、天然の石や木材、土器を組み合わせてつくられた村。建物の多くは高層住宅で、色とりどりの住居の窓と壁の色彩のコントラストが美しい。

039 イスタンブール
Istanbul

トルコ◆イスタンブール

アジアとヨーロッパの両大陸にまたがる世界唯一の都市。帝都の栄光の歴史とモダンな都市の華やぎ、東西文化が交差する異国情緒あふれる街並みが魅力。

040 サナア
Sanaa

イエメン◆サナア

泥を固めたレンガ造りの街並みは砂糖細工のようにかわいらしく、不思議な魅力にあふれている。雰囲気抜群な石畳の道にモスクのミナレット（塔）がアクセントとなり、往古の面影を今に伝えているイエメンの首都。

041 ベツレヘム
Bethlehem

パレスチナ◆ベツレヘム

標高約750mの小高い丘の上に位置する、夕日に染まる姿が絵になる古都。古代イスラエル王国のダビデ王、およびイエス・キリストの誕生の地とされ、聖誕教会、ダビデの井戸などがある。

新旧の魅力あふれるトルコ最大の街

青い海と白い家々が広がる
トルコ随一のリゾート

042 ボドルム
Bodrum

トルコ◆ボドルム

白い家が並ぶ静かな街。冬でも比較的温暖な気候のため、年間を通して楽しむことができ、世界中から癒やしを求めて多くの観光客が訪れる。

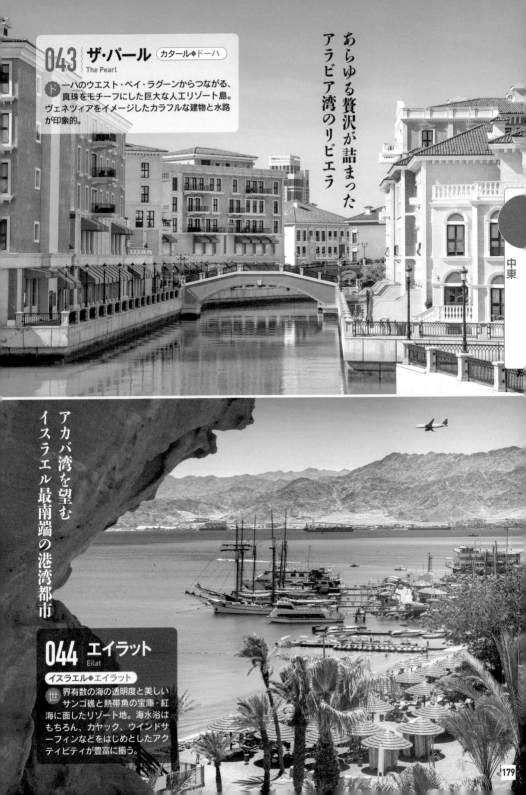

043 ザ・パール
The Pearl

カタール◆ドーハ

あらゆる贅沢が詰まった
アラビア湾のリビエラ

ドーハのウエスト・ベイ・ラグーンからつながる、真珠をモチーフにした巨大な人工リゾート島。ヴェネツィアをイメージしたカラフルな建物と水路が印象的。

アカバ湾を望む
イスラエル最南端の港湾都市

044 エイラット
Eilat

イスラエル◆エイラット

世界有数の海の透明度と美しいサンゴ礁と熱帯魚の宝庫・紅海に面したリゾート地。海水浴はもちろん、カヤック、ウインドサーフィンなどをはじめとしたアクティビティが豊富に揃える。

045 ドバイ・フレーム
Dubai Frame

アラブ首長国連邦◆ドバイ

⑳ 18年に作られ、世界最大の額縁としてギネスにも認定された。フレームの上部はドバイの街を一望できるスカイデッキで、北側と南側、見る方角によって新旧のドバイを感じられる。

ドバイの過去、現在、未来に
出合う黄金の額縁

046 ブルジュ・ハリファ
Burj Khalifa

アラブ首長国連邦◆ドバイ

世界で最も高い建造物といわれる高さ828mの高層ビル。映画『ミッション・インポッシブル ゴースト・プロトコル』の舞台としても有名で、ガラス張りの屋外展望台からは360度の絶景を見渡せる。

暗闇に光り輝く
世界一高いビルを望む

047 クウェート・タワー
Kuwait Towers

クウェート◆クウェート市

電力と水道水を供給する主要インフラとして機能するデザイン性の高い展望台。イラクからの解放を記念して解放タワーともよばれ、最も高い塔の球形部分からは絶景を一望できる。

048 バハイ庭園
Baha'i Garden

イスラエル◆ハイファ

カルメル山の斜面を利用して階段状に造られた花と緑のスポット。庭園の中心にたたずむバロック様式の豪華なバーブ廟と、豊かな木々や四季の草花の美しさは見事。

049 ハーバー・タワーズ
Harbour Towers

バーレーン◆マナーマ

マナーマ港に面した臨海開発地区で目を引くハーバー・タワーズは、52階建ての2つのオフィスタワーで構成されている。夜になると近代的な夜景のなかでひときわ輝きを見せる。

050 | クズ塔
Kiz Kulesi

トルコ◆イスタンブール

ウ スキュダルの海岸からほど近くに浮かぶ石造りの塔。12世紀に要塞として建設され、灯台や税関の役割を担ってきた。現在は展望台として人気の観光スポットになっている。

051 | ミラクル・ガーデン
Miracle Garden

アラブ首長国連邦◆ドバイ

ま るで絵本の世界に迷い込んだかのようなメルヘンな空間が広がる、世界最大の垂直庭園。広大な敷地に色とりどりの花が咲き、花壇やオブジェに包まれる。

中東

052 | ハージュ橋
Khaju Bridge

イラン◆エスファハーン

サ ーヤンデ川に架かる二重構造の橋。夜になるとライトアップされ、幻想的な姿が闇に浮かび上がる。望楼部分は市民がおしゃべりなどを楽しむ社交場になっている。

文化や生活が垣間見える瞬間
魅惑の個性派市場へ

色とりどりのランプや食器、布製品に香ばしいスパイスの香り。
人々の生活に根づく市場で、暮らしや文化、伝統にふれてみよう。

053 グランド・バザール
Grand Bazaar

トルコ◆イスタンブール

15世紀に建てられた巨大市場で、全体が天蓋に覆われている。迷路のような場内に4000もの店がひしめきあい、貴金属や陶器、タイルに絹製品、香辛料や絨毯など、さまざまな品が揃う。

カラフルなモザイクが幻想的なオットマンランプが店先に飾られている

トルコの魅力を凝縮した市場で宝探し気分

▶ **イズニック焼**
多彩な色使いと巧みな技術が光るトルコの伝統焼物。建物の装飾に使われるタイルや絵皿など種類豊富。

近年の改装によりアラブの雰囲気を残しつつ快適に楽しめるようになった

アラビアンナイトの迷宮に紛れ込んだよう

054 スーク・ワキーフ
Souq Waqif

カタール◆ドーハ

迷路のような市場に、色とりどりの布地やアラビアンランプ、スパイスなどが並ぶ。各国料理のレストランや、地元の人たちがシーシャをたしなむカフェも見つかる。

▶ **布製品**
アラブの女性が全身を覆うアバヤに使う布地など、生活に密接した商品が多い。仕立て屋もある。

055 スパイス・スーク
Spice Souk

アラブ首長国連邦◆ドバイ

アブラとよばれる渡し舟でドバイ・クリーク東岸へ。漂う香りに導かれ、客引きの喧騒に満ちたアーケードを歩けば、色とりどりのスパイスやドライフルーツが目を引く。

容器からあふれんばかりに盛られたスパイスが並ぶ。店員との交渉も楽しい

エキゾチックな市場に五感を刺激される

▶ **スパイス**
料理好き垂涎。貴重なサフランや巨大なシナモンスティックと、あらゆるスパイスが揃う。

ASIA

アジア

世界最大の人口を有するユーラシア大陸の地

アジア① 66 SPOT
EAST ASIA・CENTRAL ASIA

BASIC INFORMATION

- 国　31カ国
- 人口　約38億6251万人(世界の約53%)
- 面積　約2483万km²(世界の約17%)

中国とインドという大国を擁し、アジアの人口は世界最大。ユーラシア大陸の東西に広がり、南側は赤道付近の島々までと広範囲にわたる。黄河・長江流域から発達した中国文明が長い年月を経てエリア全般に影響を及ぼし、文化的にどこか共通性が見られる。

一方で、それぞれに異なる気候や歴史的に独自の道を歩み、アンコール・ワットやボロブドゥールのように特性の際立つ遺跡が多いのも特徴。仏教を中心にイスラム教やヒンドゥー教など宗教の多様性が、タージ・マハルやポタラ宮などさまざまな宗教の遺産を残している。

カザフスタン

128

090

044 055 058

ウズベキスタン 170

146 キルギス

トルクメニスタン タジキスタン 057

091 045

165

⬆️建築時期ごとに異なる幾何学模様をもつシャーヒ・ズィンダ廟群(P235)

中央アジア

ウズベキスタン

カザフスタン

キルギス

タジキスタン

トルクメニスタン

⬆️シルクロードの交差点、建物の青が目を引くサマルカンドのレギスタン広場(P212)

東アジア

韓国

台湾

中国

🏛 世界遺産登録されているスポット

➡中国東部にある西塘の街並み。明・清のたたずまいを残す古鎮(P208)

🔼中国の一部に生息するパンダ。成都パンダ繁殖センターなどで繁殖が試みられている(P280)

モンゴル

中国

北朝鮮

韓国

日本

台湾

マカオ● ●香港

🔼台湾の新北市で行われる平渓天燈祭。空に打ち上がる無数のランタンが幻想的(P262)

アジア

独自に発展を遂げた文化や宗教が入り交じる

アジア② 108 SPOT
SOUTH EAST ASIA・SOUTH ASIA

⬅タージ・マハルの左右対称の美しさはインド・イスラーム建築の最高峰とされている（P234）

🏛 世界遺産登録されているスポット

⬆エベレスト。チベット語でチョモランマともよばれるその頂は、世界の登山家の憧れ（P274）

⬆仏陀の生涯を描いた天井画がまばゆいタイのワット・パークナム・バーシーチャルーン（P232）

⬆龍が舞い降りたという伝説をもつベトナムを代表する景勝地、ハロン湾（P201）

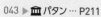

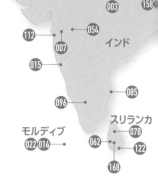
159
143
094 066 063
029 008
042
076 040
121
112
007
015
056
086 087 133
043
088
095
ネパール
118 031
041
158
003
054
インド
085
096
パキスタン
モルディブ
022 014
062
スリランカ
078
122
168

⬆ショー「スペクトラ」でシンガポールの夜を豪華に彩るマリーナベイ・サンズ（P258）

アジア

189

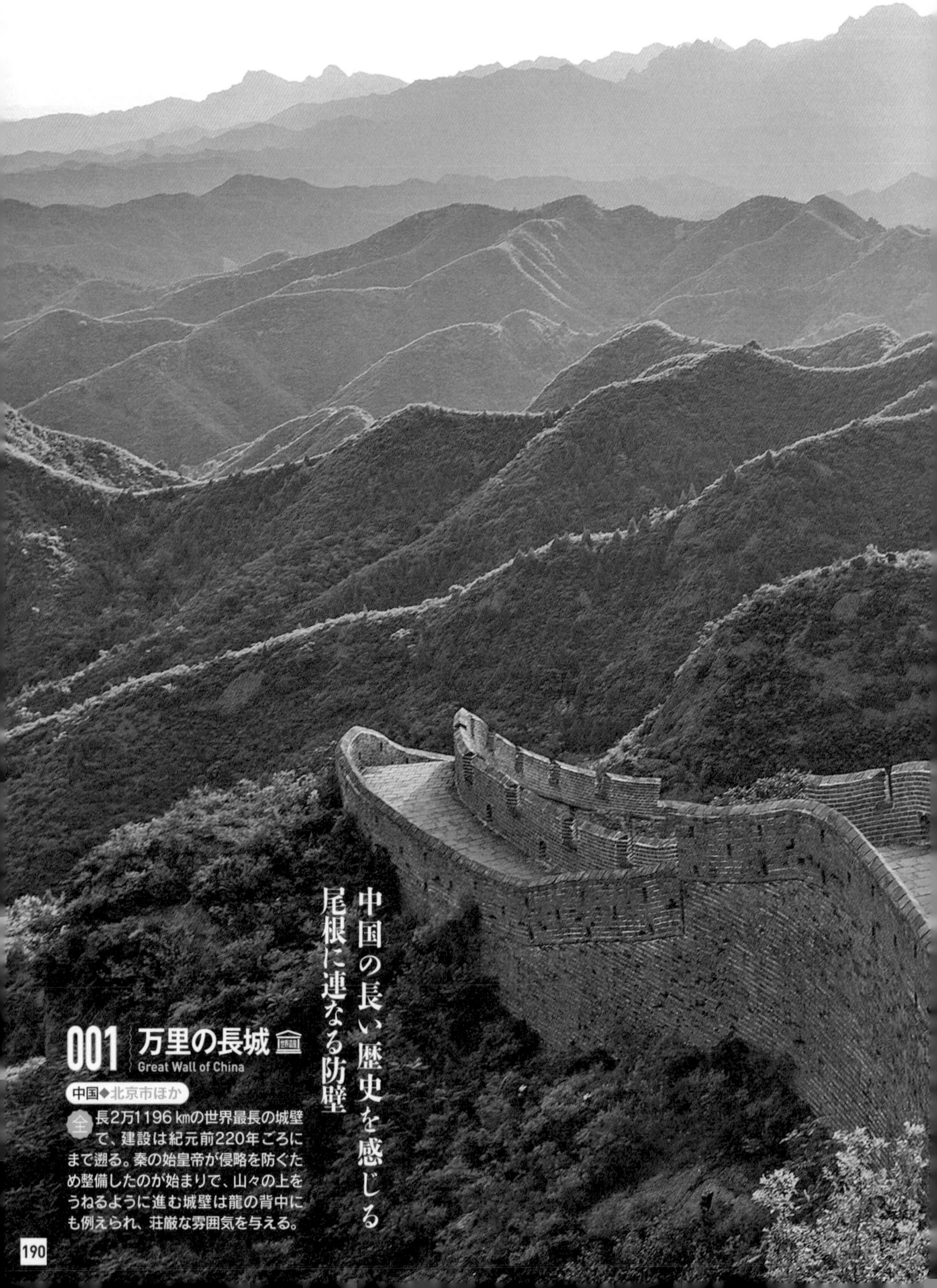

中国の長い歴史を感じる
尾根に連なる防壁

001 万里の長城 🏛
Great Wall of China

中国◆北京市ほか

全 長2万1196 ㎞の世界最長の城壁
で、建設は紀元前220年ごろに
まで遡る。秦の始皇帝が侵略を防ぐた
め整備したのが始まりで、山々の上を
うねるように進む城壁は龍の背中に
も例えられ、荘厳な雰囲気を与える。

One Point
武器貯蔵庫や監視塔、情報伝達のための狼煙台が一定間隔で作られており、敵の侵入を防ぐために領土の防衛や通信拠点の役割を担っていた。

アジア

世界遺産アンコール遺跡群のひとつ

ヒンドゥー教の最大寺院

002 アンコール・ワット 🏛
Angkor Wat

カンボジア◆シェムリアップ

南 北1.3km、東西1.5kmの堀に囲まれた巨大な寺
院。12世紀前半、カンボジア王朝を象徴する場
として30年以上の年月をかけて造られた。随所にイ
ンド思想に基づいたレリーフや像が飾られている。

003 カジュラーホ神殿 🏛
Khajuraho Group of Monuments

インド◆カジュラーホ

男女が交わり合う様子を表現した彫刻が一面を覆っているのが印象的。これらは「ミトゥナ像」とよばれ、ヒンドゥー教では性行為を神へと近づく神聖な手段としてとらえている。

アジア

004 ベン・メリア 🏛
Beng Mealea

カンボジア◆シェムリアップ

アンコール遺跡群のひとつでもあり、11世紀末から12世紀初頭にかけて造られたという。遺跡のほとんどが整備されていない状態で残っており、苔がむし、崩壊が進んでいる。

005 ボロブドゥール 🏛
Borobudur

インドネシア◆ジャワ島

18 14年に火山灰や密林に覆われているところを発見された遺跡。サンスクリット語とインドネシア語で「丘の上の僧院」を意味し、遺跡全体が仏教の三界(欲界、色界、無色界)を表す構造になっている。

夕焼けに染まる
仏塔群を
気球から眺める

006 バガン 🏛
Bagan

ミャンマー◆バガン

⑪世紀、ミャンマーを初めて統一したバガン朝が築いた仏教遺跡で、3000近くの寺院や仏塔が平原に点在する。各寺院で仏像や仏画が見られるほか、熱気球での空中遊覧も人気。

007 エローラ石窟群 🏛
Ellora Caves

インド◆アウランガーバード

デカン高原西部の岩山に築かれた34の石窟。8世紀を中心に数世紀にわたる、仏教、ヒンドゥー教、ジャイナ教の3宗教の寺院が残る。各宗教の宗教美術の傑作が見られる。

3つの宗教の美意識が集結する稀有な地

008 メヘランガール城塞
Mehrangarh Fort

インド◆ジョードプル

屹立する岩山の頂を城塞が覆う。マールワール王国の王により、1459年の創建から2世紀にわたり増改築が繰り返された。麓には青い壁の民家が並ぶ「青の街」が広がる。

010 ワット・マハタート
Wat Mahathat

タイ◆アユタヤ

アユタヤ遺跡のひとつで、木の根に覆われた「奇跡の仏頭」がシンボル。14世紀に建造されたのちビルマ軍の侵攻により地に落ち、長い年月の間に菩提樹が包むように成長したのだという。

009 スコータイ歴史公園
Sukhothai Historical Park

タイ◆スコータイ

13世紀、タイを統一し、仏教文化を花開かせたスコータイ朝の都。東西1.8km、南北1.6kmの城壁の内外に、やわらかな表情の仏像や、蓮のつぼみを模した仏塔が点在する。

012 グヌン・ムル国立公園
Gunung Mulu National Park
世界遺産

マレーシア◆サラワク州

全体が石灰岩の浸食によるカルスト地形をなすムル山。山腹には尖った奇岩が並び、地下には世界最大級の洞窟サラワク・チャンバーが存在する。またディア・ケイブから一斉に飛び出すコウモリを見るツアーも人気。

011 盧笛岩
Reed Flute Cave

中国◆桂林市

桂林北西部の光明山にある鍾乳洞。1950年代の発見当時はアシが生い茂っており、そのアシで笛を作ったことから盧笛岩との名がついた。約500mの見学ルートはライトアップが施され、色とりどりに光る鍾乳石が美しい。

大自然の宮殿とよばれる
地下のオアシス

アジア

013 バトゥ・ケイブ
Batu Caves

マレーシア◆セランゴール

ヒンドゥー教の神・ムルガンの巨大な神像があることから聖地として知られる。洞窟へと続く272段の階段が、2018年の改修工事でカラフルに塗られたことでも話題に。

真っ白な砂浜とターコイズ
ブルーの海に囲まれる

014 水上コテージ
Huts on the Ocean

モルディブ

インド洋にある島国で国土の9割近
くが海という海洋国家。26の環
礁と1192の島々からなり、100以上
のアイランドリゾートが点在する。

015 アンジュナ・ビーチ
Anjuna Beach

インド◆ゴア

ヒッピーの聖地として有名なビーチリゾート。ゴアトランス音楽の聖地としても知られ、かつては自由を求めた若者や旅行者がユートピアと称し集まった。

016 済州島
Jeju Island

韓国◆済州特別自治道

朝鮮半島の南西沖に位置し、韓国最高峰の漢拏山がある火山の島。世界遺産の城山日出峰や萬丈窟をはじめとした豊かな自然に恵まれる。

017 老梅緑石槽
Laomei Green Reef

台湾◆新北市

海藻に一面を覆われた緑の石槽は台湾でも類を見ない絶景とされる。4〜5月の干潮時のみという限られた時期しか見ることができない。

青とピンクのコントラストが
幻想的なビーチ

018 ピンク・ビーチ
Pink Baech

インドネシア◆コモド島

コモドドラゴンの生息地として有名な
コモド島の東側に位置する。赤い珊
瑚の破片が浜辺に打ち上がり、白い砂浜
と混じることで淡いピンク色になる。

多様な動植物が生息し
豊かな生態系を形成する

019 高美湿地
Gaomei Wetlands

台湾◆台中市

かつては海水浴場だったが北岸に
砂堤防が設置され、砂礫が堆積
して湿地になった。「台湾のウユニ
塩湖」といわれ、干潮と日没が重な
ると鏡張りの夕日が楽しめる。

ハノイの東に位置する
神秘的な海の桂林

020 ハロン湾 🏛
Ha Long Bay

ベトナム◆ハロン市

翡 翠色の海と2000近くの奇
岩で成り立つ自然の造形美
が見事なベトナム屈指の景勝地。
入り組んだ入り江と奇岩の影響
により湾内は波が少ない。

021 ラジャ・アンパット諸島
Raja Ampat

インドネシア

イ ンドネシアの東に位置し、大小1500以上の島
や岩礁からなる。1000種類以上の魚類や500
種類以上の珊瑚が生息しているともいわれる。

022 バイオルミネッセンス
Bioluminescence

モルディブ◆バードゥ島

約 5分ほどで一周できるこの島は「星の海」と
して有名。海の中にいる発光性プランクトン
が波による刺激を受けることで光る。

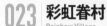

023 彩虹眷村
Rainbow Village

台湾◆台中市

もともとは再開発のため取り壊される予定だった台中の村。家や周辺の壁、地面まで色鮮やかでかわいいペイントで埋め尽くされている。このペイントは2008年から住民の黄永阜さんたった一人によって描かれ始めたもの。

話題のアートスポットはヴィヴィッドなカラーが目印

One Point
描かれた絵は誰に習ったわけでもなく、黄さんの「思いつき」。人や動物のほかには、おめでたい言葉や風刺の言葉も描かれている。

ⓘMore Info 当初は軍人のための集合住宅地として使用されていた場所。SNSやメディアで取り上げられるまでは無名の村だった。

024 甘川文化村
Gamcheon Culture Village

韓国◆釜山広域市

階 段状に家が並ぶ山肌の集落。2009年から始まったアートによる街おこしで、村中の家がさまざまな色に塗られるようになった。街のなかもアートスポットがたくさん。

025 正浜漁港
Zhengbin Fishing Harbor

台湾◆基隆市

歴 史ある漁港の街おこしにと、建物が色とりどりのペンキで塗装された。入り江に沿って並んだカラフルな建物が、小さな漁港のノスタルジックな雰囲気と絶妙にマッチ。

026 カトン
Katong

シンガポール◆カトン

中 国系移民の子孫「ブラナカン」が建てた建築が残るエリア。特にクーン・セン・ロードは中国文化に西洋の建築様式を取り入れて建てられた、メルヘンチックな邸宅が並ぶ。

027 リトル・インディア
Little India

シンガポール

イ ギリス植民地時代にやってきたインド人によって形成された街。シンガポールのなかでもエキゾチックなエリアで、多種多様な文化の混交は、街並みにも現れている。

028 ジョージタウン
George Town

マレーシア◆ペナン州

欧 風の街並みは、植民地時代に宗主国イギリスや、中国などの周辺の国からもたらされた文化が融合したもの。ケックチュアン・ストリートに並ぶショップハウスが壮観。

029 ジョードプル
Jodhpur

インド◆ラジャスタン

約 10kmの城壁に囲まれた城郭都市。家が青い理由は、害虫駆除剤の変色、断熱や支配階級の習慣によるものなど諸説ある。高所から眺めると街中が青い様子がよくわかる。

030 後頭湾村
Houtouwan

中国◆嵊泗県

海近くの枸杞島にある廃村。亜熱帯地域のため植物の成長が早く、建物の多くが朽ちる前に自然の緑に驚異的なスピードで覆われ、幻想的な雰囲気を醸し出している。

時間が止まったような生活の名残ある廃墟

031 ブッダ・ガヤ
Bodh Gaya

インド◆ビハール

ブッダが苦行を行い悟りを開いたゆかりの地で、中心には約52mの高さを誇る世界遺産マハーボディ寺院がそびえる。寺院の周辺には日本や台湾、タイなどの仏教国の寺院が点在する。

多くの仏教徒が訪れる神聖な仏教の始まりの地

032 ナムチェ・バザール
Namche Bazaar

ネパール◆ソルクンブ郡

標 高約3440mに位置する、ヒマラヤ山脈に囲まれた村。ネパールの少数民族、シェルパ族が暮らす。山の斜面に村が形成され、ここからヒマラヤの山々を眺められる。

033 ヴァン・ヴィエン
Vang Vieng

ラオス◆ビエンチャン

⑲ 90年代から観光地として発展し始めたのどかな地域。村を縦断するナムソン川や石灰岩の山が特徴的で、東南アジアのノスタルジックな村の風景が残されている。

034 タナ・トラジャ
Tana Toraja

インドネシア◆スラウェシ島

ラウェシ島中央にある村で、先住少数民族のトラジャ族が住む。山岳地帯の棚田の中に高床式の舟の形をした伝統家屋、トンコナン・ハウスが集まる風景が見られる。

独特の文化を形成する先住少数民族の村

内部は大迫力
要塞のような集合住宅

035 福建土楼
Fujian Tulou

中国◆福建省

福建省の内陸部にある円形の集合住宅。12〜20世紀を中心に建築され、2万以上の土楼が存在するといわれる。盗賊から人々を守るために築かれた実用性重視の住宅だ。

千年以上の歴史をもつ
麗しい水郷

036 西塘
Xitang

中国◆嘉興市

上海から南西に約80kmの場所に位置する、運河沿いに石造りの家が並ぶ水の街。明や清の時代の古い建物が良好な状態で多く残り、レトロな「中国らしい」風景に出会える。

037 北村韓屋村
Bukchon Hanok Village

韓国◆ソウル

朝 鮮王朝時代の貴族たちが暮らした高級住宅地で、伝統家屋が多く残るエリア。坂に沿って家々が並ぶので、家屋群の向こうにソウルの街並みを見渡すことができる。

アジア

038 麗江古城
Old Town of Lijiang

中国◆麗江市

チ ベット近くの高原地帯に位置し、13世紀に中国の少数民族ナシ族によってつくられた街。石畳と木造建築群の調和、迷路のように張り巡らされた水路、陸路が美しい。

039 迪化街
Dihua Street

台湾◆台北市

19 世紀に水運事業で発展した街で、バロック風の建築やレンガ風の建築など、貿易で盛んだった時代の名残が見られる。現在も乾物や布地などの問屋街が残り、多くの人で賑わう。

湖畔にそびえる
いにしえの宮殿都市

040 ウダイプール
Udaipur

インド◆ラジャスタン

山 あいの人造湖に沿うように、湖を見下ろす宮殿を中心として形成された都市。16世紀に築かれたもので、白が基調の建物が多く「ホワイト・シティ」ともよばれる。

041 バラナシ
Varanasi

インド◆ウッタル・プラデーシュ

ガ ンジス川沿いを中心に古くから栄え、ヒンドゥー教の聖地として多くの人が訪れる。約6kmも続く階段状の沐浴場を降り、多くの巡礼者が沐浴をしている光景が見られる。

すべての罪を清める
母なる川「ガンジス」の街

042 ジャイサルメール

Jaisalmer

インド◆ラジスタン

タ ール砂漠のほぼ中心にあるオアシス都市で、かつて貿易の中継地点として栄える。丘の上の王宮や富裕層たちが建てた建造物は砂岩でできており、日没時には金色に輝く。

山岳地帯に映える

色鮮やかな建造物

043 パタン 🏛

Patan

ネパール

ヒ マラヤ山脈に囲まれたネパールの古都。「チョク」とよばれる伝統的な木造建築の住居は、敷地面積が狭い代わりに、3〜4階建ての背の高い造りになっている。

オアシス都市に残る素朴なイスラムの街並み

044 ヒヴァの イチャン・カラ
Itchan Kala in Khiva

ウズベキスタン◆ヒヴァ

「イチャン・カラ」は二重の城壁の内壁とその内部のこと。宮殿やモスク、神学校などイスラム教にまつわる建造物が密集、ほぼ無傷の美しい状態で保存されている貴重な場所だ。

かつての賑わいを偲ぶ青の都の中心地

045 レギスタン広場
Registan

ウズベキスタン◆サマルカンド

かつてシルクロードの要衝として栄えた、サマルカンドの中心地。東西の交易商人が行き交う市場だったが、現在は青色のタイルが美しい3棟の神学校が建てられている。

戦火を逃れた
欧風の美しい都市景観

046 **ビガン歴史都市** 🏛
Historic City of Vigan 世界遺産

フィリピン◆イロコス・スル

フィリピン北部に残る、唯一戦乱を免れた古い街並み。スペイン植民地時代にヨーロッパ風の都市と建物が整備され、建物は1階が石造り、2階が木造建築と変わった造り。

400年以上にわたる
東西交流の結晶

047 **マカオ歴史地区** 🏛
Historic Centre of Macao 世界遺産

マカオ

ポルトガル統治時代の中心地。モザイク模様の石畳やキリスト教の教会群など、ポルトガル由来の南欧風でカラフルな街が中国風の建物と共存し、残されている。

蓮の甘い香りが漂う
風光明媚な絵になる湖

049 西湖
West Lake

中国◆杭州市

面積6.5㎢、周囲15㎞もある広大な湖。古くから多くの詩人に愛されており、春は桜、夏は蓮、秋は月、冬は雪景色など、四季折々の姿で訪れる人を魅了する。

048 ノンハン湖
Red Lotus Lake

タイ◆ウドーンターニー

どこまでも広がる
季節限定のピンクの楽園

一面ピンクの睡蓮のなかにオレンジの朝日が差し込む、「紅い睡蓮の海」ともよばれる広大な湖。海のようにどこまでもつながる花々は、まるで地球上のものではないよう。12～2月の満開の時期にはボートで湖を周遊することもできる。

050 日月潭
Sun Moon Lake

台湾◆南投県

透き通るような
湖上の美景に見とれて

1000m級の山々に囲まれた優美な湖。湖に浮かぶ拉魯島を境に太陽と月の形に見えることから「日月潭」とよばれる。霧に包まれる朝夕の光景は幻想的。

中国◆九寨溝県

神話の世界とすらいわれるこの地は、岷山山脈の深い渓谷にある。チベット族の暮らす村が9つあることからこの名がついたといわれ、太陽の光の加減や季節によりさまざまに趣を変える。

手つかずの自然が残る
秘境の色彩美に圧倒される

052 藍月谷
Blue Moon Valley

中国◆麗江市

名前の由来は、イギリスの作家ジェームズ・ヒルトンの小説『失われた地平線』での描写からといわれる。白い大理石と石灰石が川床に堆積した湖は、ミルキーブルーに輝いて息をのむ美しさ。

絵はがきのような玉龍雪山と幻想的な青い水面が輝く

053 フブスグル湖
Lake Khuvsgul

モンゴル◆フブスグル県

「モンゴルのスイス」という愛称で有名なこの湖は、ロシア国境に近いモンゴル最大の淡水湖。世界でも有数の透明度を誇り、厳寒期、足元では氷の下を泳ぐ小魚などが見えるほど。

鏡のように澄みきった湖で冬だけの絶景に出合う

217

054 ロナー湖
Lonar Lake

インド◆マハーラーシュトラ

約5万年前の隕石衝突によるクレーター内にできた湖。普段は青緑色の湖が、一晩で赤く変色した。その原因は定かではないが、塩分濃度が高まり藻類が急激に増加したためと考えられている。

055 ソンクル湖
Song Kol Lake

キルギス◆ナリン州

標高3000mを超える大草原のなかに現れる天空の湖。色とりどりの高山植物や放牧された馬、移動式住居ユルタで暮らす人々。牧歌的なこの地ならではのゆっくりとした穏やかな時間が流れている。

056 パンゴンツォ
Pangong Tso

インド◆ラダック連邦直轄領

2009年に公開されたインド映画『きっと、うまくいく』のロケ地。標高約4300mの秘境の地にあり、白い雲と真っ青な青空を映す湖、雄大な山々の色彩のコントラストが美しい。

057 イシク・クル湖
Issyk Kul Lake

キルギス◆イシク・クル州

『西遊記』にも記載があり、漢詩などにも詠まれてきた湖。10万年以上姿を変えずに存在する、世界でも珍しい古代湖のひとつとして有名で、琵琶湖の約9倍の大きさを誇る。

058 カインディ湖
Kaindy Lake

カザフスタン◆アルマトイ州

湖に木が突き刺さったように見える何とも不思議な光景。1911年に起こった大地震で一帯に生えていた森林が水没したが、今でも水中には当時のまま葉や枝が茂る森林が残っている。

059 インレー湖
Inle Lake

ミャンマー◆シャン州

インレーとはビルマ語で4つの湖という意味で、もともと4つあった湖を鬼が水路でつなげて1つにしたという伝説が残されている。広大な湖と周囲を囲む山々の風景はまさに絶景。

060 プトラ・モスク
Putra Mosque

マレーシア◆プトラジャヤ

首 都 クアラルンプールから約20
km南にあるプトラジャヤでひと
きわ目を引くバラ色のモスク。「ピ
ンクモスク」ともよばれ、バラ色の
花崗岩を使用して造られたピンク色
のドームが印象的。プトラジャヤ湖
に浮かぶように立つ。

物語に出てきそうな
一面ピンクの世界へ

061 スルタン・オマール・アリ・
サイフディン・モスク

Sultan Omar Ali Saifuddien Mosque

ブルネイ◆バンダル・スリ・ブガワン

19 58年にイタリア人建築家の設計で建てられた王
立のイスラム寺院。通称オールドモスクとよばれ、
黄金に輝く屋根と真っ白な壁が特徴。

062 ジャミ・ウル・
アルファー・モスク

Jami Ul-Alfar Mosque

スリランカ◆コロンボ

生 地やアクセサリーを扱う小さな店舗が
ひしめき合う、問屋街のような雑然と
した街なかに立つ。赤と白のモザイク模様
が美しく、通称レッドモスクともよばれる。

063 ワジール・ハーン・モスク
Wazir Khan Mosque

パキスタン◆ラホール

16 34年、パンジャーブを統治していたワジール・ハーンの称号をもつシャイフ・イルムッディーン・アンサリによって建てられた。タイルのモザイクが色鮮やかにモスク全体を彩っている。

色とりどりのタイルが光り輝く美を堪能

064 マラッカ海峡モスク
Melaka Straits Mosque

マレーシア◆マラッカ

ラッカ島とよばれる人工島に立ち、満潮時には海に浮かんでいるように見える。夕日観賞の名所としても知られており、海に沈む夕日に照らされるモスクは必見。

065 クリスタル・モスク
Crystal Mosque

マレーシア◆クアラ・トレンガヌ

レンガヌ川のほとりに立つモスクで、外壁や屋根がスチールとガラスで飾られ、太陽に反射して宝石のように輝く。夜にはライトアップされ、日中とはまたひと味違った魅力にあふれている。

066 バードシャーヒー・モスク
Badshahi Mosque

パキスタン◆ラホール

16 71〜73年のムガル帝国の時代に、第6代君主アウラングゼーブの命によって建立。赤茶色の壁が特徴で、大理石の丸屋根と四隅に約60mのミナレットを備えている。

ムガル帝国の繁栄の歴史を今に伝える場所

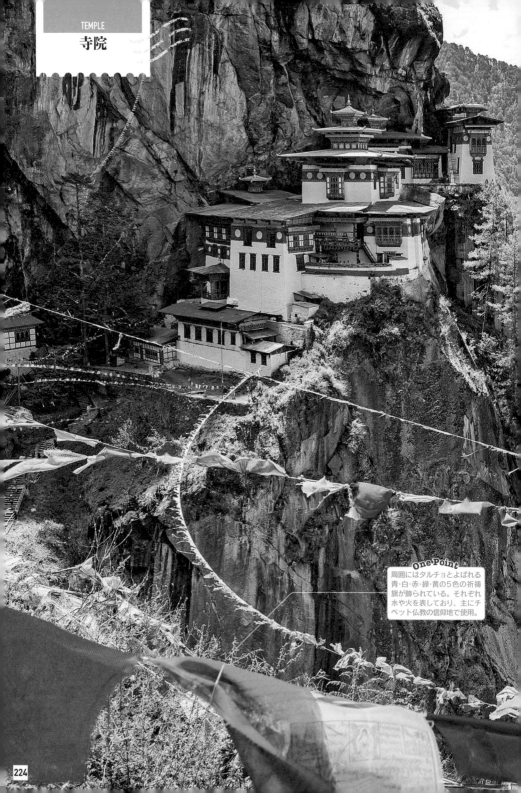

One Point
周囲にはタルチョとよばれる
青・白・赤・緑・黄の5色の祈祷
旗が飾られている。それぞれ
水や火を表しており、主にチ
ベット仏教の信仰地で使用。

067 タクツァン僧院
Taktsang Monastery

ブータン◆パロ

16 92年に建立された、標高約3000m
の崖上に立つ僧院。ブータンに仏教
を広めたとされるパドマサンバヴァが、ト
ラの背に乗ってこの地を訪れ、瞑想した
という伝説があることから「トラのねぐら」
を意味する「タクツァン」の名がついた。

天空の寺院
国内外から人々が集まる

068 ウルン・ダヌ・ブラタン寺院
Ulun Danu Beratan Temple

インドネシア◆バリ島

ブラタン湖の上に浮かんでいるかのように立つ寺院。メルとよばれる多重塔では、湖の女神のデヴィ・ダヌなどをはじめとする10人の神霊を祀っている。夕暮れどきには夕日を背にメルが輝き幻想的な景色に。

湖上にたたずむ
ヒンドゥー教寺院

069 ケックロックシー
Kek Lok Si

マレーシア◆ペナン

マレーシア最大規模の寺院で、中国・タイ・ミャンマーと3カ国の仏教様式の建物が混在。白い仏塔の最上階は、ペナン島を一望できる絶景スポットとしても有名。

山の斜面に立ち
旧正月にはライトアップも

莫高窟、雲岡石窟と並ぶ
中国三大石窟のひとつ

070 龍門石窟 世界遺産
Longmen Grottoes

中国◆洛陽市

④00年以上の歳月をかけて完成した石窟寺院。山に囲まれた断崖絶壁の地に、約10万体の仏像と約2300の窟などが残存しており、なかでも盧舎那仏坐像は高さ約17mにも及ぶ。

071 楽山大仏 世界遺産
Leshan Giant Buddha

中国◆楽山市

弥勒菩薩をかたどって彫られた石仏は、高さ約71mで世界最大級の大きさを誇る。楽山大仏の下を流れる川で水害が相次ぎ、それを鎮める目的で803年に建てられた。

眼前の岷江を
見つめる巨大な石仏

227

072 タナ・ロット寺院
Tanah Lot Temple

インドネシア◆バリ島

海岸の岩上に立つヒンドゥー寺院で、干潮時には歩いて渡ることができる。寺院の下の洞窟には、聖なる水が湧き出る泉や、寺院の守り神とされる海蛇を祀っているほこらがある。

073 タウン・カラット
Taung Kalat

ミャンマー◆バガン周辺

ミャンマーの一部地域ではナッとよばれる精霊を信仰しており、ナッ信仰の総本山がタウン・カラットだ。標高約1500mの死火山の中腹にある奇岩の上に位置する。

074 プナカ・ゾン
Punakha Dzong

ブータン◆プナカ

1955年までブータンの首都であったプナカ。その中心地に立つプナカ・ゾンは古くは戦時に僧侶が避難する城塞や戴冠式を行う場であったが、現在は多くの僧侶が集まる聖地に。

075 ランプヤン寺院
Lempuyang Temple

インドネシア◆バリ島

バリ島北部にある、標高約1000mのスラヤ山の山頂にある8つの寺院の総称を指す。ランプが光、ヤンはヒンドゥー教の神を表し「光の寺院」という意味をもつ。

076 アーディナータ寺院
Adinatha Temple

インド◆ラジャスタン

別名ジャイナ教寺院ともよばれ、寺院全体が白大理石で造られた彫刻で埋められているのが特徴。奥にはジャイナ教の祖師、ジナの像が祀られている。

アジア

ブッダの恩恵を授かる
黄金に輝く岩と仏塔

077 チャイティーヨー・パゴダ
Kyaiktiyo Pagoda

ミャンマー◆モン州

標高約1100mの山頂の岩上にそびえる、高さ約7mの黄金の仏塔。今にも落ちそうな岩と仏塔にはブッダの遺髪の力が働いているという伝説があり、多くの信者が祈りを捧げている。

壁画や神像が高い保存状態で残る

078 ダンブッラの黄金寺院
Golden Temple of Dambulla

スリランカ◆ダンブッラ

岩 山の中腹に立つ、スリランカ最大級の石窟寺院。全部で5つの石窟からなり、中には釈迦やスリランカに関わる壁画や像が残存する。第1窟にある、横たわる全長約14mの涅槃仏が有名。

079 シュエダゴン・パゴダ
Shwedagon Pagoda

ミャンマー◆ヤンゴン

ミャンマー語で「金」を意味するシュエ。その名のとおり、各地から寄進された金箔や宝石で飾られ、特に仏塔の頂上に置かれる風見鶏には76カラットのダイヤモンドが埋められている。

黄金色に輝くミャンマー仏教の総本山

080 ワット・プラ・ケオ
Wat Phra Kaew
タイ◆バンコク

17 82年に王室の守護寺として建立され、現在も祭典などに使用。翡翠で造られたブッダ像があることから「エメラルド寺院」とよばれることも。

081 ワット・ロンクン
Wat Rong Khun
タイ◆チェンライ

タイの芸術家が1997年から制作に着手し、未だ建設中。本堂へと向かう途中に架かる橋の周りに「血の池」地獄をイメージした池があり、そこから無数の手が伸び、ドクロのオブジェが並んでいる。

082 ワット・ロンスアテン
Wat Rong Sua Ten
タイ◆チェンライ

青を基調とした造りの天井・柱・壁と、中央に鎮座する白のブッダ像がコントラストを織りなす。仏教と神話を融合させたユニークな彫刻や壁画が数多く残る。

エメラルドグリーンに
輝く仏塔と天井画

083 ワット・パークナム・パーシーチャルーン
Wat Paknam Phasicharoen

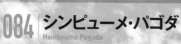

ア ユタヤ時代に創設された王室寺院。2012年に造られた白い大仏塔の最上階には、ブッダの生涯を描いた幻想的な仏伝図が天井に描かれており、見る者を魅了する。

084 シンピューメ・パゴダ
Hsinbyume Pagoda

ミャンマー◆マンダレー周辺

世界の中心を意味する
白亜の仏塔

イ ンド神話に出てくる須弥山（古代インドの仏教世界の中心にそびえる山）がモチーフとなっている仏塔。神話に合わせて7段の回廊を上った先に仏塔がたたずむ。

085 カーパーレーシュワラ寺院
Kapaleeswarar Temple　インド◆チェンナイ

ヒンドゥー教の神・シヴァとその妻・パールヴァティーを祀る。いちばんのみどころはゴープラムとよばれる神々を描いた塔門で、その高さは約40mに及ぶ。

086 ディガンバラ・ジャイン・ラール寺院　インド◆デリー
Shri Digambar Jain Lal Mandir

16 56年建立の、デリー最古のジャイナ教寺院のひとつ。入口にはジャイナ教の開祖であるマハーヴィーラの塔が立ち、ジャイナ教で「平和と繁栄」を意味するかぎ十字が刻まれている。

087 ロータス寺院
Lotus Temple

インド◆デリー

バハーイー教の礼拝堂で、蓮をイメージして造られ、27の白大理石の外郭で花びらを再現。本堂の周りは池に囲まれ、さながら花が浮いているようだ。その外観の美しさから国内外で数々の賞を受賞している。

純潔と優しさの象徴の
蓮の花がモチーフ

皇帝シャー・ジャハーンが
愛妻のために立てた
総大理石の巨大な墓廟

088 タージ・マハル
Taj Mahal

インド◆アーグラー

17世紀、ムガル帝国の皇帝シャー・ジャハーンが愛妃のために22年の歳月を費やし建設した廟。左右対称に造られ、どこから見ても優雅に見えるよう工夫されている。

089 長春祠
Changchun Shrine

台湾◆花蓮県

台湾八景のひとつ太魯閣渓谷内にあり、山岳道路の工事で命を落とした212名を祀る。広い大渓谷の中、断崖絶壁を背に現れる中国様式の建物に心を奪われる人も多い。

090 ホージャ・アフマド・ヤサヴィー廟
Mausoleum of Khoja Ahmed Yasawi

カザフスタン◆テュルキスタン

14世紀末の建築で、ティムール朝を代表する建築のひとつ。未完成ながら、現在でも非常に保存状態がよいまま残されている。イスラム神秘主義の指導者を祀る。

091 シャーヒ・ズィンダ廟群
Shah-i-Zinda Ensemble

ウズベキスタン◆サマルカンド

墓 廟をはじめとする多くの建造物の集合体。サマルカンド・ブルーとよばれる青色のタイルと、イスラム建築に特徴的な幾何学的な模様の組み合わせが美しい。

092 文武廟
Man Mo Temple

香港◆上環

香 港では最古の道教寺院。文神と武神を祀る、香港屈指のパワースポット。訪れる人の願い事を書いた紙を付けた、大きな渦巻き線香がたくさん吊るされている光景は圧巻。

235

One Point
白宮と紅宮に分かれており、白宮はダライ・ラマの生活と政治の場、紅宮はダライ・ラマの霊塔を中心にかつて宗教儀式を行っていた場所。

中国◆ラサ市

チ ベット自治区の中心都市ラサ市に立ち、街のどこからも見える壮大な建築物。かつてはチベットの政治や宗教を司る中心だった。宮殿内は1000以上の部屋が入り組んだ廊下でつながり、まるで迷宮のよう。観音菩薩のすむ場所を表すサンスクリット語「ポタラカ」が名前の由来といわれる。

海抜3700m
聖俗両権を象徴する
世界最大級の宮殿

アジア

ⓘ More Info　ポタラ宮の西南側にある薬王山展覧台ではポタラ宮全体を、広場南側の人工湖の畔では逆さに映った影を撮影することができる。

094 ラホールの城塞と シャーラマール庭園 🏛

Fort and Shalamar Gardens in Lahore

パキスタン◆ラホール

代のムガル皇帝によって造られた壮麗な城塞や白大理石を用いた「真珠のモスク」などが残る。長方形の美しいペルシャ式泉水庭園は市民の憩いの場となっている。

華やかなムガル帝国の
歴史を伝える名建築

095 ハワー・マハル
Hawa Mahal

インド◆ジャイプル

ピンク色をした砂岩を外壁に用いた5階建ての建造物で、別名「風の宮殿」とよばれるジャイプルのシンボル。通りに面した953の小窓から風が吹き抜ける。

爽やかに風が抜ける ピンクの宮殿

096 マイソール宮殿
Mysore Palace

インド◆マイソール

かつてはマイソール王国の首都として繁栄した地に立つ。イギリスのゴシック様式とインドのムガル様式が融合した、「インド・サラセン様式」とよばれる建築様式が用いられている。

細部まで美しい 豪華絢爛な南インドの至宝

097 チャオプラヤー川
Chao Phraya River

タイ◆バンコクほか

バンコクの街を縦断するこの川は、古くから水運に利用され、今もなお河川交通路としても南北を結ぶ役割を担う。川の両岸には寺院の尖塔や王宮の伝統建築、高級ホテルやモダンなレストランなど、新旧が混在した魅力が詰まっている。

098 メコン川
Mekong River

ベトナムほか

全長約4350kmあり、ラオス、タイ、カンボジアといった複数の国をまたぐ。ホーチミンから南西部に広がるメコン・デルタ地方にある、手漕ぎボートに乗ってメコン川の下流をくだるツアーが人気。

静寂に満ちた支流を進み
ジャングル探検へ出発

街なかの喧騒を離れ
夕日に染まる
魅惑の岸辺で憩う

099 エンチャンテッド・リバー
Enchanted River

フィリピン◆南スリガオ州

驚くほどの透明度を誇る、青やエメラルドブルーに輝く森の中のオアシス。朝方から日が差し込む正午ごろにかけ次第に透明度を増し、一日でさまざまな色の変化を楽しめる。正式名称はヒナトゥアンリバー。

人里離れた山奥で見つけた
知る人ぞ知る魔法の川

241

のどかな田園風景のなか
伝統の楼閣が橋上に並ぶ

101 港珠澳大橋

Hong Kong-Zhuhai-Macao Bridge

香港ほか

香 港、マカオ、珠海を結び2018年完成。海上橋、海底トンネル、連絡道を含めた総延長は約55kmと世界最長。海路で1時間程度かかる香港・マカオ間が車で約40分に。

100 程陽永済橋
Chengyang Bridge

中国◆三江トン族自治県

江トン族自治県という少数民族が暮らす地域にある。釘を使わず、木を組み合わせて造られた伝統建築で、5つの橋脚の上にそれぞれ5層の楼閣がある。

102 達娜伊谷吊橋
Dannayiku Suspension Bridge

台湾◆嘉義県

里山郷の渓谷に架かる228mの吊り橋。名は周囲の先住民族ツォウ（鄒）族の言葉で「憂いを忘れる谷」を意味する。周囲には台湾固有種の渓流魚など希少な自然が残る。

アジア

103 ヘリックス・ブリッジ
Helix Bridge

シンガポール◆マリーナベイ

リーナベイ・サンズと対岸を結ぶ金属橋で、DNAをモチーフとした二重らせん構造が特徴的。特にライトアップされた夜には周囲の風景と相まって、未来に訪れたよう。

リゾートシティの川面を
黄金の龍が飛ぶ

104 ドラゴン・ブリッジ
Dragon Bridge

ベトナム◆ダナン

リゾート客で賑わうハン川に架かる4本の橋のなかで、特に目を引く龍をかたどった橋。夜にはライトアップされるとともに、週末限定で口から炎や水を吹くショーが開かれる。

光の噴水が夜の漢江を
ロマンチックに彩る

105 盤浦大橋
Banpo Bridge

韓国◆ソウル

漢江に架かる橋から噴き出す水を、カラフルにライトアップするレインボー噴水。対岸の夜景も美しく、ソウルでも有数のデートスポットだ。世界一長い橋梁噴水といわれる。

106 ゴールデン・ブリッジ
Golden Bridge

神の手が支える
金の道を空中散歩

ベトナム◆ダナン

□ ープウェイで結ばれた山頂に広がるテーマ
パーク「バーナー・ヒルズ」に、2018年に
登場した新名所。黄金の橋を巨大な石の手が支
える奇抜な光景が話題を呼んでいる。

107 スンガイ・クブン・ブリッジ
Sungai Kebun Bridge

光り輝く吊り橋が
南国の新しいシンボル

ブルネイ◆バンダル・スリ・ブガワン

20 17年にブルネイ川に架けられ、中心部
とスンガイ・クブンを結ぶ。全長622m
は単一の塔で構成される斜張橋として世界
で2番目。王妃にちなむ長い正式名もある。

さまざまな宗教観や美術が融合した美術館

108 エラワン・ミュージアム
The Erawan Museum

タイ◆サムット・プラーカーン

③つの頭をもつ神の乗り物・エラワン象の台座部分の天井にはドイツ人のアーティストが手がけたステンドグラスが美しく輝く。らせん階段は、蛇神のナーガをイメージしたといわれる。

109 国立故宮博物院
National Palace Museum

台湾◆台北市

世界4大博物館のひとつといわれる。約69万点のコレクションの主要をなすのが中国歴代皇帝によって脈々と受け継がれてきた至宝の数々。鑑賞しながら中国文明の変遷をたどることができる。

アジア

110 ラールバーグ・フォート
Lalbagh Fort
バングラデシュ◆ダッカ

ムガル皇帝の息子モハマド・アザムによって1678年に建立。城は未完成のまま霊廟や寺院、庭園などが建設された。現在は博物館として帝国時代の武具やコイン、細密画などを展示する。

111 ブッダ・パーク
Buddha Park
ラオス◆ビエンチャン

メコン川沿いに1958年に建設された仏像テーマパーク。敷地の中に一歩足を踏み入れると、仏教のみならず、ヒンドゥーの神々の彫像が無造作に置かれている異様な光景が広がる。

247

今もなお現役で活躍する世界遺産の駅

112 チャトラパティ・シヴァージー駅

Chhatrapati Shivaji Terminus

インド◆ムンバイ

ギリス人のF.W.スティーブンによって設計された。ヴィクトリア朝のゴシック・リバイバル建築とインドの伝統的建築が融合する、ヴェネツィア・ゴシック建築様式の駅舎。

113 ジュエル・チャンギ・エアポート

シンガポール◆チャンギ

19年に完成した、東南アジア随一のハブ空港併設の複合施設。約40mの高さから垂直に水が落ちる滝は、日中は日の光を反射して輝き、夜には光と音のショーが行われる。

人々を楽しませる工夫の詰まったエンタメ施設

114 北京大興国際空港
Beijing Daxing International Airport

中国◆北京市

建 築家ザハ・ハディッド設計によるヒトデ形の空港ターミナルビル。市の中心部から南に約45kmに位置し、混雑緩和の目的で2019年9月に開港した。内部は天井から壁面にかけて美しい曲線を描き、近未来的な印象を与える。

曲線の女王が造り上げた
星形の巨大空港

Photo:アフロ

249

先進的な
展示が目を引く
未来型植物園

115 ガーデンズ・バイ・ザ・ベイ

Gardens by the Bay

シンガポール◆マリーナベイ

約 101haの広大な敷地に大小の植物園や庭園、池などが点在。木に見立てたタワーが並ぶ「スーパーツリー・グローヴ」や世界各地の植物を一堂に集めた「フラワー・ドーム」など、斬新な展示で訪れる人々を魅了している。

花と緑に囲まれた
都会のオアシス

116 シンガポール植物園
Singapore Botanic Gardens

シンガポール◆デンプシー・ヒル

20 15年にシンガポール初の世界遺産に登録された、東京ドーム10個分以上の広さを誇る植物園。世界中のランが咲く「国立ラン園」や薬草を展示する「ヒーリング・ガーデン」などがある。

夕刻から賑わいをみせる
緑あふれる公園

117 ゴールデン・ジュビリーパーク
Golden Jubilee Park

ブルネイ◆バンダル・スリ・ブガワン

八 サナル・ボルキア国王の戴冠50周年を記念して2017年にオープン。手入れの行き届いた園内にはさまざまな植物が植えられている。夕方からは屋台が出て、地元の人で賑わっている。

王家に守られた希少な生物の生息地

119 コモド国立公園
Komodo National Park

インドネシア◆コモド島ほか

未開の自然が残るコモド島にある世界最大級のトカゲ、コモド・ドラゴンが暮らす国立公園。大きいもので全長3m、体重140kg以上になる。公園内にはさまざまなトレッキングコースも整備されており、野生動物を感じながら散策を楽しめる。

120 カジランガ国立公園
Kaziranga National Park

インド◆アッサム州

世界一のインドサイの生息地。インドサイのほかにもトラ、水牛、鹿、ゾウ、野鳥などの野生動物が生息し、生物多様性のホットスポットともいわれる。ジープやゾウに乗って間近で動物を観察できる。

118 チトワン 国立公園 🏛
Chitwan National Park

ネパール◆チトワン

標 高110〜850m程度に位置する。主に亜熱帯気候で、東西80km、南北23kmに及ぶ広大な敷地を誇る。ゾウに乗りサファリを楽しむジャングルサファリとして人気を集めている。

121 ランタンボール 国立公園
Ranthamobore National Park

インド◆ラジャスタン

野 生のトラの保護が目的で制定された自然保護区。トラの生息密度、野生のトラと出会える確率が世界有数といわれ、動物園とは違う野生のトラの生活を垣間見ることができるスポットとして人気。

草原を闊歩する
ヒョウたちの楽園

122 ヤーラ国立公園
Yala National Park

スリランカ◆ウバ州ほか

多 くの国立公園や自然保護区があるスリランカでも、2位の大きさで最も観光客が訪れる。世界有数のヒョウの密集地として知られ、ジープサファリでは多くの動物に出会える。

123 タラートロットファイ・ラチャダー
Train Night Market Ratchada

タイ◆バンコク

バンコク市内のナイトマーケット。おしゃれな飲食店も多く、多くの人で賑わう。隣接するショッピングモール「ジ・エスプラネード」から見下ろすカラフルモザイクなテント群が美しい。

買って楽しい 眺めて楽しい最旬夜市

124 饒河街
観光夜市
Raohe Street Night Market

台湾◆台北

台湾屈指の道教寺院、松山慈祐宮の門前夜市。きらびやかな門をくぐると、約600mの一本道の両脇に、胡椒餅や麺線、臭豆腐などの台湾らしい屋台が並ぶ。

老舗の名店も多い 風情ある賑わい夜市

125 ダムヌン・サドゥアック 水上マーケット

Damnoen Saduak Floating Market

タイ◆ラーチャブリー

朝に狭い運河を色とりどりの果物や野菜、花を山ほど乗せた小舟が行き交う。伝統文化の水上マーケットを守るべく、バンコク郊外で観光用に開発されたもの。

細い川を彩る たくさんの鮮やかな小舟

126 九份
Jiufen

幻想的な灯りが包み込む石段の街

台湾◆基隆市

19世紀末以降、金の採掘で栄えた街。ゴールドラッシュに沸いたものの、閉山後は衰退。1989年に製作された台湾映画『悲情城市』の舞台として注目を集め、今では世界中から観光客が押し寄せる一大観光スポットとなった。

One Point

映画『千と千尋の神隠し』の舞台のモデルともいわれる阿妹茶酒館。外から見て美しいのはもちろん、テラス席からは九份を一望できる。

夜空を舞台に繰り広げられる
光と音、水の競演

127 | マリーナベイ・サンズ
Marina Bay Sands

シンガポール◆マリーナベイ

3棟のホテルタワーに巨大な船を乗せた独創的な外観で知られる。イベント・プラザでは舞い上がる噴水と音楽、色鮮やかなアートを融合した「スペクトラ」が毎晩開催される。

黒川紀章氏が設計した
美しい未来都市

128 | ヌルスルタン
Nur-Sultan

カザフスタン◆ヌルスルタン

'19年に旧称アスタナから初代大統領の名を冠した「ヌル・スルタン」へ改称。街の中心に立つバイテレク・タワーは聖なる鳥と神秘的な生命の樹に関する神話を具象化したもの。

129 浦東
Pudong

中国◆上海市

上海を蛇行して貫く黄浦江の東側に広がる新上海を象徴するエリア。シンボルタワーの東方明珠塔をはじめ、世界屈指の超高層ビルが林立する近未来的な街並みで知られる。

130 ヴィクトリア・ピーク
Victoria Peak

香港◆香港島

香港島の最高峰、ヴィクトリア・ピークから香港の街並みを見下ろす眺めは香港随一の絶景。無数の宝石をちりばめたように輝く摩天楼群がロマンチック。

131 コタイ
Cotai

マカオ◆コタイ地区

タイパ島とコロアン島の間の海を埋め立てたエリア。当初は住宅地となる予定だったが、現在は巨額の費用を投じて開発された数々の超大型IRが立ち並ぶ。

街中にランタンが灯る
満月の夜の祭典

132 ホイアンの ランタン祭り
Lantern Festival

ベトナム◆ホイアン

世界遺産の街・ホイアンでは、毎月満月の夜にランタン祭りが行われている。満月になる旧暦の14日、ホイアンの家々の電気が消え、提灯の明かりだけが街を照らす幻想的な空間が広がる。

133 ホーリー祭
Holi Festival

インド◆デリーほか

インド各地でヒンドゥー暦11月の満月の日に行われる春祭り。春の訪れを祝い、誰彼かまわず色粉を塗り色水を掛け合う。黄色は尿、赤は血、緑は田畑を象徴するといわれている。

134 ボーサーン
傘祭り
Bo Sang Umbrella Festival

タイ◆チェンマイ

ボーサーン村で開催される伝統
工芸品の祭典。村のいたると
ころが色艶やかな唐傘で彩られる
ほか、伝統衣装を身につけた女性
のパレードやパフォーマンスなど
の賑やかな催しが行われる。

135 平渓天燈祭
Pingxi Sky Lantern Festival

台湾◆新北市

毎年、旧正月の15日(元宵節)に開催される台湾有数のイベント。ランタンを飛ばし、先祖へ平穏無事を告げご加護を祈ることから始まったとされ、ランタンが夜空に浮かぶ風景は幻想的。

願いを込めたランタンが夜空を埋め尽くす

136 ロイ・クラトン
Loy Krathong

タイ◆バンコクほか

毎年11月にタイ全土で開催される灯籠(クラトン)を川に流すというタイの人々の間で古くから続いている風習。水の祭典ともよばれ、祭りの日は、タイ全土でさまざまな催しが開かれる。

花やろうそくで飾られた灯籠が水面を彩る

137 ハルビン氷祭り
Harbin Ice Festival

中国◆哈爾浜市

ハルビン市の各地の公園に氷で作られた巨大な建築物が展示される世界三大雪まつりのひとつ。夜には色鮮やかな光に照らされ、氷の建築物がカラフルに浮かび上がる。

138 マスカラ・フェスティバル
Masskara Festival

フィリピン◆バコロド市

笑みの都市バコロドで毎年10月に開催される。砂糖の価格暴落や事故などの悲しいできごとから「笑顔を取り戻し、景気を盛り上げよう」というスローガンのもとで始められた。

アジア

139 オダラン
Odalan

インドネシア◆バリ島

バリ島の寺院の創立祭で、寺院ごとに催される。バリ独特のウク暦に従い、210日ごとに行われることが多い。供え物を掲げた女性の行列など、華やかな催しが行われる。

神々のレリーフが刻まれた
東南アジアの凱旋門

140 パトゥーサイ
Patuxay

ラオス◆ビエンチャン

内 戦の終結とラオス国の勝利を
記念して建てられた、ラオス
語で『勝利の門』を意味するラン
ドマーク。全8階建てで、展望バ
ルコニーからはビエンチャンの街
を一望できる。

141 天壇 世界遺産
Temple of Heaven

中国◆北京市
明 清代の皇帝が祈祷を行った巨大な祭祀施設。高さ
38m、直径32mにもなる祈年殿は、鮮やかな青色
の屋根が印象的。内部には古代中国28星座を意味する
28本の柱が立つ。

142 ペトロナス・ツイン・タワー
Petronas Twin Towers

マレーシア◆クアラルンプール
高 さ452m、ツインタワーとしては世界一の高さを誇
る。建物はイスラム教国であることを意識したモス
クの尖塔のような形になっており、86階の展望デッキか
らは街を一望できる。

小高い丘に立つ
パキスタンの歴史を知る場所

143 パキスタン・モニュメント
Pakistan Monument

パキスタン◆イスラマバード
化 びらのような大きな4枚の壁は4つの異なる文化を
表し、上空から見るとパキスタン国旗の三日月と星
が見えるといわれる。内側にはパキスタンの歴史的なで
きごとや人物が彫刻されている。

青い空と緑の森めがけて
大自然にダイブ

144 バリ・スウィング
Bali Swing

インドネシア◆バリ島

ヤシの木とロープでできたブランコに乗れるアクティビティ。眼前に広がるジャングルに向かってブランコが飛び出していく体験は、インパクトも爽快感も抜群！

145 レッド・サンド・デューン
Red Sand Dunes

ベトナム◆ビントゥアン

ビーチリゾートで有名なムイネーにある砂丘で、一面赤茶色の砂で覆われている。夕暮れどきに砂丘に太陽が照らされると、よりいっそう砂が赤みがかり、幻想的な光景となる。

40年間以上燃え続ける
真っ赤な大穴

146 地獄の門
Door to Hell

トルクメニスタン◆アハル

ア ハル州北端のダルヴァザ村に
あるクレーター。天然ガス調
査中に土地の陥没が起き、ガス漏
れを防ぐため点火された。消火す
るための解決手段がないまま今な
お燃え続ける。

147 フルンボイル草原
Hulunbuir Grasslands

中国◆フルンボイル

世 界有数の広さをもつ大草原。果
てしなく続く景色も圧巻ながら、
栄養豊かな牧草や川、湖に恵まれ、
多くの動物と遊牧民族が昔から生活
を営む土地でもある。

267

149 テガララン・ライステラス
Tegalalang Rice Terrace

インドネシア◆バリ島

規模は小さいものの急斜面に連なる棚田の中にはヤシの樹なども生い茂り、南国らしさを味わえる。棚田を上から一望できる絶景カフェや、森に向かってジャンプする巨大ブランコも人気。

棚田とヤシの樹の南国らしいコラボレーション

大地と調和する圧巻の原風景

148 紅河ハニ棚田群 🏛
Honghe Hani Rice Terraces

中国◆元陽県ほか

中国の少数民族・ハニ族が1300年以上の時をかけて造りあげた世界最大の棚田群。棚田は3000段以上にも及び、水が張られたあとはきらきらと鏡のように太陽の光を反射する。

アジア

150 サパ
Sapa

ベトナム◆ラオカイ

中国との国境近く、標高約1600mの地にある小さな村の棚田。田植えの時期には鮮やかな緑が、収穫の際には黄金色へとがらりと印象が変わる。近くには滝もあり、自然を堪能できる。

雲海が水田と重なる荘厳な風景に魅せられる

マイナスイオンを感じる
天然のミストシャワー

151 トゥンパック・セウ滝
Tumpak Sewu Waterfall

インドネシア◆ジャワ島

ジャワ語で「千の滝」という意味をもつ。ジャワ島の最高峰スメル山の麓、ルマジャンの山奥にある。横に大きく広がった水のカーテンが高低差約120mの崖を落ちていく姿は迫力満点。

152 バンゾック滝
Ban Gioc Waterfall

ベトナムほか

ベトナム最大級の滝。中国とベトナムの国境に位置しているため、滝の右側の部分は中国とベトナムの両国によって共同で管理されている。

アジア

153 オルホン滝
Orkhon Waterfall

モンゴル◆アルハンガイ

約2万年前の火山活動によって溶岩台地が浸食されてできたと考えられている、オルホン渓谷にある落差約25mの滝。モンゴル語で「ウラーンツタガラン(赤滝)」といわれる。

154 クアンシーの滝
Kuang Si Falls

ラオス◆ルアンパバーン

コン川に流れ出る滝。幾層にも分かれて水が流れ落ち、それぞれの滝つぼは青色に近い深い緑色の水をたたえている。遊泳可能なエリアもあるので水着持参で訪れたい。

荘厳で息をのむ
仙境の世界の再現

156 野柳地質公園
Yehliu Geopark

台湾◆新北市

風 食、海食や地殻変動などにより長い年月
をかけ形成。海に向かって無数の穴が並
ぶ光景や、キノコのような奇岩、女王頭とよ
ばれる奇岩など、多様な地形が見られる。

155 武陵源 世界遺産
Wulingyuan

中国◆張家界市

300本以上ある石柱は、地殻変動や雨水などの浸食によって、数億年の長い年月をかけてつくられたもの。それぞれの高さは200～300mもあり、迫力も抜群。雲海に奇岩の森が林立する光景が幻想的だ。

157 桂林の奇岩群 世界遺産
Guilin's Strange Rock

中国◆桂林市

江沿いに雨水で削られたたくさんの奇岩が現れ、それらが亜熱帯気候のために、植物の緑にすっぽり覆われている。川岸には村落がぽつぽつとあり、全体を通じて水墨画のような雰囲気だ。

273

登山家の憧れ
世界最高の頂

158 エベレスト
Everest

ネパールほか

ヒ マラヤ山脈の最高峰で、8848mの標高は世界一を誇る。ネパールと中国チベット自治区の国境上にある。大陸プレートの影響により、現在もその標高は年々高くなり続けているといわれている。

160 玉龍雪山
Jade Dragon Snow Mountain

中国◆麗江市

ミ ャンマーと国境を接する雲南省北部に位置し、13の峰からなる山脈は、広さが455㎢にも及ぶ。氷河が横たわる様子が銀の龍が飛んでいるように見えることから、この名がついたという。

159 K2
K2

パキスタンほか

標 高8611mで、世界で2番目に高い山。山脈の奥地にそびえる山容の美しさは圧巻。厳しい気候条件や急峻な斜面から、登頂の難しさではエベレストよりも上といわれる。

161 錐麓古道
Zhuilu Old Road

台湾◆花蓮県

魯閣渓谷内にある、幅約1
～1.5mの歩道で、道の片
側が断崖となっている。もとも
とは台湾先住民族のタロコ族が
使用していた古道だったが、日
本統治時代に整備された。

雄大な渓谷を見下ろす
高さ約500mの歩道

162 ツァガーン・スワルガ
Tsagaan Suvarga

モンゴル◆ドルノゴビ

ビ砂漠にあり、隆起した海底
が長い年月をかけ風雨に浸食
されてできた地形。高さは最大約
60mで、仏塔が立ち並ぶような姿
からホワイト・ストゥーパ(白い仏
塔)ともよばれる。

仏塔にも見える
砂漠に現れる地形

275

163 張掖丹霞地質公園
Zhangye Danxia Geopark

中国◆張掖市

張掖から約50kmの場所にある、多彩な色をした縞模様の地層をもつ岩山。夕日に照らされると、地層に含まれた何種類もの鉱物が極彩色に反射して不思議な光景を生む。

164 チョコレート・ヒルズ
Chocolate Hills

フィリピン◆ボホール

錐形の山が1000個以上も並ぶカルスト地形。山の高さは約30〜50mで、乾季に入ると丘を覆う草が枯れて茶色になる。山が緑で覆われる時期はミント・ヒルズとよばれる。

165 ワハーン回廊
Wakhan Corridor

タジキスタンほか

北を山脈に挟まれた、東西約200kmに及ぶ回廊。古くはシルクロードの経路として栄えた。5カ国にまたがる要衝だが、今なお雄大な自然が残る秘境となっている。

166 亜丁自然保護区
Yading Nature Reserve

中国◆カンゼ・チベット族自治州

四 川省の南西端にある高山地帯で、氷河や峡谷、原生林、渓流と多様な顔をもつ。色鮮やかな湖が点在するほか、岩に描かれたチベット仏教の絵画なども見られる。

167 クリムトゥ山
Kelimutu

インドネシア◆フローレス島

フ ローレス島中部にある火山で、3つの火口湖の色はどれも異なる。水が色づく理由は水中の鉱物によるものといわれる。地元では祖先の魂が帰る場所だと考えられている。

アジア

168 アダムス・ピーク
Adam's Peak

スリランカ◆サバラガムワ州

仏 教、イスラム教、ヒンドゥー教などさまざまな宗教の人々に信仰される山。満月の日に頂上から朝日を見るのがよいとされ、巡礼の季節の満月の日は多くの人が登山する。

170 天山山脈
Tianshan Mountains

カザフスタンほか

標 高5000m級の山が連なる
パミール高原の北から東へ
続く山脈。道中には16世紀ごろ
の隊商宿タシュ・ラバットが当
時の姿で残っている。

果てしない草原と巨大な砂丘
悠久の歴史の舞台へ

169 ゴビ砂漠
Gobi Desert

モンゴルほか

首都ウランバートルから約600km離れたこの砂漠は、砂漠でありながらも緑が多いのが特徴。古くから遊牧民族国家やモンゴル帝国などが活躍した場で、シルクロードの拠点都市が置かれた場所。現在もなお、遊牧民たちが移動式住居「ゲル」で暮らしている。

171 月牙泉
Crescent Lake

中国◆敦煌市

ゴビ砂漠の中にありながら、2000年以上にわたって涸れることなく水が湧き続けているという鳴沙山の北麓にある三日月形のオアシス。かつてシルクロードの分岐点として栄えた。

愛くるしい姿にすっかりとりこ！

LOVE♥パンダ

じゃれあったり休んだり、気ままに過ごすパンダたち。
ふるさとでゆっくり過ごす姿をのぞいてみよう。

┤ ジャイアントパンダ ├

中国四川省周辺の山地に生息。絶滅が危惧されていたが、入念な保護活動により、1970年代に約1000頭とされていた野生の生息数は、2015年に約1800頭に回復。約400頭が飼育されている。

お気に入りの木の上を争奪戦。外敵から身を守るための習性

172 成都パンダ繁殖研究基地
Chengdu Research Base of Giant Panda Breeding

中国◆成都市

成都から車で30分ほどとアクセス抜群。本来の生息地である周辺の山地を再現した環境で、多くのパンダが飼育されている。和歌山県のアドベンチャーワールドと提携している施設で、返還されたパンダも暮らしている。

パンダの食事の用意をする施設を見学することもできる

中国でも最大のパンダ繁殖の拠点

173 オーシャン・パーク
Ocean Park

香港◆黄竹坑

香港の2大テーマパークのひとつ。アジアの動物が集められたエリアで、インインとリーリーの2頭に会うことができる。要予約で体験できるパンダのエサやりも人気を博している。

インインとリーリーは近年カップリングに成功したそう

動物園のほかにも多彩な楽しみ

174 上海動物園
Shanghai Zoo

中国◆上海市

上海虹橋国際空港近くにあり、気軽に訪問できる。2016年生まれの兄弟パンダが人気者。ほかにも東北トラやキンシコウといった珍しい動物も飼育されている。

日本よりは混んでいないので、ゆっくりとパンダを堪能

希少な中国の動物に多く出会える

NORTH
AMERICA &
ARCTIC

北米・北極

北米・北極

NORTH AMERICA & ARCTIC

100 SPOT

BASIC INFORMATION

🏳 2カ国
人口 約3億6564万人(世界の約5%)
面積 約1961万km²(世界の約13%)

アメリカとカナダという2つの大国からなる北米。南部は熱帯、北部は寒帯でオーロラの見られる北極圏も含まれる。大航海時代にコロンブスが発見したとされる新大陸は、数千年も前からアメリカ先住民族が暮らしていた。世界中からの移民が生活し、幾多の歴史をたどってきた民族と文化、宗教、伝統が絡み合う。

南北に走るロッキー山脈を中心に、ヨセミテ国立公園やグランド・キャニオン国立公園など多くのみどころが点在し、ナイアガラの滝は豊かな自然の象徴的存在。ラスベガスやニューヨークなど、大都会の街並みもまた北米ならではの絶景だ。

🏛 世界遺産登録されているスポット

⬅アメリカの大都会ニューヨークのマンハッタン島（P502）には世界から多くの観光客が訪れる

アメリカ

カナダ

⬆屈強な一枚岩から勢いよく流れるヨセミテ国立公園（P322）のブライダル・ベール滝

One Point
スリル満点の展望台「ヤヴァ
パイ・ポイント」は、日の入り
を見る最適なビューポイン
ト。落差1500mの断崖が果
てなく続く。

世界規模のスケールを誇る
地球に刻まれた太古の記憶

001 グランド・キャニオン
国立公園 🏛️
Grand Canyon National Park

アメリカ◆アリゾナ州

総 面積約4931㎢を占める国立公園。コロラ
ド川によって形成された長さ約446㎞のグ
ランド・キャニオンが広がり、驚異的な造形美
を見せる。コロラド川北側のノース・リムと南
側のサウス・リムの2エリアあり、サウス・リム
からの夕景は神々しい大パノラマに息をのむ。

ⓘMore Info 日の入りなどの時間帯の絶景を堪能するなら国立公園内のロッジに宿泊するのがおすすめ。人気なので予約を忘れずに。

圧倒的な水源の力強さに
驚愕の自然美を体感する

002 ナイアガラの滝
Niagara Falls

アメリカ◆ニューヨーク州ほか

豊富な水源とダイナミックな滝は、アメリカ滝、カナダ滝、ブライダルベール滝の3つから構成される。水量は北米で最も規模が大きく、特にカナダ側からの景観の美しさが評判。

003 ザイオン国立公園
Zion National Park

アメリカ◆ユタ州

日に焼けて赤く色づいた砂岩が浸食してできた、ザイオン渓谷を一望できる。古くはアメリカ原住民族が暮らした地として神聖な場所とされ、岩壁と渓谷の地形がはっきりと現れる神秘の光景が続く。

004 ハミルトン・プール

Hamilton Pool

アメリカ◆テキサス州

地 下水脈の通る洞窟が浸食で崩壊したことで生まれたとされる半地下の湖。ドームの上、高さ約15mから流れ落ちる滝や、きらめく天然のプールに感動！

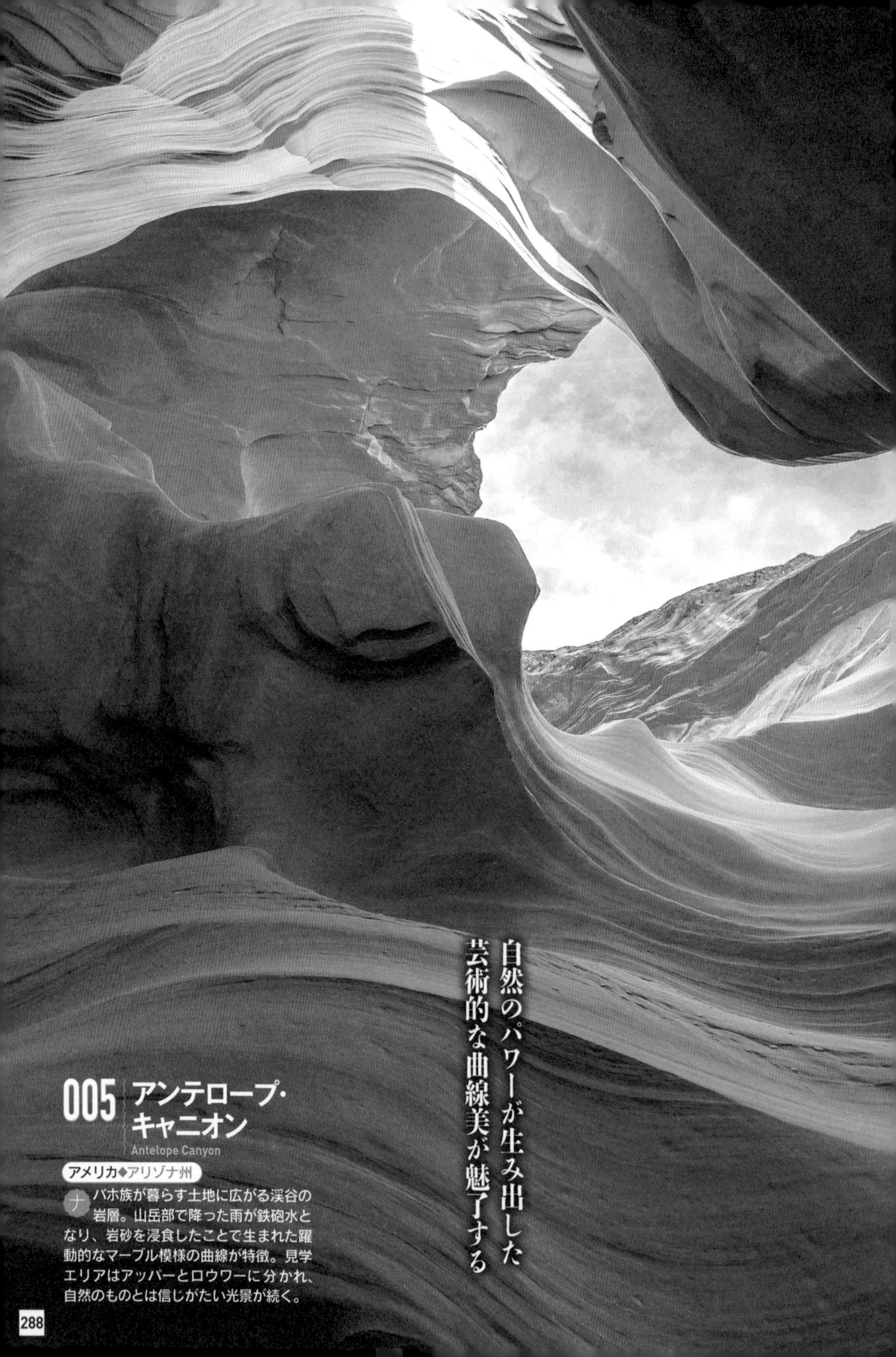

自然のパワーが生み出した
芸術的な曲線美が魅了する

005 アンテロープ・キャニオン
Antelope Canyon

アメリカ◆アリゾナ州

ナ　バホ族が暮らす土地に広がる渓谷の
岩層。山岳部で降った雨が鉄砲水と
なり、岩砂を浸食したことで生まれた躍
動的なマーブル模様の曲線が特徴。見学
エリアはアッパーとロウワーに分かれ、
自然のものとは信じがたい光景が続く。

006 ビッグ・ベンド 国立公園
Big Bend National Park

アメリカ◆テキサス州

メキシコとの国境に位置する国立公園。白亜紀などの生物の化石が出土する荒々しい渓谷のほか、歴史的価値のある地層や風景が大切に保存されている。

007 マルトノマ滝
Multnomah Falls

アメリカ◆オレゴン州

アメリカ先住民の娘の命と引き換えに吹き出したと伝わる神聖な滝。春にはラーチ山の雪が解け水量が増加する。歩道橋があり、滝の頂上にあるラーチ山展望台に移動できる。

急勾配の岩肌と絶壁が
地の果てに続く黒い峡谷

008 ブラック・キャニオン
国立公園
Black Canyon National Park

アメリカ◆コロラド州

広大なガニソン川により浸食された峡谷。
狭く深い峡谷には太陽の光が届きにくく、
黒い岩肌に見えることから名がついた。舗装
されたハイキングコースがあり、キャンプな
どを楽しめる。

009 ホースシュー・
ベンド

アメリカ◆アリゾナ州

馬の蹄鉄(horseshoe)のように
蛇行した形が個性的な、コロラ
ド川流域の絶景ポイント。長い時間
をかけて浸食された自然の景観が珍
しく、赤い荒野に現れる奇岩の力強
さに目を奪われる。エメラルドグリ
ーンに輝くコロラド川にも注目。

野性味あふれる荒野に
奇跡の地形が出現する

自然が生んだ神秘の絶景は
グランドサークルの最高峰

010 ザ・ウェーブ
The Wave

アメリカ◆アリゾナ州

世界一の絶景ともいわれるアメリカの秘境。渦巻いた波のような砂岩の層が続き、吸い込まれるような圧巻の光景が広がる。1日20人限定のツアーでのみ観光ができる。

011 パルース・フォールズ 州立公園
Palouse Falls State Park

アメリカ◆ワシントン州

氷河時代、コロンビア川周辺の氷河湖が崩壊したことにより生まれた地形に、透明度の高い水流が注ぐ。野性味あふれる地層と爽快な滝のコントラストが美しい。

012 ブライス・キャニオン 国立公園
Bryce Canyon National Park

アメリカ◆ユタ州

柱とよばれる独特の地質と、赤やオレンジ、白などの岸壁の色合いが、円形劇場のように見える絶景。周辺の渓谷より標高が高く、地表が露わになった大地に高山植物が自生している。

013 クレーター・レイク 国立公園
Crater Lake National Park

アメリカ◆オレゴン州

ザマ山の噴火活動によりできたカルデラ湖。アメリカで最も深く約597mにも及ぶ。先住民クラマス族は、山の噴火を地底と空の精霊が争いをした様子だと伝えており、流入、流出河川がなく、天からの恵みである雨のみで満たされたコバルトブルーの湖面が続く。

天空に広がるクリアな世界
火山活動により形成された

One Point
ウイザード・アイランドは溶岩ドームが突き出した湖に浮かぶ島。周辺の山脈にはガーフィールド・ピークとよばれるトレイルがあり、登山が楽しめる

北米・北極

ⓘ**More Info** リム・ヴィレッジから歩いてガーフィールド・ピークへ。約2時間のトレイルには美しい植物や野鳥など珍しい生物がたくさん！

014 イエローストーン 国立公園
Yellowstone National Park

アメリカ◆アイダホ州ほか

18 72年、世界初の国立公園に指定され、間欠泉や温泉など地熱のホットスポットが点在する。青、黄、オレンジ、緑のカラフルな色は、多様なバクテリアが発光することで見られる現象で、グランド・プリズマティック・スプリングとよばれる。

国境を縦断する世界唯一の国立公園

015 ウォータートン・レイクス 国立公園
Waterton Lakes National Park

カナダ◆アルバータ州ほか

ア メリカとカナダの国境をまたいだ、広大なウォータートン・グレイシャー国際平和自然公園の一部。氷河に削られたゴツゴツとした山肌が印象的。雪解けの季節にはマイナスイオンたっぷりの森林浴が楽しめる。

鮮やかな7色の熱水泉がドラマチックな景観をつくる

016 | モノ湖
Lake Mono

アメリカ◆カリフォルニア州

北アメリカで最も古い湖のひとつ。湖から水が流出することがなく、アルカリ性で塩分濃度の高い湖の水が残る塩湖。青空が湖面に映るフォトジェニックな瞬間が狙い目。

017 | キーナイ・フィヨルド 国立公園
Kenai Fjords National Park

アメリカ◆アラスカ州

崖や斜面の間に位置する狭い入り江に、米国内最大の氷原のひとつであるハーディング氷原が広がる。氷山や氷河、ザトウクジラやシャチなどの海洋動物にも出会える。

四季折々の景色と澄み渡る高山湖

018 タホ湖
Lake Tahoe

アメリカ◆カリフォルニア州ほか

シ エラネバダ山脈にあるアメリカで2番目に深い湖。透明度の高さが抜群で、爽やかな山の空気を感じられる。周辺にはスノーリゾートがあり、ウインタースポーツやカヤックを楽しめる。

019 エバーグレーズ国立公園
Everglades National Park

アメリカ◆フロリダ州

未 開拓の湿原地帯を保護する国立公園。ウエスト湖などの複数の湖とメキシコ湾に続く水流があり、多様な生態系の観察や水辺散策が楽しめる。オオフラミンゴの生息地であり、渡り鳥も飛来する。

020 オリンピック国立公園 🏛
Olympic National Park

アメリカ◆ワシントン州

オリンピック半島にある国立公園。日帰りハイキングができるエリアもあるが、大部分は手つかずの自然に閉ざされ、雪に覆われた氷河とオリンピック山脈が見られる。

021 グランドティトン 国立公園
Grand Teton National Park

アメリカ◆ワイオミング州

ロッキー山脈の一部とされるティトン山脈を含む国立公園。公園内最大の湖であるジャクソン湖があり、ハイカーのために整備された約300kmの道を移動できる。

北米・北極

022 ミシガン湖

アメリカ◆イリノイ州

北アメリカ五大湖のひとつ。ターコイズブルーの湖は、まるで海のような広大なスケールを誇る。周辺には美しい白砂のほとりがあり、シカゴの高層ビルも望むことができる。

街並み・夜景

One Point
シカゴで最も高く、アメリカで2番目に高いウィリス・タワーが遠くに見られる。写真はジョン・ハンコック・センターから見る摩天楼の夜景。

ニューヨーク、ロサンゼルスに次ぐ北米第3の都市。ウィリス・タワーやジョン・ハンコック・センターなど、超高層ビルが並ぶ。ネオ・ゴシック様式のトリビューン・タワーなど、意匠を凝らした建築もみどころ。ビルのライトが灯る夜景はドラマチックな美しさ。

歴史と最新鋭の建築物が
見事に調和する高層ビル街

北米・北極

024 タイムズ・スクエア
Times Square

アメリカ◆ニューヨーク州

ブロードウェイと7th Ave.が交差する広場。多くの映画の舞台になったニューヨークらしい景色がフォトジェニック。毎年12月31日にはカウントダウンイベントが行われ、世界中から新年を祝いに人々が集まる。

世界の人々が集まる ニューヨーク屈指の繁華街

025 アラモ・スクエア
Alamo Square

アメリカ◆カリフォルニア州

サンフランシスコの街を見下ろす小高い丘にある公園。周辺には、落ち着いた住宅街が広がり、海外ドラマ『フルハウス』のロケ地として一躍有名に。淡い色合いのかわいい家が並ぶ。

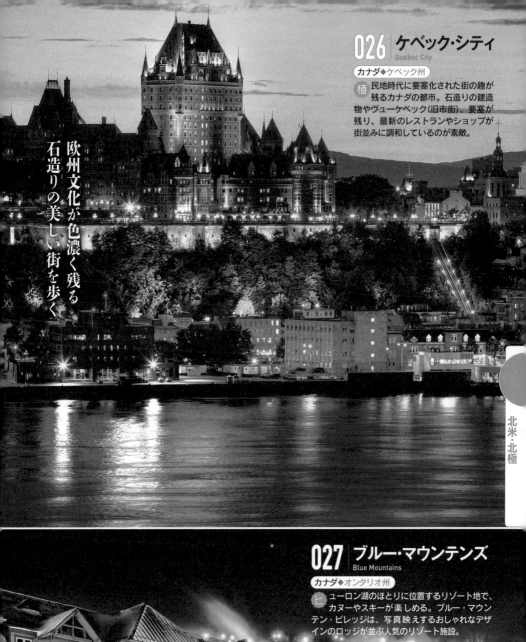

026 ケベック・シティ
Quebec City

カナダ◆ケベック州

植民地時代に要塞化された街の趣が残るカナダの都市。石造りの建造物やヴューケベック（旧市街）、要塞が残り、最新のレストランやショップが街並みに調和しているのが素敵。

欧州文化が色濃く残る石造りの美しい街を歩く

027 ブルー・マウンテンズ
Blue Mountains

カナダ◆オンタリオ州

ヒューロン湖のほとりに位置するリゾート地で、カヌーやスキーが楽しめる。ブルー・マウンテン・ビレッジは、写真映えするおしゃれなデザインのロッジが並ぶ人気のリゾート施設。

028 セント・ジョンズ
Saint John's

カナダ◆ニューファンドランド・ラブラドール州

ニューファンドランド島にある爽やかな潮風香る港町。1583年にイギリス初の植民地となり、漁業で栄えた穏やかな入り江と坂に沿ってカラフルな家が並ぶ景色が印象的。

ノスタルジーを感じる世界で最も霧の深い街

029 ラスベガス
Las Vegas

アメリカ◆ネバダ州

荒地に忽然と現れるエンタメシティ。ギラギラ照りつける太陽や、爛々と輝くネオンに包まれた豪華なホテルとカジノが集まる。ゴージャスな気分で、24時間眠らない眩しい街を楽しみたい。

豪華絢爛なカジノときらめく夜を満喫する

030 ニューオーリンズ
New Orleans

多様な文化が交差する南部の陽気なタウン

アメリカ◆ルイジアナ州

フランス、アフリカ、アメリカの文化が融合した歴史と文化の街。バーボン・ストリートが観光の中心で、レストランやバー、音楽の生演奏など、ナイトライフが満喫できるユニークな通りは異国情緒満点。

031 ニューイングランド
New England

アメリカ◆マサチューセッツ州

アメリカ東海岸に位置する街。のどかでかわいらしい街並みを望むバークシャー地方では、色鮮やかな秋の紅葉が美景。まるで絵本のようなメルヘンチックの世界に浸りたい。

032 サンフランシスコ
San Francisco

アメリカ◆カリフォルニア州

映画で見たままの坂道や風景が広がる西海岸の都市。多様な文化が、広大な自然と穏やかな気候に溶け込む。ゆっくり走るケーブルカーが名物で、箱庭のような街の移動におすすめ。

One Point
セレブが集まるのはサウスビーチといわれるほど、マイアミの代名詞となる観光エリア。高級ホテルやレストランなどが並ぶ。

033 マイアミ・ビーチ
Miami Beach

アメリカ◆フロリダ州

全 米有数のリゾートエリア。青い海と砂浜が南北に続く、開放感あふれる景色が広がる。バカンスを楽しむ観光客が多く訪れ、セレブリティなホテルやバーも点在。常夏の海景色に包まれたビーチでの日光浴や、マリンアクティビティが充実している。

青い海と白い砂浜が眩しい
憧れのマリンリゾート

心地よい気候に恵まれた
世界で人気の保養地

034 | フォート・ローダーデール
Fort Lauderdale

アメリカ◆フロリダ州

海辺のメトロポリスとして名高い街に、水路とビーチが広がる。青い空と爽快な海、風に揺れるヤシの木などバカンス気分が盛り上がる絶景が盛りだくさん。

035 | サンセット・クリフ
Sunset Cliff

アメリカ◆カリフォルニア州

サンディエゴにある夕日の名所として知られる海岸。街からほど近い距離にある公園内のスポットで、スリル満点の岩場から見ることができる。海がオレンジ色に染まるドラマチックな絶景にうっとり。

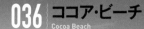

036 ｜ ココア・ビーチ
Cocoa Beach

アメリカ◆フロリダ州

透 明度が高い穏やかなビーチリゾート。全米からバカンスに訪れる人が多く、爽やかにきらめく海景色を眺めながらセレブ気分を体感したい。

037 ｜ ビッグ・サー
Big Sur

アメリカ◆カリフォルニア州

サ ンタルシア山脈が、崖のように切り立った海岸。ジュリア・ファイファー・バーンズ州立公園周辺には海岸に降りることができるポイントがあり、太平洋の海を目の前にできる。

北米・北極

038 ｜ デイトナ・ビーチ
Daytona Beach

アメリカ◆フロリダ州

モ ータースポーツの聖地として知られる、街のメインビーチ。砂浜を車で通過することができる珍しいビーチで、海辺で寝そべりながら車を眺める人もいるほど。

コバルトブルーの海で
歴史と伝説にふれる

039 ドライ・トートゥガス 国立公園
Dry Tortugas National Park

アメリカ◆フロリダ州

ジェファーソン砦とよばれる1600万個を超えるレンガで造られた巨大要塞がたたずむ。難破船とロマンあふれる財宝伝説が残り、カラフルな魚が泳ぐサンゴ礁の海ではアクティビティが楽しめる。

040 ハンティントン・ビーチ
Huntington Beach

アメリカ◆カリフォルニア州

サーフィンのメッカといわれる西海岸のビーチ。太陽の日差しを浴びながら軽快にサーフィンを楽しむ地元客が多く訪れる。幻想的な雰囲気の日没もおすすめ。

海と空の美しさが際立つ
ロマンチックな景色

041 パナマ・シティ・ビーチ

Panama City Beach

アメリカ◆フロリダ州

真っ白な砂浜と澄んだ青い海が眩しい楽園ビーチ。常夏の海絶景が楽しめるほか、街のイベントで盛り上がったり、ネオンきらめく夜景も美しい。

042 デビルズ・パンチボウル・アーチ

Devils Punchbowl Arch

アメリカ◆オレゴン州

自然に形成された海岸の大きな穴に波が打ち寄せる神秘の絶景。州立公園内で満潮時にのみ見ることができる。波がぶつかり、しぶきを上げる様子は豪快さを感じる。

043 サンタモニカ・ビーチ

Santa Monica Beach

アメリカ◆カリフォルニア州

長さ約5.6kmのシティビーチ。明るい太陽が降り注ぐ昼間は、サーフィンや日光浴、サンタモニカ・ピアでの食事や買い物が楽しめる。落ち着いたムード満点の夕暮れは特に美しい。

044 スカジット・バレー
Skagit Valley

アメリカ◆ワシントン州

シ アトルの北側にある農業地帯。世界有数の球根
生産量を誇るチューリップは、例年春になると
万年雪をまとうカスケード山脈を背景に開花。チュ
ーリップがどこまでも続く大規模な花畑を訪れたい。

春の訪れを告げる
色鮮やかなチューリップ

045 カールスバッドの花畑
Carlsbad Flower Field

アメリカ◆カリフォルニア州

ダイナミックな海岸線を望む小高い丘にラナンキュラスが咲き誇る。帯状に植えられた色とりどりのラナンキュラスは、まるで虹のじゅうたんのよう。艶やかな姿と香りはため息が出るほど。

047 フレーザー・バレー・チューリップ祭り
Tulip Festival in Fraser Valley

カナダ◆ブリティッシュコロンビア州

森林や川といった大自然に包まれた街で行われるチューリップ祭り。遠くに雪山、目の前に手入れのされたチューリップの花畑を眺めることができ、カナダならではの趣を体感したい。

046 ワシントンD.C.桜祭り
National Cherry Blossom Festival

アメリカ◆ワシントンD.C.

1912年、日本の東京市長から桜が贈られたことを記念して開催される桜祭り。春の始まりを告げる花としてアメリカでも知られるようになり、ポトマック川にしだれる淡い桜に風情を感じる。

One Point
太陽風のプラズマが影響して
現れる光のカーテン。オーロ
ラは一年中発生するが、太陽
の位置や明るさの関係で冬が
最も観測しやすい。

カナダ◆ノースウエスト準州

北 極圏に近く、オーロラベルトの真
下に位置する街。世界屈指のオー
ロラ観賞地として知られ、月に数回神
秘的なオーロラが出現する。晴れた夜
に明かりが届かない場所で発生しやす
いなどの観賞条件がよく、天空の光に
満たされた感動体験ができる。

躍動するオーロラは
一面に輝く夜空の奇跡

北米・北極

049 モハーベ砂漠
Mojave Desert

アメリカ◆カリフォルニア州

アメリカ大陸で最も標高が低い位置にある砂漠。砂地に覆われた荒野は、夜になると満天の星が広がり漆黒の暗闇を照らす。流星群を観察するツアーなどが開催されている。

遮るものがない夜空に
ちりばめられた満天の星

050 フェアバンクス
Fairbanks

アメリカ◆アラスカ州

北極圏に近いアラスカ第2の都市。冬はオーロラの発生率が高く、揺れ動く光のカーテンを見ることができる。ガイドツアーが多く開催され、野生動物の観察もできる。

051 ホワイトホース
Whitehorse

カナダ◆ユーコン準州

オーロラ観賞の穴場といわれる街。バンクーバーから飛行機で約2時間30分と、大都市の近郊で幻想的なオーロラを目の前にできる。銀世界での犬ぞり体験などのツアーも豊富。

052 デス・バレー国立公園
Death Valley National Park

アメリカ◆カリフォルニア州ほか

「世界一暑い場所」の呼び名をもつ国立公園。世界最高ともいわれる記録的な高気温を観測し、灼熱の砂漠が広がる。夏場の最低気温は平均40℃程度だが、空一面に星が輝く光景は見事。

サンゴ礁の海を駆け抜ける
楽園へ導くドライブルート

053 セブン・マイル・
ブリッジ
Seven Mile Bridge

アメリカ◆フロリダ州

全 長6.765マイル(10.887km)、アメリカの
海上高速道路のなかで最も長い橋。フロリ
ダとキーウェストまでの島々を結び、マリンブ
ルーのパノラマが目の前に広がる。アイランド
ホッピングしながら爽快ドライブを満喫したい。

054 ブルックリン・ブリッジ
Brooklyn Bridge

アメリカ◆ニューヨーク州

ロウアー・マンハッタンとブルックリンのダンボを結ぶ全長約2kmの橋。世界初の鋼鉄ワイヤーを使った吊り橋で、ブルックリンから眺めるマンハッタンのきらびやかな夜景がロマンチック。

きらめく摩天楼に映える
アメリカを代表する吊り橋

北米・北極

蛇行する川に架かる
幻想的な2本の橋

055 クレセント・シティ・コネクション・ブリッジ
Crescent City Connection Bridge

アメリカ◆ルイジアナ州

ミシシッピ川に架かる2本の橋。1958年開通の旧橋と1988年開通の新橋からなり、立体感のあるダイナミックなデザイン。オレンジ色にライトアップされる夕刻の景色は壮観。

056 ライオンズ・ブリッジ
Lions Bridge

アメリカ◆フロリダ州

セントオーガスティンとアナスタシア島を結ぶ白亜の橋。大理石のメディチライオンが立ち、全米50州でも古い歴史をもつセントオーガスティンのレトロな街並みを一望できる。

やさしい灯に照らされたオールド・タウンへの架け橋

057 ルート66
Route 66

アメリカ◆カリフォルニア州ほか

イリノイ州シカゴ〜カリフォルニア州サンタモニカを結ぶ全長約3800kmの国道。8つの州を通過し、アメリカ大陸横断の主要道とされた。荒野に延びる一本道は冒険心をくすぐられる。

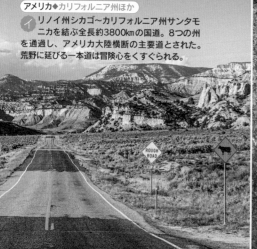

058 メープル街道
Queen Elizabeth Way

カナダ◆オンタリオ州ほか

ナイアガラの滝からトロント、モントリオール、ケベックシティまで続く街道。国旗にデザインされたメープルが、秋になると赤やオレンジ、黄色などに紅葉し、カナダを象徴する絶景が見られる。

059 ストーン・アーチ・ブリッジ
Stone Arch Bridge

アメリカ◆ミネソタ州

ミネアポリスの市内に架かる橋。ミシシッピ川に渡された数ある橋のなかで、唯一の石造りという貴重な建造物。鉄道橋だった基盤を残しながら改良され、歩行者や自転車が通行可能になっている。

060 ゴールデン・ゲート・ブリッジ
Golden Gate Bridge

アメリカ◆カリフォルニア州

サンフランシスコ湾の入口に架かるアール・デコ調の端正な朱塗りの橋。独特の色は「インターナショナル・オレンジ」とよばれ、世界で最も写真を撮られた橋ともいわれる観光名所だ。

061 コロナド・ベイ・ブリッジ
Coronado Bay Bridge

アメリカ◆カリフォルニア州

サンディエゴとコロナド島をつなぐ。なだらかな曲線が美しく、コロナドの芸術ともいわれる。コロナド島には公園やスケートボード場があり、船が橋の下を行き来する光景や、海景色を眺めることができる。

北米・北極

One Point
有名な撮影スポットであるデリケート・アーチは、まるで異世界への入口のよう。奥には断崖の渓谷が一望でき、ワイルドな世界が広がる。

062 アーチーズ国立公園
Arches National Park

アメリカ◆ユタ州

デリケート・アーチなど2000以上にも及ぶ砂岩のアーチを保有する。数億年の地殻変動や浸食作用により自然に生まれたアーチは、類を見ない光景。公園内は景観保護のため、歩道沿いのハイキングなど活動が限定されている。

地球数億年の歴史を刻む
芸術的な天然の砂岩アーチ

More Info　デリケート・アーチ・エリア、デビルズ・ガーデン・エリアなど個性的なアーチに向かう専用トレイルがあるので事前に確認を。

063 ヨセミテ国立公園 🏛
Yosemite National Park

アメリカ◆カリフォルニア州

シ　エラネバダ山脈の西に、面積約3100㎢の公園が広がる。氷河に削られた巨大な岩山や雪解け水が生む渓流など、力強い景観と豊かな植物が迎えてくれる。花崗岩の一枚岩としては世界最大のエル・キャピタンなど、みどころも多い。

屈強な岩肌に圧倒される
カリフォルニアの一大観光地

064 チリカワ国定公園
Chiricahua National Monument

アメリカ◆アリゾナ州

ト　ーテム・ポールのような石柱など、個性的なバランス岩が複数点在する国定公園。昼夜の温度差と風により火山岩が変形したもので、奇壮観な景色はまさに奇岩の宝庫。

065 モニュメント・バレー
Monument Valley

アメリカ◆アリゾナ州ほか

メサとよばれるテーブル形の台地や、浸食された岩山が点在するナバホ族の聖地。荒々しい大地に壮大な岩山や渓谷が続き、太陽の高さにより刻々と変化する自然の芸術を見学したい。

切り立った崖に出現する
壮大な天然石のアーチ

066 キャニオンランズ 国立公園
Canyonlands National Park

アメリカ◆ユタ州

コロラド川とグリーン川の浸食で生まれた峡谷が続く国立公園。見事な曲線美と力強さを兼ね備えたメサ・アーチの内側で、太陽の光を見ることができる。神々しい絶景の瞬間に感動すること間違いなし。

067 デビルズ・タワー 国定公園
Devils Tower National Park

アメリカ◆ワイオミング州

地下のマグマが冷え固まり、長年の浸食によって地表に現れた奇岩。ほぼ垂直に立つ険しい岩場で、世界のロッククライマーが憧れる場所でもある。映画『未知との遭遇』で宇宙船が降りる場所として登場し話題に。

068 セドナ

アメリカ◆アリゾナ州

3億5000万年にわたる歳月を経て赤い岩山に囲まれた地形。大地からエネルギーが渦を巻いて噴出するパワースポット「ボルテックス」が点在し、スピリチュアルなパワーを感じられる。

069 ホワイト・サンズ
国定公園
White Sands National Park

アメリカ◆ニューメキシコ州

き らめく石膏の結晶でできた白い砂丘。トゥラロサ盆地にあり、石膏の結晶が雨で溶かされて溜まり、気候による乾燥で再び結晶に戻る過程を繰り返す。雪に覆われたようななめらかな大地が続く。

雪景色のように美しく
荒野に延びる純白の砂漠

北米・北極

070 フライ・ガイザー
Fly Geyser

アメリカ◆アリゾナ州

砂 漠に突如現れるオブジェのような噴泉岩山。水源に生息する藻類の色彩と、地底から温水が噴き出し続けた形が奇抜な世界をつくり出す。私有地にあるため国道からの見学がマスト。

071 サルベーション・
マウンテン
Salvation Mountain

アメリカ◆カリフォルニア州

幸 せを呼ぶ砂漠のアートとして知られるフォトジェニックスポット。水や電気のない砂漠で、約30年かけて仕上げられた作品。スカイブルーの空に映えるカラフルなアートに驚く！

072 チャコ文化国立歴史公園
Chaco Culture National Historical Park

アメリカ◆ニューメキシコ州

ア メリカ南西部でプエブロ部族の遺跡が集中する公園。850〜1250年ごろのものと考えられる住居跡や、地下の食料貯蔵庫、灌漑施設、宗教儀式の場、天体観測所があり、インディアンの文化を色濃く残す。

プエブロ部族の古代集落に歴史とロマンを感じる

073 メサ・ヴェルデ国立公園
Mesa Verde National Park

アメリカ◆コロラド州

強 固な断崖を削って住居スペースを生み出したアナサジ族の集落遺跡群。インディアンの伝統と高度な文明が評価され、世界遺産に登録。スペイン語で「緑の台地」を意味し、周囲には常緑樹の森が広がる。

074 カールスバッド
洞穴群国立公園 🏛
Carlsbad Caverns National Park

アメリカ◆ニューメキシコ州

地 球史上最大規模ともいわれる大量絶滅が
起こったペルム紀の化石礁が残る洞窟。
約119の洞窟があり、なかでもレチュギア・
ケイブは全米最深を誇る神秘的な空間。

075 タオス・プエブロ 🏛
Taos Pueblo

アメリカ◆ニューメキシコ州

10 00年以上定住するネイティブアメリカン、プ
エブロ部族の古代集落。アドビという日干し
レンガで造られたアパートのような集合住宅が並
び、現在も先住民が暮らしている。

北米・北極

076 マンモス・ケイブ
国立公園 🏛
Mammoth Cave National Park

アメリカ◆ケンタッキー州

世 界有数の規模を誇るミステリアスな
洞窟。大小の洞窟が奥地でつながり、
通行可能な洞窟の長さは600kmほど。ビ
ジターセンターから出発する洞窟ツアー
でのみ立ち入ることができる。

One Point
雪をまとったテンピークスは
カナダを代表する絶景。複数
のトレイルがあり、澄み渡る
大自然のなかで本格的な登山
に挑戦できる。

077 バンフ国立公園

カナダ◆アルバータ州

標 高約1884mに位置する氷河湖「モレーン湖」と、「テンピークス」とよばれる10の山が並ぶ国立公園。東から順に番号と名前がつけられた山脈が続き、雪解け水で満たされたターコイズブルーの湖面との大パノラマは圧巻。

カナディアンロッキーを望む
爽快感あふれる山岳風景

北米・北極

やさしい木洩れ日が差す
手つかずの森林を歩く

078 コンガリー国立公園
Congaree National Park

アメリカ◆サウスカロライナ州

地に広がる広葉樹の原生林が生い茂る国立
公園。緑の木々に囲まれ、マイナスイオン
たっぷりの森林浴を体験できる。ハイキングや
動物、野鳥観察、カヌー体験なども。

**079 ノース・カスケード
国立公園**
North Cascades National Park

アメリカ◆ワシントン州

カ ナダからアメリカまで縦断するカスケード山脈の麓にある国立公園。鮮やかなエメラルドグリーンのロス湖では、カヌーやカヤックを楽しむローカルも多い。

山々に抱かれた湖や峡谷が
絵画のような美しさを演出

080 マウント・レーニア国立公園
Mount Rainier National Park

アメリカ◆ワシントン州

多 彩な植物と25以上の氷河が集まる国立公園。観光名所であるパラダイスは、夏になると花畑が一面に広がる。周辺の透明度の高いリフレクション・レイクスもみどころ。

氷河と森林に包まれた
堂々たる山脈を眺める

未開の地に静かに残る、
大自然ハイダ族の村跡

081 ハイダ・グアイ
Haida Gwaii

カナダ◆ブリティッシュコロンビア州

太平洋岸沖に浮かぶ、大小約150の島々の総称。先住民のハイダ族が暮らした土地で、手つかずの森林や湿地が残る。冒険家が憧れる大自然の秘境に足を踏み入れ、奥深い緑の大地に包まれたい。

国境を越えて縦断する
大山脈の鼓動を感じて

082 ロッキー・マウンテン
国立公園
Rocky Mountain National Park

アメリカ◆コロラド州ほか

ロッキー山脈を中心とした国立公園。ダイナミックな山並み、多様な野生動物、森林、ツンドラなど場所により異なる自然の姿を目の前にできる。写真はグランド・レイクの光景。

数億年にわたり形成された山脈と湖が織りなす絶景

083 グレイシャー国立公園 🏛
Glacier National Park

アメリカ◆モンタナ州ほか

広 大な森林と湖が作り出す、ウォータートン・グレイシャー国際平和自然公園の一部。国境を越えて世界遺産に登録され、複数のポイントで屈強な山並みと美しい湖のコントラストを望むことができる。

085 セコイア国立公園
Sequoia National Park

アメリカ◆カリフォルニア州

世 界最大級のジャイアント・セコイアが集まる国有林。歩きやすいトレイルを散策でき、巨木の重量感を間近で観察できる。セコイアの倒木があり、撮影スポットとして人気。

084 レッドウッド国立・州立公園 🏛
Redwood National and State Parks

アメリカ◆カリフォルニア州

約 2000万年前からレッドウッドが自生する原生温帯雨林。木の幹が硬く樹皮が赤いことが特徴。高さ110mを超える巨木が立ち並び、スケールの大きな景観に圧倒される。

086 グランド・セントラル駅
Grand Central Station

世界中の旅人が訪れる・彫刻と建築が見事な駅舎

アメリカ◆ニューヨーク州

マンハッタンと郊外を結ぶ長距離列車が発着するターミナル駅。現在の建築は1913年に完成したボザール様式で、鉄道全盛期の栄華を感じさせる。メインコンコースに描かれた星座の天井画は圧巻！

087 ハドソン・ヤード・ベッセル
Hudson Yards Vessel

デザイン性の高さと個性が光る新時代の展望建築を満喫

アメリカ◆ニューヨーク州

ハドソン川沿いの大開発で誕生した商業施設の展望タワー。さまざまな方向に階段が配置され、最新鋭の建築技術が光る独特なフォルムが魅力。新時代の展望タワーから眺めるハドソン川の夕日も素敵。

088 アメリカ 議会図書館
Library of Congress

アメリカ◆ワシントンD.C.

書 籍や写真など、1億5800万点を超えるコレクションを所蔵する世界最大規模の国立図書館。設立は1800年で、何度かの焼失、再建を経て現在の壮麗な建築美を造り出している。

089 アイス・ホテル
Ice Hotel

カナダ◆ケベック州

毎 年冬に出現する、氷と雪のみで建てられたホテル。氷のベッドの上に約−30℃まで耐えられる寝袋を敷いて宿泊。氷でできたバーラウンジなど、白銀の世界で特別な時間を過ごせる。

北米・北極

090 メトロポリタン美術館
The Metropolitan Museum of Art

アメリカ◆ニューヨーク州

18 70年設立、約300万点もの所蔵品を誇る世界三大美術館のひとつ。1902年に現在の地に移り、荘厳なリチャード・モリス・ハントの建築が印象的。正面の3連アーチと双円柱がバロック様式を思わせる構造で、外観は有名ドラマのロケ地にも数多く登場する。

091 ノートルダム聖堂
Notre-Dame Basilica

カナダ◆ケベック州

入り組んだ木製の彫刻や複数の宗教的な彫像で埋め尽くされた教会。内部のステンドグラスは聖書ではなくモントリオールの歴史シーンを描写したもので、壮大な彩飾と調和する厳かな空間を見学したい。

092 自由の女神像
Statue of Liberty

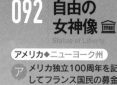

アメリカ◆ニューヨーク州

アメリカ独立100周年を記念してフランス国民の募金により贈られた女神像で、アメリカの自由の象徴として愛されている。足先から松明までの高さは約46mあり、近づくほどに大きさと迫力を実感できる。

093 ワシントン大聖堂
Washington National Cathedral

アメリカ◆ワシントンD.C.

国内屈指の教会建築を誇る大聖堂で、規模の大きさと天井の高さは圧巻。3つの「ローズ・ウィンドウ」など、高貴なステンドグラスが醸し出す神聖な雰囲気を肌で感じとることができる。

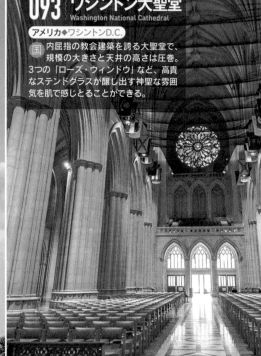

094 スペース・ニードル
Space Needle

アメリカ◆ワシントン州

19 62年の万国博覧会を記念して建てられたシアトルの展望台。タワーの上部にUFOのような円盤状の展望室があり、マウンド・レーニアの山並みなど、360度の絶景を見渡せる。

095 独立記念館
Independence Hall

アメリカ◆ペンシルベニア州

ア メリカの歴史で最も重要な独立宣言と合衆国憲法が採択された聖地。1776年から残る記念館と周辺の独立国立歴史公園は、歴史的建造物やモニュメントが点在するスポット。

096 バージニア大学
University of Virginia

アメリカ◆バージニア州

18 19年創立。ネオ・クラシック様式の壮麗な建築物。ロタンダとよばれる円形の建物で、赤レンガが映える。内部は自然の陽光が降り注ぐ座席があり、多くの学生が利用する。

097 エンパイア・ステート・ビル

アメリカ◆ニューヨーク州

ニ ューヨークを象徴する高層ビル。1930年3月着工、1931年5月に完成という驚異的な建設スピードを記録し、42年間「世界一高いビル」であり続けた。季節や記念日ごとのライトアップも魅力。

北米・北極

冒険家が開拓を続ける最果ての地

氷の世界・北極圏へ

地球の真上に位置する北極点を基点とした氷上と、手つかずの島が浮かぶ北極圏。極寒の地に栄える美しい街で、非日常を体感したい。

シーズン 7〜8月

098 サマセット島
Somerset Island

カナダ◆ヌナブト

カナダ北部にある無人島で、チューレ人が住んでいた史跡が残る。イエローナイフから出発し、島のロッジに宿泊できる観光ツアーがあり、ホッキョクグマやベルーガなどの海洋生物や野鳥を観察できる。

短い夏には大地が見えるが、冬は氷に閉ざされた極寒の世界が広がる

氷と雪に覆われた島で貴重な宿泊体験

ホッキョクグマ

北極圏にのみ生息する体長2mを超える白熊。保温性の高い白い体毛で覆われ、分厚い脂肪や短い足など、寒帯気候に適応した特殊な体をもつ。

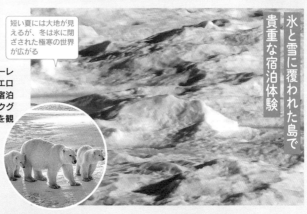

極限の地帯に暮らす生物の聖地を訪れる

オーラビク国立公園の北側では、秋から冬にかけて流氷が海面を覆う

シーズン 7〜8月

099 バンクス島
Banks Island

カナダ◆ノースウエスト・テリトリーズ

サックス・ハーバーとよばれるエリアが基点となる北極圏の島。周辺には島民も暮らし、ジャコウウシなどが生息するオーラビク国立公園には、イヌヴィックからチャーター機を利用する。冬は雪氷砂漠が広がる。

ベルーガ

北極圏に生息するクジラの一種。夏になると出産と子育てのために浅い入り江に移動し、沿岸に姿を見せる。冬も北極圏の浮氷エリアで暮らす。愛らしい表情と鳴き声に特徴がある。

シーズン 6〜8月

100 ビクトリア島
Victoria Island

カナダ◆ヌナブト

北極圏に位置しながらアメリカ大陸に近く、教会やホテル、ビジターセンターなどを備える島。狩猟と漁業が中心で、ケンブリッジ・ベイにはイヌイットが暮らしている。

日が沈まない白夜の夏をイヌイットの街で体感

ホッキョクギツネ

北極圏に暮らす小型のキツネ。極寒地に生息するため、一般的なキツネと比較して耳や鼻が小さく、足が短いのが特徴。

6月の夏至前後には白夜が起こる。太陽が沈んでも暗くならない珍しい現象だ

LATIN
AMERICA

中南米

熱帯の未知なる大自然と陽気なラテン文化が躍動する

中南米
LATIN AMERICA

125 SPOT

BASIC INFORMATION
- **国** 33カ国
- **人口** 約5億1249万人（世界の約7%）
- **面積** 約2041万km²（世界の約14%）

　世界で4番目に大きな南米大陸と、北米大陸と陸続きの中米諸国、カリブ海の島々からなるエリア。南米大陸南端より海峡の向こうは南極大陸だ。太平洋側から見て南北を貫くアンデス山脈を越えるとアマゾンの熱帯雨林が広がるという、独特の地形をもつ。

　マチュピチュやチチェン・イッツァなどインカ、マヤの高度な文明の遺跡や、スペインの征服によりもたらされた中世の面影が残る遺構が歴史を物語る。このエリアの自然は、ダーウィンが進化論を着想したガラパゴス諸島や憧憬のウユニ塩湖、カリブ海の島々と、ほかとは一線を画する圧巻のものばかり。

ホンジュラス
メキシコ
ベリーズ
グアテマラ
エルサルバドル
コスタリカ
エクアド
チリ

047 073 049 003 117 063 080 106 091 065 00 025 081 061 059 008 082 068 070 029 076 031 054 093 038 041 014 057 069 005 019 060

🏛 世界遺産登録されているスポット

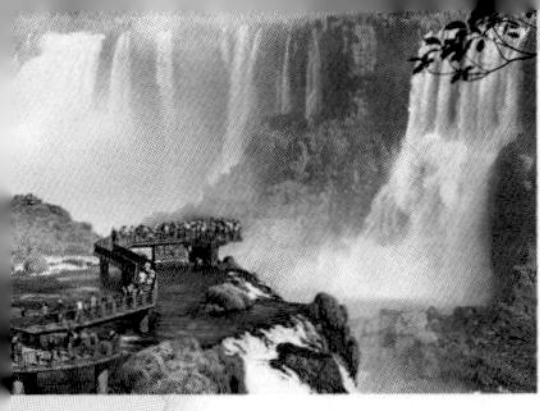

←アルゼンチンとブラジルの国境にあるイグアスの滝(P378)は中南米最大規模を誇る巨大な瀑布

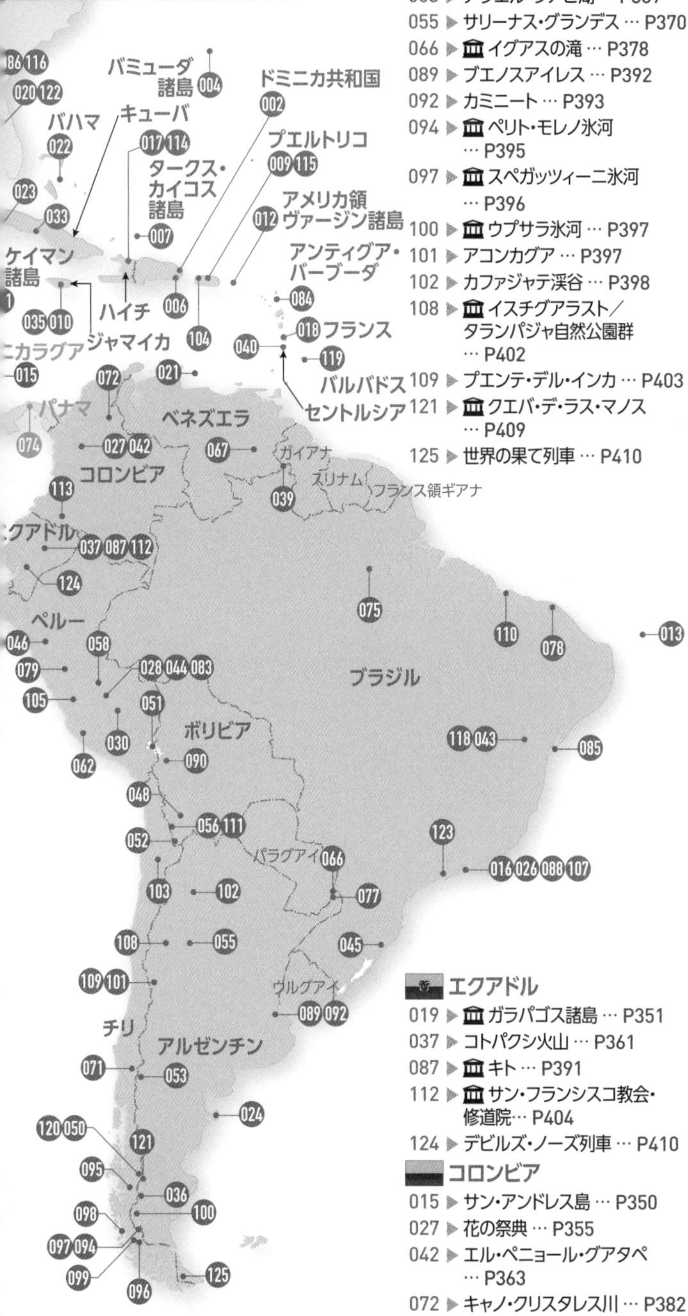

バミューダ諸島
004
ドミニカ共和国
002
バハマ
022
キューバ
017 114
プエルトリコ
009 115
タークス・カイコス諸島
007
アメリカ領ヴァージン諸島
012
アンティグア・バーブーダ
084
023
033
ケイマン諸島
035 010
ハイチ
006
104
ジャマイカ
018 フランス
040
119
ニカラグア
015
バルバドス
セントルシア
021
072
パナマ
074
ベネズエラ
027 042
067
ガイアナ
スリナム
フランス領ギアナ
039
コロンビア
113
エクアドル
037 087 112
124
ペルー
046
058
079
105
028 044 083
051
030
062
ボリビア
090
075
ブラジル
110
078
013
118 043
085
048
056 111
052
パラグアイ
066
123
016 026 088 107
103
102
077
108
055
045
109 101
ウルグアイ
089 092
チリ
アルゼンチン
071
053
024
120 050
121
095
036
100
098
097 094
099
096
125
086 116
020 122

南米

アルゼンチン

024 ▶ 🏛 バルデス半島 … P353
036 ▶ 🏛 フィッツ・ロイ … P361
053 ▶ ナウエル・ウアピ湖 … P369
055 ▶ サリーナス・グランデス … P370
066 ▶ 🏛 イグアスの滝 … P378
089 ▶ ブエノスアイレス … P392
092 ▶ カミニート … P393
094 ▶ 🏛 ペリト・モレノ氷河 … P395
097 ▶ 🏛 スペガッツィーニ氷河 … P396
100 ▶ 🏛 ウプサラ氷河 … P397
101 ▶ アコンカグア … P397
102 ▶ カファジャテ渓谷 … P398
108 ▶ 🏛 イスチグアラスト／タランパジャ自然公園群 … P402
109 ▶ プエンテ・デル・インカ … P403
121 ▶ 🏛 クエバ・デ・ラス・マノス … P409
125 ▶ 世界の果て列車 … P410

エクアドル

019 ▶ 🏛 ガラパゴス諸島 … P351
037 ▶ コトパクシ火山 … P361
087 ▶ 🏛 キト … P391
112 ▶ 🏛 サン・フランシスコ教会・修道院… P404
124 ▶ デビルズ・ノーズ列車 … P410

コロンビア

015 ▶ サン・アンドレス島 … P350
027 ▶ 花の祭典 … P355
042 ▶ エル・ペニョール・グアタペ … P363
072 ▶ キャノ・クリスタレス川 … P382
113 ▶ ラス・ラハス教会 … P404

チリ

050 ▶ ヘネラル・カレラ湖 … P368
060 ▶ 🏛 モアイ像 … P374
071 ▶ ウィロウィロ自然保護区 … P381
095 ▶ サン・ラファエル氷河 … P394
096 ▶ グレイ氷河 … P395
098 ▶ ホルヘ・モント氷河 … P396
099 ▶ セラノ氷河 … P397
103 ▶ アタカマ砂漠 … P400
120 ▶ マーブル・カテドラル … P409

ブラジル

013 ▶ 🏛 サンチョ・ビーチ … P349
016 ▶ イパネマ・ビーチ … P350
026 ▶ リオのカーニバル … P354
043 ▶ シャパーダ・ジアマンチーナ国立公園 … P364
045 ▶ サンタ・カタリーナ山脈 … P365
075 ▶ アマゾン川 … P385
077 ▶ パラナ川 … P386
078 ▶ セアラ川 … P387
085 ▶ 🏛 ペロウリーニョ … P391
088 ▶ 🏛 コルコバードのキリスト像 … P392
107 ▶ ポン・ヂ・アスーカル … P402
110 ▶ レンソイス・マラニャンセス国立公園 … P403
118 ▶ 青の洞窟 … P408
123 ▶ サンパウロ都市圏鉄道 … P410

ベネズエラ

021 ▶ ロス・ロケス諸島 … P352
039 ▶ 🏛 ロライマ山 … P362
067 ▶ 🏛 エンジェル・フォール … P380

ペルー

028 ▶ インティ・ライミ … P355
030 ▶ レインボー・マウンテン … P357
044 ▶ マラスの塩田 … P364
046 ▶ 🏛 ワスカラン国立公園… P365
051 ▶ チチカカ湖 … P369
058 ▶ 🏛 マチュピチュ … P372
062 ▶ 🏛 ナスカの地上絵 … P376
079 ▶ ノール・ヤウヨス・コチャス景観保護区… P387
083 ▶ 🏛 クスコ … P390
105 ▶ ワカチナ … P401

ボリビア

048 ▶ ウユニ塩湖 … P366
052 ▶ ラグナ・ベルテ … P369
056 ▶ ラグナ・コロラダ … P371
090 ▶ ミ・テレフェリコ … P392
111 ▶ アルボル・デ・ピエドラ … P403

One Point
コバルトブルーの海面に、直径約300mにも及ぶ巨大な青い穴があく。海の怪物の寝床とよばれ、ダイビングでは美しい魚や鍾乳洞が見られる。

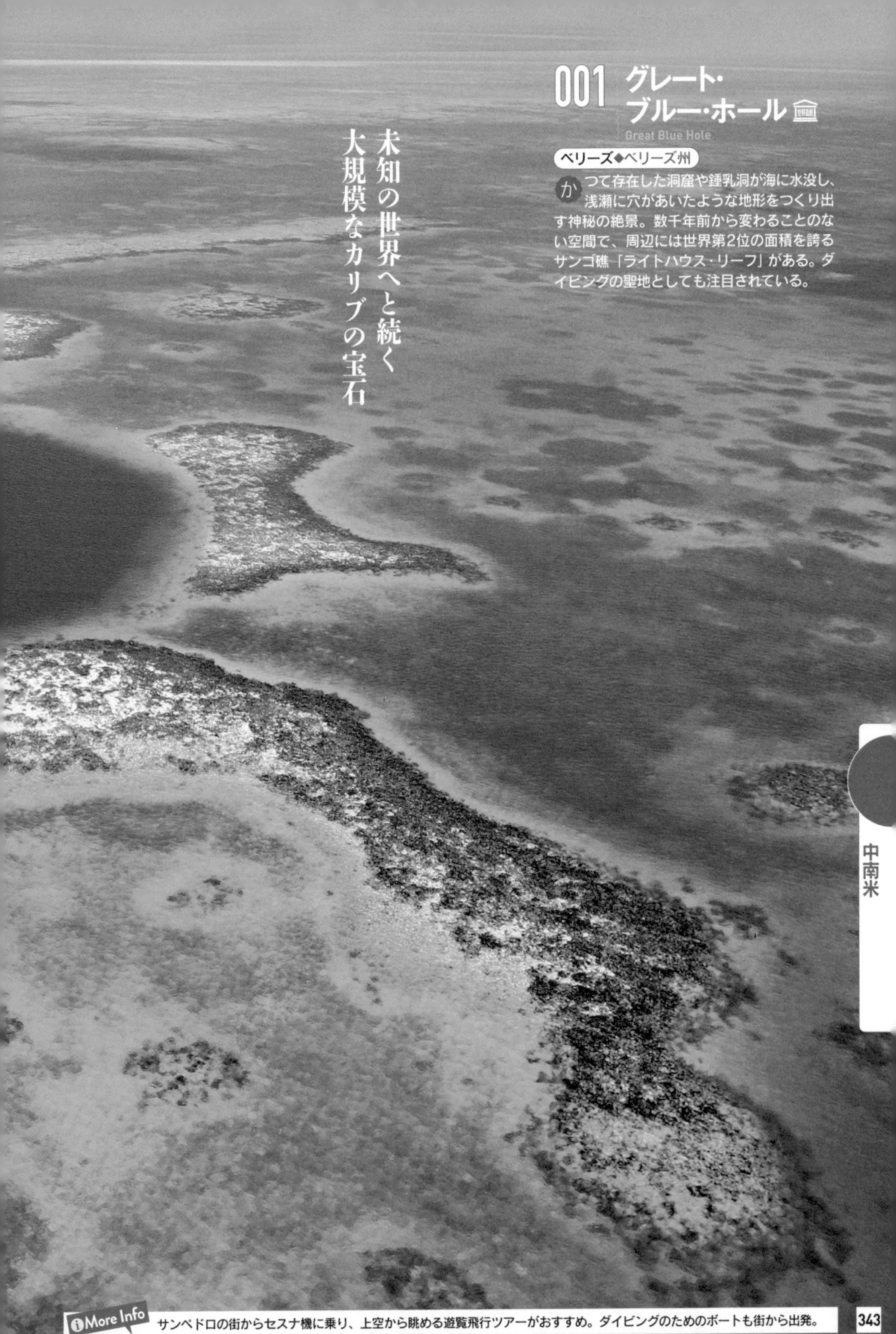

001 グレート・ブルー・ホール 世界遺産

Great Blue Hole

ベリーズ◆ベリーズ州

未知の世界へと続く大規模なカリブの宝石

かつて存在した洞窟や鍾乳洞が海に水没し、浅瀬に穴があいたような地形をつくり出す神秘の絶景。数千年前から変わることのない空間で、周辺には世界第2位の面積を誇るサンゴ礁「ライトハウス・リーフ」がある。ダイビングの聖地としても注目されている。

中南米

i More Info サンペドロの街からセスナ機に乗り、上空から眺める遊覧飛行ツアーがおすすめ。ダイビングのためのボートも街から出発。

002 プンタ・カナ
Punta Cana

ドミニカ共和国◆ラ・アルタグラシア州

カリブ海と大西洋に面した約48km
に及ぶビーチ。透き通った海が輝
き、贅沢なバカンス地としてセレブに
も愛されている。ウインドサーフィン
やカヤックなどのレジャーも充実。

爽やかな海風を感じる
メキシコ屈指のリゾート地

003 カンクン
Cancun

メキシコ◆キンタナ・ロー州

ビーチ沿いに延びるソナ・オテレラ
地区は、高級ホテルやナイトクラ
ブが並ぶ一大リゾート。コバルトブル
ーの海には、ダイビングで訪れること
ができるカンクン海底美術館があり、
石像と彫刻の幻想的な景観が広がる。

開放的な常夏の海辺で
穏やかな波に癒やされて

004 ホースシュー・ベイ・ビーチ
Horseshoe Bay Beach

バミューダ諸島◆サウスハンプトン教区

爽 やかなマリンブルーの海と真っ白な砂浜が広がる隠れ家ビーチ。粒子の細かいさらさらの砂浜と青い海とのコントラストが美しく、リゾート気分を味わえる。

005 プラヤ・ココ
Playa Coco

コスタリカ◆グアナカステ州

太 平洋に沈む幻想的な夕日が、ロマンチックなムードをつくり出すビーチ。周辺にはリゾートホテルがあり、まるでプライベートビーチのような特別感のある海岸が続く。

中南米

トロピカル気分で過ごす
自然味あふれる熱帯の島

006 カタリナ島
Catalina Island

ドミニカ共和国◆ラ・ロマーナ州

力リブ海のクルーズ船が行き来するサンゴ礁の豊かな島。美しい海岸線と、砂丘、マングローブなどの多様な生態系が残り、リゾートながら海と森の大自然を感じられる。

007 グレース・ベイ
Grace Bay

タークス・カイコス諸島◆プロビデンシャレス島

他界一のビーチ」とよばれるほど美しいカリブ海の南国ビーチ。年間350日は晴れるといわれ、気候に恵まれた観光地で、パウダー状の真っ白な砂浜と澄んだ海のコントラストにうっとり。

008 サンディ・ベイ
Sandy Bay

ホンジュラス◆イスラス・デ・ラ・バイア県

晴 れ渡る空と、きらめく海へ続く青いドア
がフォトジェニックなビーチ。マリンブ
ルーの異世界にトリップしたかのような体験
ができ、カリブ海の広大な景色を満喫できる。

中南米

009 イスラ・ベルデ
Isla Verde

プエルトリコ◆サンファン

ロ ーカル感あふれる街の賑わうビー
チ。波が高くボディボードなどアク
ティブに楽しむ人が多い。ムーディ
な夕焼けを眺めながら開放感に浸る時
間も素敵。

マリンブルーの海が輝く
心ときめく爽快な海景色

010 モンテゴ・ベイ
Montego Bay

ジャマイカ◆コーンウォール郡

ジャマイカ第2の都市にある美しいビーチ。かわいいデザインのリゾートホテルが点在し、海洋保護エリアではサンゴ礁を観察できるダイビングやシュノーケリングが人気。

澄んだ青い海と白砂が
南国気分を盛り上げる

011 セブン・マイル・ビーチ
Seven Mile Beach

ケイマン諸島◆ジョージタウン

爽快な紺碧の海が広がる、ケイマン諸島で人気の高いビーチ。白い砂浜が続き、きらめく青い海が美しい。リゾートホテルではシュノーケリングツアーも開催している。

青い空と広大な海が
憧れのバカンスを演出

012 ヴァージン諸島 国立公園
Virgin Islands National Park

アメリカ領ヴァージン諸島◆セント・ジョン島

アメリカ領セント・ジョン島にある国立公園。コロンブスが発見した際、人間に汚されず自然のままの姿が残されていたことが名前の由来になっている。鮮やかに輝く海と、魅惑の絶景を満喫したい。

014 プラヤ・エル・トゥンコ
Playa El Tunco

エルサルバドル◆ラ・リベルタ県

波の音を聞きながら優雅に過ごせるリゾート。遠浅の岩場に夕日が沈む幻想的な光景が見られる。海岸沿いの飲食店から、ドリンクを片手にサンセットを眺めるのもおすすめ。

中南米

013 サンチョ・ビーチ
Sancho Beach

ブラジル◆ベルナンブーコ州

日本のほぼ裏側にある秘島のビーチ。世界のベストビーチに選ばれ、50mまで見通せる透明度を誇る海が魅力。自然保護区のため島への上陸は1日約450人程度と限られている。

349

カリブ海の秘境で過ごす
ゆったりとした島時間

015 サン・アンドレス島
San Andres Island

コロンビア◆サン・アンドレス・イ・プロビデンシア県

コロンビア本土から北に約750km離れた孤島。「七
色の海」とよばれ、サンゴ礁の濃淡でできたグ
ラデーションが美しい。リゾート化されていない手
つかずの自然が残る。

波の音とボサノバに
心ゆくまで癒やされる

016 イパネマ・ビーチ
Ipanema Beach

ブラジル◆リオデジャネイロ州

米有数の都市リオデジャネイロにあり、
世界中から観光客が訪れる。遠くに双
子山を望む景観が美しく、比較的落ち着い
たビーチでのんびり過ごせる。海岸沿い
には、整備された遊歩道もある。

017 ラバディ
Labadee

ハイチ◆北県

□ イヤルカリビアン・インターナショナルが所有するプライベート半島。ツアーやクルーズで訪れることができる。海上を通過するジップラインにも注目。

018 マルティニーク島
Martinique

フランス

フ レンチカリブとよばれる、フランス文化とカリブ文化が融合した独特の街や歴史を感じることができる島。コロンブスが「世界で最も美しい場所」と驚嘆した青い海と緑あふれる山並みが魅力。

中南米

019 ガラパゴス諸島
Galapagos Islands

エクアドル◆ガラパゴス県

野 生のゾウガメやガラパゴスペンギンなど、絶海の島々で独自の進化を遂げた動植物を見学できる野生動物の聖地。ダーウィンの調査地であり、感銘を受けること間違いなし。

セレブがこぞって愛する
澄んだ青と純白の楽園

020 バラデロ
Varadero

キューバ◆マタンサス州

「カリブ海の真珠」とよばれるキューバを代表する、ラグジュアリーなリゾート地。澄み渡るマリンブルーの海岸がどこまでも続き、ドルフィンショーやダイビングなどのアクティビティも充実。

021 ロス・ロケス諸島
Los Roques

ベネズエラ◆ロス・ロケス諸島

「ベネズエラの天国」の異名をもつカリブ海の島々。ライトブルーの海に浮かぶ、サンゴ礁でできた約350の島々からなり、国立公園に指定されている。

023 ｜ プラヤ・パライソ
Playa Paraiso

キューバ◆カマグエイ州

知 るひとぞ知る秘境といわれるビーチ。欧米諸国のセレブが集まり、バカンスやハネムーンのスポットとして密かに注目される。真っ白な砂浜と青い海のコントラストはまさに絶景。

022 ｜ ケーブル・ビーチ
Cable Beach

バハマ◆ニュープロビデンス島

海 岸線に沿ってリゾートホテルやカジノが立ち並ぶエリア。きらめくマリンブルーの海に心が踊る。周辺の海域では、イルカが現れることも。

024 ｜ バルデス半島
Valdes Peninsula

アルゼンチン◆チュブ州

ミ ナミセミクジラやミナミゾウアザラシ、マゼランペンギンなど、海獣の聖域として知られる島。海岸沿いに多様な海洋生物を見ることができ、観察ツアーが多く開催されている。

025 ｜ ヒドゥン・ビーチ
Hidden Beach

メキシコ◆ナヤリット州

エ メラルドグリーンの海が広がるメキシコ有数のリゾート島にあるビーチ。波に浸食され天井に穴があいたような不思議な景観で、フォトジェニックと話題に。

中南米

026 リオのカーニバル
Rio Carnival

ブラジル◆リオデジャネイロ州

毎年2月中旬～3月頃に行われる世界最大級のカーニバル。陽気なラテンの音楽に合わせ、艶やかな衣装をまとった名門サンバチームが朝から晩まで踊りや歌などを披露する。リズムに合わせて豪華絢爛に舞う姿は圧巻だ。

エネルギッシュに躍動する 世界が誇る大カーニバル

027 花の祭典
Flower Festival

コロンビア◆アンティオキア県

カラフルで大きなフラワーアレンジメントを背負ったシジェテロスたちが、丹精込めて栽培した花を披露するパレード。毎年夏に開催される伝統の祭典で、彩り豊かに街なかを練り歩く姿が見られる。

香り豊かな花束を担ぎ
街を色鮮やかに染める

028 インティ・ライミ
Inti Raymi

ペルー◆クスコ県

太陽の神を祀るインカ帝国の行事で、南米三大祭りのひとつ。軽快な笛の音や太鼓のリズムに合わせて、色鮮やかな衣装を身につけた人々が踊り練り歩く様子が神秘的。

029 死者の日
Day of the Dead

メキシコ

死者の魂が家族の元へ戻る日とされ、家族や友人が集い故人に思いを馳せる日。毎年11月1・2日には、骸骨や花、遺影などを身近に飾り、街はマリーゴールドの香りに包まれる。

中南米

One Point
絵画のようなレインボーの絶景に感動。高山地帯で酸素が薄く、長時間の滞在が難しいのでシャッターチャンスを逃さないで！

夢のような世界が広がる
奇跡の虹色に大興奮！

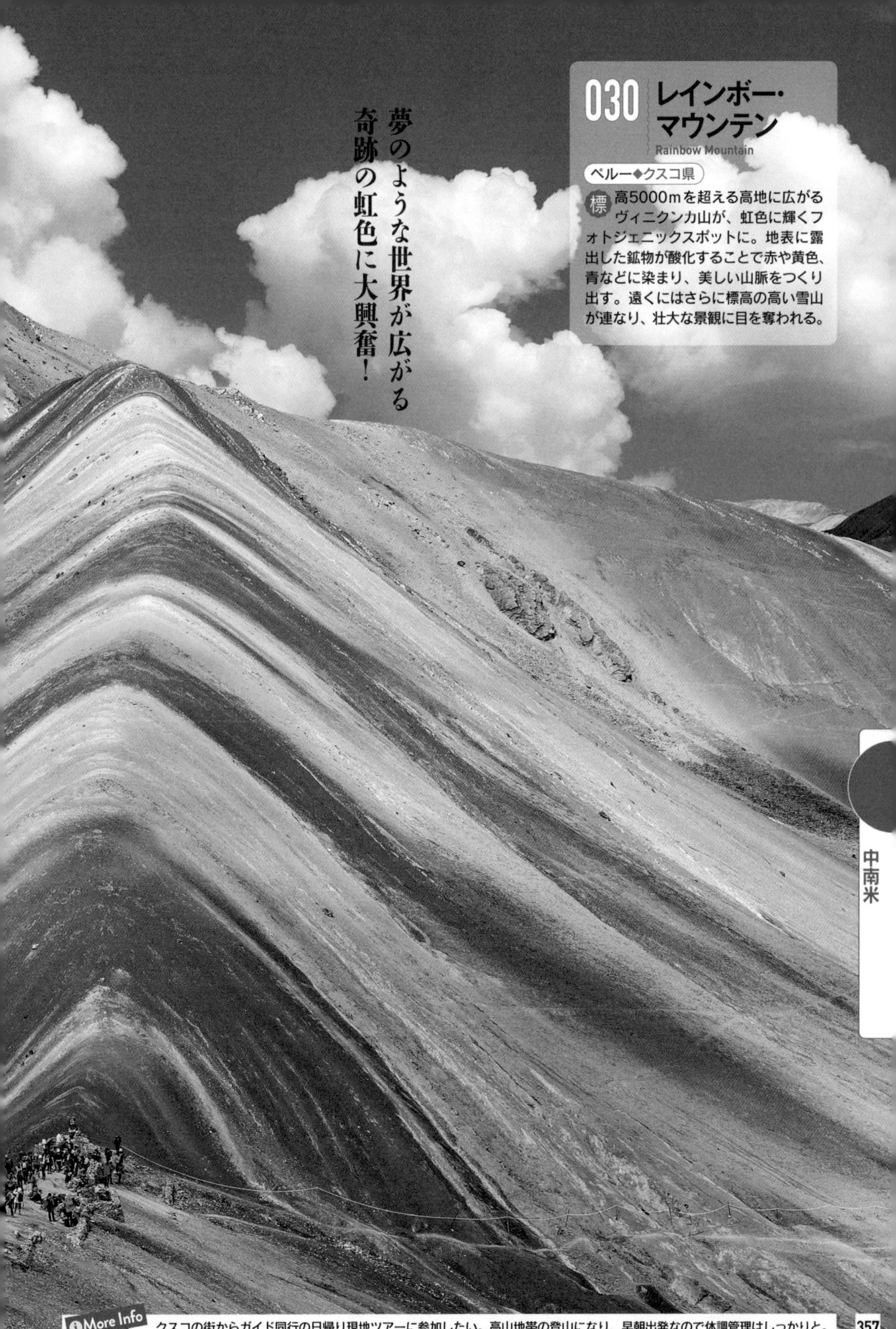

030 レインボー・マウンテン

Rainbow Mountain

ペルー◆クスコ県

標高5000mを超える高地に広がるヴィニクンカ山が、虹色に輝くフォトジェニックスポットに。地表に露出した鉱物が酸化することで赤や黄色、青などに染まり、美しい山脈をつくり出す。遠くにはさらに標高の高い雪山が連なり、壮大な景観に目を奪われる。

More Info　クスコの街からガイド同行の日帰り現地ツアーに参加したい。高山地帯の登山になり、早朝出発なので体調管理はしっかりと。

灼熱の溶岩が沸き上がる
大迫力の活火山を眺める

031 マサヤ火山
Masaya Volcano

ニカラグア◆マサヤ県

国 立公園内にあり、活発な噴火
を続ける活火山。火口には大
迫力の溶岩湖があり、見学エリア
の周辺火口から灼熱の溶岩を見る
ことができる。ダイナミックな地
球の息吹を肌で感じたい。

032 ソモト峡谷
Somoto Canyon

ニカラグア◆マドリス県

コ川の上流付近に約500〜1300万年前に形成されたとされる渓谷。ツアーでの散策や、ボートでの渓流下りが楽しめる。雨季になると水量が多く危険なので、3〜5月の乾季に訪れたい。

033 ロス・インヘニオス渓谷
Los Ingenios

キューバ◆サンクティ・スピリトゥス州

街の繁栄を支えたサトウキビの栽培が行われた施設が立ち並ぶ渓谷。当時の建物や従事していた奴隷を監視するためのマナカ・イスナガの塔が立ち、大自然と歴史を体感できる。

中南米

山の深い緑に囲まれた
貴重な動植物が暮らす森

034 トルトゥゲーロ
国立公園
Tortuguero National Park

コスタリカ◆リモン州

年間降水量が5000mmを超える熱帯雨林のジャングル。動植物の宝庫で、特にウミガメの産卵を観察することができる。ジャングルが水面に映る奥深い光景に圧倒される。

035 ブルー・アンド・ジョン・クロウ・
マウンテンズ国立公園
Blue and John Crow Mountains National Park

ジャマイカ◆サリー郡

コーヒーの生産地として名高い広大な山脈。緑が生い茂る山には、固有種や絶滅危惧種などの貴重な生き物が生息している。豊かな自然のほか、山岳地帯に暮らすマルーンの人々の歴史を含めて世界遺産に認定されている。

036 フィッツ・ロイ
Fitz Roy

アルゼンチン◆サンタクルス州

険 しい山脈と氷河が共存する秀峰。エル・チャルテンの街からトレッキングができ、雄大な自然に包まれながら山登りを楽しめる。平らな湿原からは巨大な山と氷河を一望できる絶景スポット。

清らかな空気をまとう
鋭い山脈と巨大氷河

中南米

037 コトパクシ
火山
Cotopaxi Volcano

エクアドル◆コトパクシ県

首 都のキトから約60km南にある火山。山頂周辺が雪に覆われ、大規模な火山灰や水蒸気の噴出が断続的に起きていることから、世界の危険な火山のひとつといわれる。キトの街からは山頂を眺めることができる。

038 パカヤ火山
Pacaya Volcano

グアテマラ◆エスクィントラ県

グ アテマラシティから南に約30kmの距離にある、中米で最も活動的な火山。毎日のように蒸気が上がり、ゆったりと流れる溶岩を見ることができるなど、大地のパワーを感じられる。

地熱と蒸気が立ち込める
躍動する地球に出合う

039 ロライマ山
Mount Roraima

ベネズエラ◆ボリバル州ほか

地 球最古の岩盤がそのまま残された、標高約2810mの山。大陸プレートが移動する際に火山活動や地震の影響を受けず、山頂が平らのままの姿を今に伝えている。

強固な岩盤が現在も残る
世界屈指のテーブルマウンテン

寄り添うように並ぶ
緑に包まれた双子の山

セントルシア◆スフレ

海 からそそり立つ2つの火山から構成された地域。高さ約743mのプチ・ピトン山(右)と、高さ約770mのグロ・ピトン山(左)からなり、緑あふれる大自然とサンゴ礁が広がる開放的な絶景を一望できる。

041 ボルカン・デ・サンタ・アナ
Santa Ana Volcano

エルサルバドル◆サンタ・アナ県

エ ルサルバドルの最高峰である2381mの火山。雲が目の前に広がる山頂から眺める、エメラルドグリーンの火山湖と、美しくて壮大な景色には感動。ガイド付きツアーの参加者のみ登山可能。

中南米

042 エル・ペニョール・
グアタペ

コロンビア◆アンティオキア県

森 林とダム湖が入り組んだ地にある巨大な岩石。地上約220m、ロッククライマーの聖地として近年有名になり、約740段の階段を上った頂上からの絶景は一生の記憶に残るほど。

ブラジルの僻地に残る
パイ・イナシオの丘を一望

043 シャパーダ・ジアマンチーナ国立公園
Chapada Diamantina National Park

ブラジル◆バイーア州

何 十億年もの年月をかけて生まれた「パイ・イナシオの丘」と
よばれるテーブルマウンテンや滝、洞窟など、大自然に出合
える国立公園。展望台も整備され、プラチーニャ川周辺をトレッ
キングできる。想像を超える規模の緑豊かなスポットに感動。

044 マラスの塩田
Salt Mines of Maras

ペルー◆クスコ県

マ チュピチュの自然あふれる道中に
広がる塩田。古くはインカ帝国時
代から6000m級の山々に囲まれた地
にあり、海から遠いアンデス地域の貴
重な塩として利用されている。

045 サンタ・カタリーナ山脈
Santa Catarina Mountains

ブラジル◆サンタ・カタリーナ州

南部にある標高約1400mの山脈。白亜紀の玄武
岩質溶岩層(セラ・ジェラール層)が連なる山脈。
ジェラール山脈ともよばれ、高さ約1000m、約150
kmにわたり、石灰のように白く荒々しい岸壁が続く。

046 ワスカラン国立公園
Huascaran National Park

ペルー◆アンカシュ県

ペルー最高峰のワスカラン山を抱く、アンデス山
脈一帯に広がる国立公園。公園内には氷河湖を
含む300を超える湖があり、トレッキングコースな
どが整備されている。

047 ビニャーレス渓谷
Vinales Valley

キューバ◆ピナール・デル・リオ州

太古の地球の風景を彷彿とさせる渓谷。まるで恐
竜が暮らしているかのようなアドベンチャーの
世界が広がる。ロス・ハスミネス展望台からの眺めや、
カルストの地形、周辺の洞窟などがみどころ。

中南米

空と湖がつながる鏡の世界

絶景ファンを夢中にさせる

048 ウユニ塩湖
Salar de Uyuni

ボリビア◆ポトシ県

青 空が湖面に反射し、天空の鏡をつくり出す絶景が話題になった塩湖。雨季にあたる12〜3月、平らな塩湖に雨水が張るころが一番美しく、幻想的な風景がどこまでも続く。朝日や夕景など、時間帯により異なる表情を見せる。

One Point
巨大な鏡のような湖面はフォトジェニックスポットとして大人気。湖にうっすらと雨水が溜まり、無風状態での撮影がベスト。

中南米

049 ピンク・レイク
Pink Lake

メキシコ◆ユカタン州

🟥 やかなピンク色の水面が見られる神秘のスポット。塩を取るために人工的に作り出した塩田で、プランクトンの影響を受けて色づいている。奇跡の美しさは写真映えすると話題に。

鮮やかなピンク色に染まる
変幻自在の魔性の湖

050 ヘネラル・カレラ湖
General Carrera Lake

チリ◆アイセン・デル・ヘネラル・
カルロス・イバニェス・デル・カンポ州ほか

❄ 河の影響で形成されたチリ最大の湖。深さは586mあり、湖にそびえる巨大な石灰質の洞窟が見事。波で浸食された岩の洞窟に、コバルトブルーの水面がキラキラと反射する。

地球の不思議が集まる
クリアな湖と神秘の洞窟

山間部で育まれた
湖面に映る南米の原風景

051 チチカカ湖
Lake Titicaca

ペルー◆プーノ県ほか

標 高約3812mに広がる天空の湖。コバルトブルーの湖面には、自生する葦で浮島自体を造り上げたウロス島が浮かぶ。建物も葦で建設されており、島と島の間をローカルが利用するボートで渡ることができる。

052 ラグナ・ベルデ
Laguna Verde

ボリビア◆ポトシ県

ボ リビア高原に位置するエメラルドグリーンの湖。銅を含む沈殿物が生み出す、湖面の色合いが最大の魅力。野生のフラミンゴも飛来し、カラフルな世界を演出する。

053 ナウエル・ウアピ湖
Nahuel Huapi Lake

アルゼンチン◆リオネグロ州ほか

森 林に囲まれた広大な湖。アンデス山脈の高峰を望む、風光明媚な絶景が続き、ビクトリア島などの島が点在する。湖では釣りやボートでの観光も楽しめる。

中南米

先住民により守られた
穏やかな水色の湖

054 アティトラン湖
Lake Atitlan

グアテマラ◆ソロラ県

⑧万4000年以上前の火山噴火により誕生したカルデラ湖。アティトラン山、トリマン山、サンペドロ山などの山並みが一望でき、目の覚めるような爽やかな水色の湖が広がる。

055 サリーナス・グランデス
Salinas Grandes

アルゼンチン◆カタマルカ州ほか

アルゼンチンのウユニ塩湖との呼び声の高い湖。標高約3500mにある驚異の絶景で、塩田に雨水が溜まったエメラルドブルーの湖面が魅力。真っ白な塩田とのコントラストにうっとり。

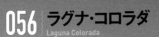

056 ラグナ・コロラダ
Laguna Colorada

ボリビア◆ポトシ県

工 ドゥアルド・アバロア国立自然保護区内にある赤い湖。藻類の赤い色素により、明るく発色する湖面が印象的。湖には白い鉱物でできた島があり、自然色とは思えない絶景をつくり出す。

雄大な山並みの麓に輝く
華麗に彩られた赤い湖

057 アポヨ湖
Lake Apoyo

ニカラグア◆マサヤ県ほか

マ サヤ火山とグラナダ火山の間に位置する火山湖で、直径約6.6kmのほぼ円形が特徴的。約2万3000年前に誕生したと考えられており、国の自然保護区に指定されている。

謎のベールに包まれた
インカ帝国の空中都市

058 **マチュピチュ** 世界遺産
Machu Picchu

ペルー◆クスコ県

絶 壁の山がそびえる、ウルバンバ渓谷の山あいに残された15～16世紀のインカ帝国の遺跡。山裾からは一帯の存在を確認できないことから空中都市とよばれ、インカのシンボルであるコンドルの神殿遺跡が現存する。高度な文明ながらも未解明の史実が多く、ミステリアスな遺跡に歴史ロマンを感じる。

One Point
西の市街区は神殿や宮殿、居住区があり、周囲は城壁で守られている。当時どのように街を築き、滅びたのかなど多くの謎に包まれている。

060 モアイ像 🏛
Moai Statues

(チリ◆バルパライソ州)

イ ースター島に並ぶ人面を模した個性的
な石造彫刻。かつての住居跡を取り囲
むように立つが、建造目的は墓碑や崇拝な
ど諸説あり、未だ解明されていない。

熱帯雨林地帯で栄えたミステリアスなマヤの文明遺跡

059 ティカル国立公園 🏛
Tikal National Park

グアテマラ◆ペテン県

4～9世紀ごろに繁栄を極めたマヤ文明の巨大都市遺跡。テオティワカン文化の影響を受けた、高さ65mのピラミッドの形をした神殿、3000以上もの石碑や建築物が立ち並ぶ。

中南米

061 テオティワカン 🏛
Teotihuacan

メキシコ◆メヒコ州

紀 元前2～6世紀に栄えたテオティワカン文明の巨大都市遺跡。太陽のピラミッド(写真)のほか、月のピラミッド、死者の道などがあり、当時の宇宙観、宗教観が随所にうかがえる。

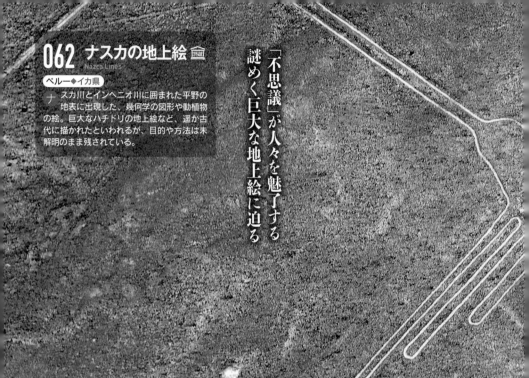

062 ナスカの地上絵
Nazca Lines

ペルー◆イカ県

ナスカ川とインヘニオ川に囲まれた平野の地表に出現した、幾何学の図形や動植物の絵。巨大なハチドリの地上絵など、遥か古代に描かれたといわれるが、目的や方法は未解明のまま残されている。

「不思議」が人々を魅了する
謎めく巨大な地上絵に迫る

063 チチェン・イッツァ
Chichen Itza

メキシコ◆ユカタン州

森の中から突然現れる、マヤ文明の神秘の遺跡。最高神が祀られたカスティーヨ神殿がたたずみ、荘厳な雰囲気を醸し出す。人類の悠久の歴史を肌で感じることができる。

高度な建築技術が残る
マヤ文明の軌跡をたどる

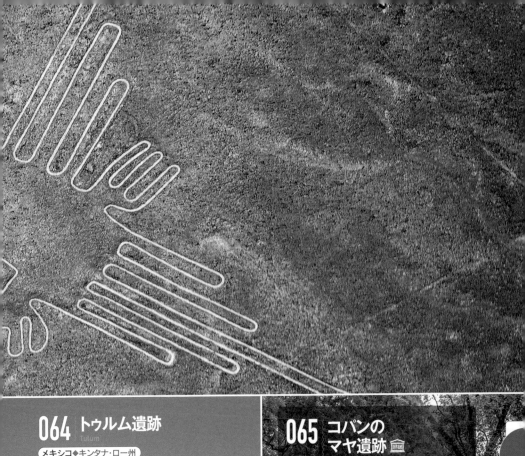

064 トゥルム遺跡
Tulum

メキシコ◆キンタナ・ロー州

マ　ヤ文明末期に繁栄を遂げた都市遺跡。カリブ海を一望できる強固な城塞が特徴的。優美さと勇ましさを兼ね備えた、風の神殿と海の神殿が並ぶ。

065 コパンの マヤ遺跡
Maya Site of Copan

ホンジュラス◆コパン県

紀　元前1500年ごろから人間が暮らしたとされる、マヤ文明の手がかりとなる遺跡。王朝時代の神殿や石碑、球技場、住居などが、芝生や木々の緑と同化するようにひっそりとたたずむ。

中南米

豊富な水が絶え間なく流れる
世界を代表する大迫力の瀑布

066 イグアスの滝
Iguazu Falls

アルゼンチン◆ミシオネス州ほか

世界三大瀑布に数えられる滝。大小275の滝かあり、最大落差約80ｍ、幅は約4㎞という大スケールが魅力。ブラジル側からの眺望は、ダイナミックな滝の全体を眺めることができ、遊歩道の入口からハイライトとなる展望台までの散策も楽しい。

One Point
滝の全体像を見るならブラジル側の遊歩道から、手が届きそうな距離で滝の迫力を感じるならアルゼンチン側からの見学がおすすめ。

ⓘMore Info　トレッキングコースがあり、約1時間半ジャングルの中を徒歩で進む。滝の水しぶきが激しいので雨具の持参が望ましい。

ギアナ高地の奥地にそびえる
刻々と姿を変える魅惑の瀑布

067 エンジェル・フォール

Angel Falls

ベネズエラ◆ボリバル州

世界最大の落差979mを誇る、秘境の滝。ボートに乗って川を進み、ジャングルを歩いて訪れることができる。滝の水は落下途中ですべて霧になるため滝つぼがない。下から見上げる圧巻の光景に感動。

雄大な自然と調和する
上品さと優美さに興奮

068 アグア・アズール滝

Agua Azul

メキシコ◆チアパス州

いくつもの低い滝が重なる清らかな滝。川幅が広い場所では悠々と流れ、人々を魅了する美しさ。水遊びができるが、天候により流れが大きく変化するので注意したい。

069 テノリオ火山国立公園
Tenorio Volcano National Park

コスタリカ◆グアナカステ州ほか

テノリオ火山を含む巨大な国立公園。2つの透明な川が合流して生まれる、ミルキーブルーの色の滝が絶景スポット。滝に向かうトレイルでは、大自然いっぱいの森林浴を満喫できる。

070 プラハパンザク滝
Pulhapanzak Waterfalls

ホンジュラス◆コルテス県

サンタバルバラ国立公園、セロアズールメアンバール国立公園の周辺に流れる秘境の滝。2つの公園に囲まれたヨホア湖の見学を中心としたツアーで立ち寄れる。

071 ウィロウィロ自然保護区
Huilo Huilo Biological Reserve

チリ◆ロス・ラゴス州

モチョチョシュエンコ火山を中心とした自然保護区。滝は幅が広く大迫力のスケールで流れ、自然の力強さを感じられる。保護区内にはロッジやユニークなホテルもある。

中南米

072 キャノ・クリスタレス川
Caño Cristales

コロンビア◆メタ県

6 ～11月のうちのわずかな期間だけ見られる、5色のカラフルな川の絶景。赤や黄、緑、青など、虹が溶けたようなアーティスティックな雰囲気光景が一面に広がり、一度目にしたら忘れることのできない美しさ。

世界一美しい川と称される
天然のパレットに大興奮

One Point
水位の低下で水温が温められ、川底の苔や藻類が爆発的な成長を見せる。雨季と乾季の境の時期に起こる奇跡的な現象のひとつ。

中南米

ⓘ More Info　川の藻が5色に見える時期は、気象条件により変動する。日本からのツアーはないため、現地ツアーを申し込む必要がある。

074 パナマ運河
Panama Canal

パナマ◆パナマ県ほか

太平洋と大西洋を結ぶ、1914年に開通した巨大な運河。クルーズツアーに向かう大型船やボートなど、数多くの船舶が通過する。太平洋に沈む夕日の景色も美しい。

073 シカレ海洋公園
Xcaret Park

メキシコ◆キンタナ・ロー州

緑あふれる大自然と水辺を満喫できる海洋公園。透明で輝く川をシュノーケリングやボートで下るアクティビティが人気。石灰岩の大地や洞窟の穴から水中に差し込む光など、冒険気分が高まる。

美しさで満たされる
リゾート地の海洋公園

075 アマゾン川
Amazon River

ブラジル◆アマゾナス州ほか

ブラジルと周辺国の熱帯雨林を横断する、世界最大規模の河川。多くの支流をもち、合流を繰り返しながら大西洋へと注ぐ。大自然あふれる未知の地には、ピラニアやワニなど独自の生態系が確立されており、ツアーに参加して見学できる。

385

076 セムック・チャンペイ
Semuc Champey

グアテマラ◆アルタ・ベラパス県

エ　メラルドグリーンのカアボン川が流れ、多くの天然のプールが形成されている。脆い石灰岩でせき止められてできており、周囲の展望台からは森林と河川を一望できる。

ジャンクルの奥地にある
エメラルドの水棚

諸国の文化が交差する
国境を流れる雄大な水辺

077 パラナ川
Parana River

ブラジル◆パラナ州ほか

ア　ルゼンチン、ブラジル、パラグアイの国境を流れる川。ブラジルとパラグアイを結ぶフレンドシップ・ブリッジからは、悠然とした川の流れや街を眺めることができる。アルゼンチンには三国国境展望台もある。

078 セアラ川
Ceara River

ブラジル◆セアラ州

南側の州境から大西洋に向かっ
て流れる河川。流域に広がる
フォルタレザの赤い屋根の街並み
に、澄んだブルーの川が美しいコ
ントラストを作り出す。

079 ノール・ヤウヨス・コチャス景観保護区
Nor Yauyos Cochas Landscape Reserve

ペルー◆リマ県ほか

何層にも連なる滝と峡谷を形成する巨大な岩が続く
国の景観保護区。周辺には山脈や湖など手付かず
の自然が残り、まるで桃源郷のような世界が広がる。

080 マカル川

ベリーズ◆カヨ州

サン・イグナシオの街を流れる
川。川底が見えるほど透き通
り、涼しさを感じるほどの爽やか
な景色が広がる。ベリーズシティ
まで続くベリーズ川に流れ込む。

中南米

中南米

387

081 グアナファト
Guanajuato

メキシコ◆グアナファト州

ス ペイン植民地時代の美しいコロニ
アル建築で有名な街並み。ピピラ
の丘からは、カラフルでポップな建物
の絶景が一望でき、夜はムード満点の
美しい夜景も見事。独立戦争の舞台と
なった中心街の博物館や鉱山など、歴
史散策も満喫できる。

青空と色とりどりの建築が
絵本のような街をつくり出す

One Point
ピピラの丘から眺める街並み
は、どこを切り取ってもフォ
トジェニック!ケーブルカー
に乗り、絶景を眺めながら移
動できるのもうれしい。

中南米

彩り鮮やかなパラソルと青空の光景に胸がときめく

082 トラケパケ
Tlaquepaque

メキシコ◆ハリスコ州

メキシコのおしゃれスポットとして話題の街。飲食店やショップはもちろん、家と家の間に色とりどりの傘や洗濯物、装飾品などが吊るされたカラフルな景観が世界から注目を集める。

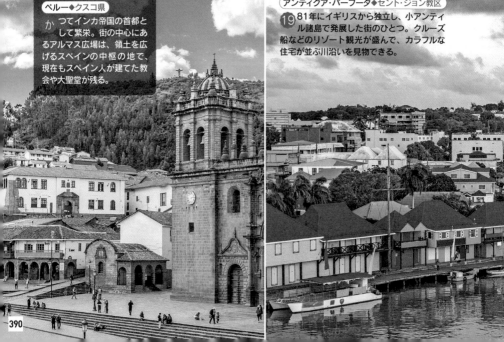

083 クスコ

ペルー◆クスコ県

かつてインカ帝国の首都として繁栄。街の中心にあるアルマス広場は、領土を広げるスペインの中枢の地で、現在もスペイン人が建てた教会や大聖堂が残る。

084 セント・ジョンズ

アンティグア・バーブーダ◆セント・ジョン教区

1981年にイギリスから独立し、小アンティル諸島で発展した街のひとつ。クルーズ船などのリゾート観光が盛んで、カラフルな住宅が並ぶ川沿いを見物できる。

085 ペロウリーニョ
Pelourinho

ブラジル◆バイーア州

1763年までブラジルの首都として栄えた、サルヴァドール歴史地区の中心地。現在もバロック様式の建築物が点在し、カラフルながらも風情が感じられる。マイケル・ジャクソンのPV撮影の地としても有名。

086 ハバナ
Havana

キューバ◆ハバナ市

キューバの首都であり、カリブ海地域における最大都市。旧市街は、スペイン・コロニアル様式の建築が並び、保存状態もよく圧巻の美景。文豪ヘミングウェイが愛した街としても知られる。

087 キト
Quito

エクアドル◆ピチンチャ県

エクアドルの首都。16世紀に南米大陸におけるキリスト教布教の拠点となり、さまざまな様式の聖堂・修道院などが残る。1978年に登録された最初の世界遺産のひとつ。

中南米

両手を大きく広げた
キリストの神様が見守る街

088 コルコバードの キリスト像 🏛

Christ the Redeemer

ブラジル◆リオデジャネイロ州

ブラジルの独立100周年を記念して建設された巨大なキリスト像。標高710mある丘の上に、街を見渡すように立つ。両手を広げているキリスト像が珍しく、ブラジルの人々の心の温かさを表している。

090 ミ・テレフェリコ

Mi Teleferico

ボリビア◆ラパス県

標 高差が激しいラパスの街に導入された都市交通。世界最長、世界最高の位置にあるロープウェイで、ここでしか体験できない急勾配から街を眺める空中散歩を満喫したい。

089 ブエノスアイレス

Buenos Aires

アルゼンチン◆ブエノスアイレス

南 「米のパリ」ともよばれ、ヨーロッパの街並みが広がる都市。中心部の広場には、ロス・イングレセス・タワーというレトロな時計塔があり、オレンジ色にライトアップされた温かみのある夜景が素敵。

個性的な装飾美が際立つ
穏やかなピンクシティ

メキシコ◆サカテカス州

街 の大聖堂を中心とした歴史地区。現地の美意識により独自の発展を遂げた、バロック建築様式が特徴的。建物はピンクの鉱石で造られている。

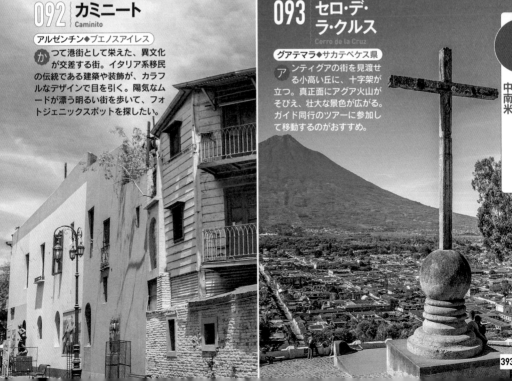

092 カミニート
Caminito

アルゼンチン◆ブエノスアイレス

か つて港街として栄えた、異文化が交差する街。イタリア系移民の伝統である建築や装飾が、カラフルなデザインで目を引く。陽気なムードが漂う明るい街を歩いて、フォトジェニックスポットを探したい。

093 セロ・デ・ラ・クルス
Cerro de la Cruz

グアテマラ◆サカテペケス県

ア ンティグアの街を見渡せる小高い丘に、十字架が立つ。真正面にアグア火山がそびえ、壮大な景色が広がる。ガイド同行のツアーに参加して移動するのがおすすめ。

中南米

393

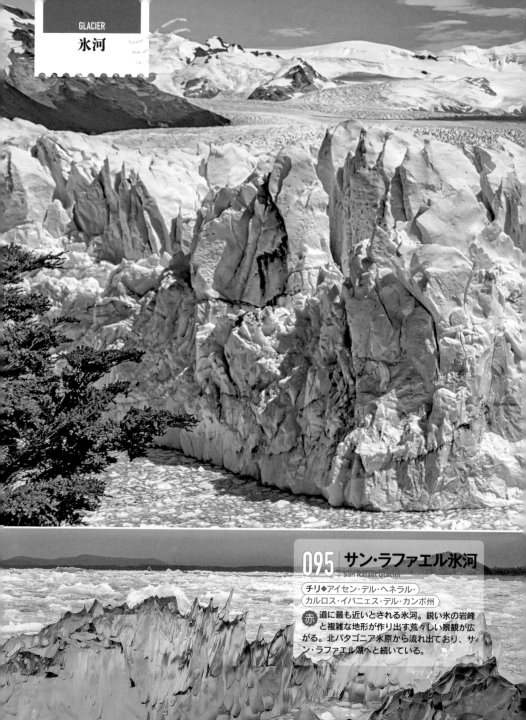

095 サン・ラファエル氷河
San Rafael Glacier

**チリ◆アイセン・デル・ヘネラル・
カルロス・イバニェス・デル・カンポ州**

赤道に最も近いとされる氷河。鋭い氷の岩峰
と複雑な地形が作り出す荒々しい景観が広
がる。北パタゴニア氷原から流れ出ており、サ
ン・ラファエル湖へと続いている。

アルゼンチン◆サンタクルス州

ロ ス・グラシアレス国立公園内にある最大級の面積を誇る氷河。中央部は平均して1日に約2mも移動し、「生きた氷河」ともよばれる。夏には、氷が轟音を立てながら湖へ崩れ落ちる、迫力ある様子が見られる。

ダイナミックに崩落する
雪と氷のドラマを観察

中南米

096 グレイ氷河

チリ◆マガジャネス・
イ・デ・ラ・アンタルティカ・チレーナ州

南 パタゴニア氷原の一部で、最深500mのグレイ湖に流れ込む。圧倒的な広さを誇り、山、氷河、湖などがあるトーレス・デル・パイネ国立公園内に形成されている。

097 スペガッツィーニ氷河

Spegazzini Glacier

アルゼンチン◆サンタクルス州

全 長約25km、末端部の氷壁の高さは120m以上あり、ロス・グラシアレス国立公園の数ある氷河のなかで背の高い氷河。溶けた氷は、アルゼンチン最大の湖であるアルヘンティーノ湖に流入し、氷河とエメラルド色の湖が美しい。

溶解と再生を繰り返す
悠久の自然を目前にする

098 ホルヘ・モント氷河

Jorge Montt Glacier

チリ◆マガジャネス・
イ・デ・ラ・アンタルティカ・チレーナ州

チ リ南部のベルナルド・オヒギンズ国立公園内にある。海に直接流出する潮間氷河。潮の干満の影響で末端部が崩壊し、氷山を海に押し出す力強い様子が目の前で観賞できる。

099 セラノ氷河
Serrano Glacier

チリ◆マガジャネス・イ・デ・ラ・アンタルティカ・チレーナ州

パタゴニアのエリアで観光に人気の氷河。トーレス・デル・パイネ国立公園周辺にあり、岩肌が見える岸壁に囲まれたセラノ川に巨大な氷の塊が流れ込む迫力満点の景色が見られる。

100 ウプサラ氷河
Upsala Glacier

アルゼンチン◆サンタクルス州

ロス・グラシアレス国立公園内にある巨大氷河。かつて長さ80㎞もあったといわれる氷河で、切り立った荒々しい氷が浮かぶ水域をクルーズ船で見学できる。

101 アコンカグア
Aconcagua

アルゼンチン◆メンドーサ州

北東斜面にボーランド氷河が広がる、アンデス山脈にある南米最高峰の山。トレッキングコースがあり、毎年多くの登山者が訪れる。氷の塊がゴロゴロと点在する氷河の奥に悠然とそびえる。

大地の歴史が刻まれた
エキゾチックな奇岩

102 カファジャテ渓谷
Cafayate

アルゼンチン◆サルタ州

南米のグランド・キャニオンとして名高く、「悪魔の喉ぼとけ」や「円形劇場」とよばれる奇形岩は見ごたえ抜群。地層は中生代白亜紀のものといわれ、恐竜の足跡など数多くの化石が発見されている。

One Point
太古の地層が露出する奇岩は、河川の流れの浸食により形成されたもの。城塞のような岩は、ロス・カスティーリョとよばれている。

103 アタカマ砂漠
Atacama Desert

チリ◆アタカマ州

世界三大砂漠のひとつで、地球上で最も降水量の少ない地域として知られる。約300日が晴天といわれ、満天の星を見ようと、多くの観光客が訪れる。雨などの気象条件が揃うと、9〜10月にはワイルドフラワーが鮮やかに咲き誇る。

ちりばめられた星が夜空に輝く光のマジック

天然の窓枠から眺める鮮やかな緑に目を奪われる

104 クエバ・ベンタナ
Cueva Ventana

プエルトリコ◆アレシボ

洞窟の壁にぽっかりと穴があいており、窓のように見えることから、「窓の洞窟」を意味する名がつけられた。眼下にリオ・グランデ・デ・アレシボ渓谷ののどかな景色が広がる。

105 ワカチナ
Huacachina

ペルー◆イカ県

砂 漠内のワカチナ湖を取り囲む南米のオアシス。近年リゾート地として人気が高まり、周辺には観光客向けのホテルや飲食店などが並ぶ。湖には古くから人魚の伝説も残る。

106 エル・アルコ・デ・カボ・サン・ルーカス
Arch of Cabo San Lucas

メキシコ◆バハ・カリフォルニア・スル州

カ ボ・サン・ルーカスの街の南端にある、波の浸食によってつくられた岩層。地元では「エル・アルコ」として知られている。リゾート地としても有名で、ダイビングやホエールウォッチングを楽しむこともできる。

中南米

海面から突き出した花崗岩の強固な一枚岩

107 ポン・ヂ・アスーカル 🏛
Sugarloaf Mountain

ブラジル◆リオデジャネイロ州

グ アナバラ湾の半島上にある奇岩。形がシュガー
ローフに似ていることが名前の由来。ロープウ
ェイで頂上へ行くことが可能。ロッククライミング
の聖地で、ルートは270以上もある。

数億年の時を紡ぐ未知の奇岩にふれる

108 イスチグアラスト／タランパジャ自然公園群 🏛
Ischigualasto／Talampaya Natural Parks

アルゼンチン◆サンフアン州ほか

三 畳紀に生きた恐竜や、爬虫類の化石が産出する自然公
園。カンチャ・デ・ボチャスという丸い岩が特定の場所
に集まるミステリアスな光景が広がる。なぜ形成され集合
したか、いまだ解明されていない。

アンデス山脈に潜む
自然が創造した塩の橋

109 プエンテ・デル・インカ
Puente del Inca

アルゼンチン◆メンドーサ州

温 泉の塩分が結晶化して残る天然の塩の橋。氷河の影響で生まれた水源と浸食により、結晶はアーチに形を変貌させた。長さ48m、幅28mと大きく、浸食された温泉施設と教会の痕跡を残す。

111 アルボル・デ・ピエドラ
Arbol de Piedra

ボリビア◆ポトシ県

ウ ユニ塩湖から南に位置する、エドゥアルド・アバロア国立自然保護区にある奇岩。スペイン語で石の木とよばれ、風化により現状の形になったといわれる。

中南米

110 レンソイス・マラニャンセス国立公園
Lencois Maranhenses National Park

ブラジル◆マラニャン州

衛 星写真にも写し出される真っ白な砂丘が広がる。砂の成分がほぼ石英という鉱物のため、太陽光に反射すると白く見える。雨季には砂丘の谷間に雨水が溜まり、エメラルドグリーンの湖が無数に現れる。

独自の宗教芸術が開化した
南米最古の優美な教会

112 サン・フランシスコ
教会・修道院 🏛
San Francisco Church Monastery

エクアドル◆ピチンチャ県

15 35年に建設された南米最古の教会・修道院で、「南米で最も威厳のある教会建築」といわれる。外部はルネサンス様式に対し、内部はムデハル様式とバロック様式の要素が強い。豪華絢爛な装飾はまさに圧巻。

113 ラス・ラハス教会
Las Lajas Sanctuary

コロンビア◆ナリーニョ県

グ アイタラ川の峡谷の中に構築。高さは峡谷の底から100mあり、対岸へ橋が架けられている。夜は幻想的にライトアップされ、日中と異なる顔を見せてくれる。

114 シタデル、サン＝スーシ城、ラミエール国立歴史公園 🏛

National History Park - Citadel, Sans Souci, Ramiers

ハイチ◆北県

フランスの侵攻から守るための要塞として築かれたシタデルや、バロック様式が取り入れられたサン＝スーシ城など、独立当初の建造物群が多く残る国立歴史公園。

115 サンフアン国定史跡 🏛

San Juan National Historic Site

プエルトリコ◆サンフアン

建造物の多くは16世紀頃から建てられ、史跡内には宮殿や城砦、教会などが立ち並ぶ。サン・フェリペ・デル・モロ要塞が史跡のランドマークとなっており、第二次世界大戦中は非常に重要な防衛地点になった。

116 フエルサ要塞 🏛

Castle of the Royal Force

キューバ◆ハバナ市

ヨーロッパ諸国や海賊からの攻撃を防ぐため、1558年に建てられたハバナ最古の要塞。当初は木造だったが石造として再建され、現在はキューバの歴史や海に関する博物館となっている。

中南米

地底深くに流れ着く
自然が生み出す奇跡の泉

117 セノーテ・イキル
Cenote Ik Kil

メキシコ◆ユカタン州

厚い岩壁に囲まれた直径50mを超える巨大な泉。丸くあいた天井からは、蔦が水面近くまで垂れ下がる。水深40mと非常に深く、飛び込み台も設置されている。太陽の光が差し込むと幻想的な雰囲気に包まれ、非日常空間が楽しめる。

中南米

118 青の洞窟
Blue Grotto

ブラジル◆バイーア州

手 つかずの自然が残るシャパーダ・ジアマンチーナ国立公園内にある。特徴的なクリスタルブルーは、水面がわからないほど抜群の透明度を誇る。シュノーケリング用品を貸し出すツアーもある。

透明度の高いブルーの泉と太陽光のマリアージュ

幻想的な鍾乳洞でアドベンチャー体験

119 ハリソンの洞窟
Harrison's Cave

バルバドス◆セント・トーマス

世 界有数の美しい洞窟といわれ、多くの観光客が訪れる。トラムでのツアーや徒歩のツアーなど、種類多様なツアーで洞窟内を楽しめる。幻想的な空間に包まれる大冒険に出かけたい。

太古の歴史を刻む
青の世界に続く入口

120 マーブル・カテドラル
Marble Caves

チリ◆アイセン・デル・ヘネラル・カルロス・イバニェス・デル・カンポ州ほか

バルトブルーのヘネラル・カレラ湖にある大理石の洞窟。白い岩肌に湖面が反射し、窟内全体が真っ青に染まる。釣りスポットとして知られ、地元の人も訪れる。

121 クエバ・デ・ラス・マノス
Cueva de las Manos

アルゼンチン◆サンタクルス州

「多くの手の洞窟」を意味する名のとおり、鉱物を使用した絵具で描かれた手形の壁画が残る。約9000年ほど前から描かれており、手形以外にも多様な動物群の絵も見られる。

122 サトゥルノ洞窟
Saturn Cave

キューバ◆マタンサス州

ファン・グアルベルト・ゴメス空港から約5kmとアクセスがよく、内部で遊泳ができる。透き通ったブルーと窟内のひんやりした空気は、訪れた人に心地よい涼しさを提供してくれる。

中南米

大スケールの景観を車窓から眺める

絶景鉄道の旅へ Part.2

中南米ならではのドラマチックな絶景や迫力ある大自然。
鉄道での移動時や観光列車で出合う、素敵な風景にうっとり。

123 サンパウロ都市圏鉄道
Sao Paulo Metropolitan Trains Company

ブラジル◆サンパウロ州

サンパウロ都市圏の既存の鉄道をいくつか合併して創設された。ターミナルとなるルス駅は、港町サントスに到着した移民たちがまずルス駅に集まり、そこから目的地に向かったという歴史をもつ。

移民の玄関口となった歴史ある駅舎が残る

> 巨大ターミナルであるルス駅には、地下鉄を含む複数路線が発着する

ルス駅

1867年に建設された当初は1階建てだったが、1901年にネオ・クラシック様式の2階建てに改築。

鉄道最難関の急勾配はまさに悪魔の鼻

> 断崖の山道に沿って勢いよく走る列車はスリリング！高所からの絶景も人気

124 デビルズ・ノース列車
Devils Nose Train

エクアドル◆チンボラソ県

アラウシ駅からシバンベ駅まで、「悪魔の鼻」という名の山を走る。レトロなデザインの列車が特徴的。シバンベ駅では、アンデスの伝統的な音楽やダンスで観光客を迎えてくれる。

アラウシ駅

アンデスの山あいに位置し、静かで小さな街のなかにある駅。駅に隣接する建物はカラフルで写真映え抜群。

125 世界の果て列車
The End of World Train

アルゼンチン◆ティエラ・デル・フエゴ州

正式名は南フエゴ鉄道だが、別名の「世界の果て列車」として知られる。1952年に一度廃業するが、1994年に「世界最南端の鉄道」とうたい、観光鉄道として営業を再開した。

悠々たる自然のなかを南を目指して走る

> レトロでかわいい列車の車窓からは雄大な自然を望むことができる

世界の果て駅

ティエラ・デル・フエゴ国立公園内にある、世界の最南端に位置する駅舎。駅内にバーや売店もある。

AFRICA

アフリカ

圧倒的大自然と、野生の楽園が広がる人類発祥の地

アフリカ （70）SPOT

AFRICA

50を超える国からなる巨大なアフリカ大陸。5つのエリアに分かれ、北部より南の地域をサブサハラ・アフリカとよんでいる。

絶景を語るうえで、人類最古のエジプト文明をはじめとする古代遺跡、野生動物が暮らすサバンナ、ダイナミックな自然景観は欠かせない。特に大陸の3分の1を占めるサハラ砂漠は世界屈指の絶景スポット。南東部の沖に浮かぶマダガスカル島は、手つかずの自然が残り、多くの希少動物が生息する聖域だ。一方で、青に染まったモロッコの旧市街シャウエンや、アフリカの楽園で知られるザンジバル島など、写真映えスポットも多い。

BASIC INFORMATION

- 国 54カ国
- 人口 約13億1840万人（世界の約18%）
- 面積 約3000万km²（世界の約20%）

➔ サハラ砂漠（P422）でキャメル・トレッキングを楽しむ様子

🏛 世界遺産登録されているスポット

➡マダガスカルで有名な、高さ30mにも及ぶバオバブの並木道（P454）

アフリカ

001 ギザの3大ピラミッド 🏛
Giza Pyramid Complex

エジプト◆ギザ県

世界七不思議のひとつとされるギザの3大ピラミッドは約4500年前の建造物。エジプトに残るファラオ（王）の墓のなかでも代表格とされる、写真左からメンカウラー王、カフラー王、クフ王の墓が並ぶ姿はエジプトの象徴的風景。古代エジプトの栄華を静かに物語り強大な王権を今なお見せつけている。

古代エジプトの
ファラオが眠る
謎多き超巨大王墓

One Point

クフ王のピラミッドの推定重
量は662万tで、日本国民1
人の体重を平均50kgとして
計算すると、1億2000万人
分の総重量に匹敵する。

アフリカ

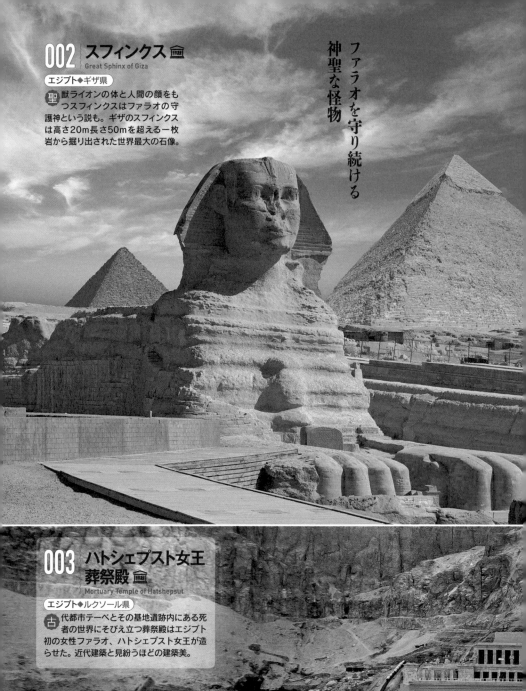

002 スフィンクス
Great Sphinx of Giza

エジプト◆ギザ県

聖 獣ライオンの体と人間の顔をもつスフィンクスはファラオの守護神という説も。ギザのスフィンクスは高さ20m長さ50mを超える一枚岩から掘り出された世界最大の石像。

ファラオを守り続ける
神聖な怪物

003 ハトシェプスト女王葬祭殿
Mortuary Temple of Hatshepsut

エジプト◆ルクソール県

古 代都市テーベとその墓地遺跡内にある死者の世界にそびえ立つ葬祭殿はエジプト初の女性ファラオ、ハトシェプスト女王が造らせた。近代建築と見紛うほどの建築美。

004 エル・ジェム

El Djem

チュニジア◆マーディア県

北 アフリカ最大の大型円形闘技場はローマの属州だった3世紀に造られたもの。3万5千人を収容できたとされ、動物や剣闘士などが出番を待つ地下通路や部屋が残されている。

オリーブ栽培で栄えた
古代の賑わいを想う

切り立った断崖に輝く
太陽神を祀る神殿の美

アフリカ

005 カルタゴ遺跡 🏛
Archaeological Site of Carthage

チュニジア◆チュニス県

地中海交易で栄えた都市国家は強力な海軍力を有したがローマに敗れ街は全滅した。現存する遺跡はほとんどがローマ帝国のもの。

紀元前9世紀に遡る地中海を望む都市国家

006 アブ・シンベル神殿 🏛
Abu Simbel

エジプト◆ワーディー・ゲディード県

正面入口の巨大な座像4体をはじめラムセス2世自身の像やレリーフが満載の岩窟神殿。年2回だけ内部に光が差すように計算されている。

神秘のパワーを感じるファラオの偉業の結集

007 グレート・ジンバブエ遺跡 🏛世界遺産
Great Zimbabwe

ジンバブエ◆マシンゴ州

花 崗岩の屈強な石壁が取り囲む石造建築国家の遺跡。高度な文明と建築技術を有していたことを示唆するが未知の部分が多い。

008 ルクソール神殿 🏛世界遺産
Luxor Temple

エジプト◆ルクソール県

カ ルナック神殿と参道で結ばれていた副殿。高さ約19mの大列柱廊が立ち並び、2本あったオベリスクのうち1本は現在パリにある。

009 泥のモスク 🏛世界遺産
Great Mosque of Djenné

マリ◆モプティ州

日 干しレンガと木の枠組みでできた建物の表面を泥で塗り固めた世界最大級のモスク。毎年雨季の前に周辺住民が泥を運び込み修復する。

010 レプティス・マグナ 🏛
Leptis Magna

リビア◆ムルクブ県

約 1200年間、砂に埋もれていた大都市の遺跡。世界に数あるのローマ遺跡のなかでも特に保存状態がよく現在も発掘中。

011 聖カトリーナ修道院 🏛
Saint Catherine's Monastery

エジプト◆南シナイ県

モ ーゼが燃える柴を目撃し神の声を聞いたとされる神聖な場所に立つ世界最古のキリスト正教会修道院。祈りの場として現在も使用される。

012 ゲベル・バルカル 🏛
Gebel Barkal

スーダン◆北部州

ス ーダンにある古代エジプトの遺跡群。エジプトの王トトメス3世領土拡大の南限とされ、神殿や宮殿、墓所、寺院が多くあった。

013 ヴォルビリス
Volubilis

モロッコ◆フェズ=メクネス地方

モロッコ最大の古代ローマ遺跡。紀元前後から農業都市として栄えた人々の豊かな暮らしを物語る繊細なモザイクや邸宅跡、凱旋門や塔などが残る。

繁栄と衰退を繰り返し
廃墟となった古代都市

014 ラリベラ
Lalibela

エチオピア◆アムハラ州

地面の岩盤を掘って造られた岩窟教会群。なかでも十字架をかたどった聖ゲオルギウス教会は建築史上重要な石造建築とされている。

想像を超える教会建築
エチオピア正教の聖地

One Point

規則正しいうねり模様を描く砂紋は、風によって生じる自然界のアート。砂の粒の大きさや風の強さによって浮かび上がる模様もさまざま。

015 サハラ砂漠
The Sahara

モロッコほか

北アフリカの11カ国にも及ぶ広大なサハラ砂漠はアメリカ合衆国の広さに匹敵する面積約1000万km²。見渡す限りオレンジ色の砂が広がる砂漠地域だけでなく山岳地帯や岩山、草木の茂るオアシスなどの地形が含まれ、多様な表情を見せる。砂漠という意味のアラビア語が語源のサハラ。砂の上に降り立つと音のない世界が広がる。

太陽の音まで聞こえそうな
一面に広がる静寂の世界

刻一刻と表情を変える
砂が繰り広げる自然の美

016 ナミブ砂漠
Namib Desert

ナミビア◆ハルダプ州ほか

約8000万年前に形成されたとされる世界最古の砂漠。100〜300m級のアプリコット色の砂丘が果てしなく連なる光景は世界一美しい砂漠と称されるのにふさわしく自然が生み出す神秘の美に心奪われる。

017 デッドフレイ
Deadvlei

ナミビア◆ハルダブ州

白くひび割れた大地に立ち枯れた木が何百年もの間そのままの姿でたたずむ「死の沼」の底。かつての塩湖が干上がり、そのままの姿を残している。

018 白砂漠
White Desert

エジプト◆ワーディー・ゲディード県

夢のように真っ白な世界が広がるエジプトの秘境。幻想的な砂漠に点在する数々の奇岩は、太古の海底堆積物が石灰石となり地表に隆起し風化したもの。キノコやニワトリに見える岩などユニークだ。

歳月と自然が織りなす
地球規模のオブジェ

そこにあるのは死のみ
厳しい自然の姿を見る

アフリカ

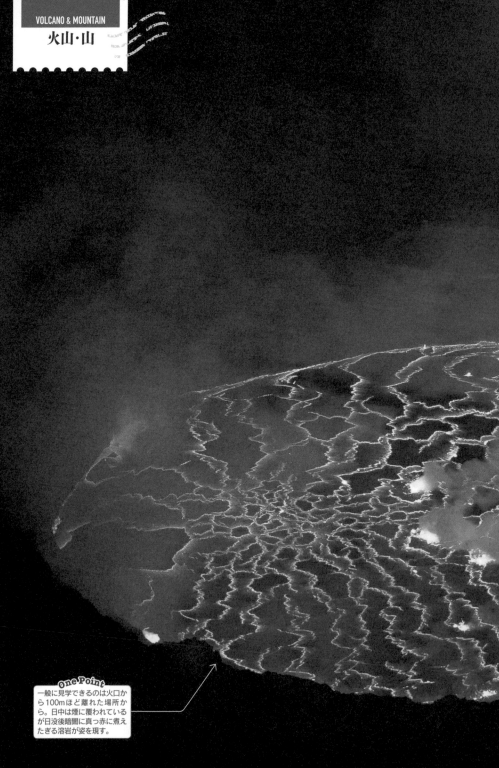

One Point

一般に見学できるのは火口か
ら100mほど離れた場所か
ら。日中は煙に覆われている
が日没後暗闇に真っ赤に煮え
たぎる溶岩が姿を現す。

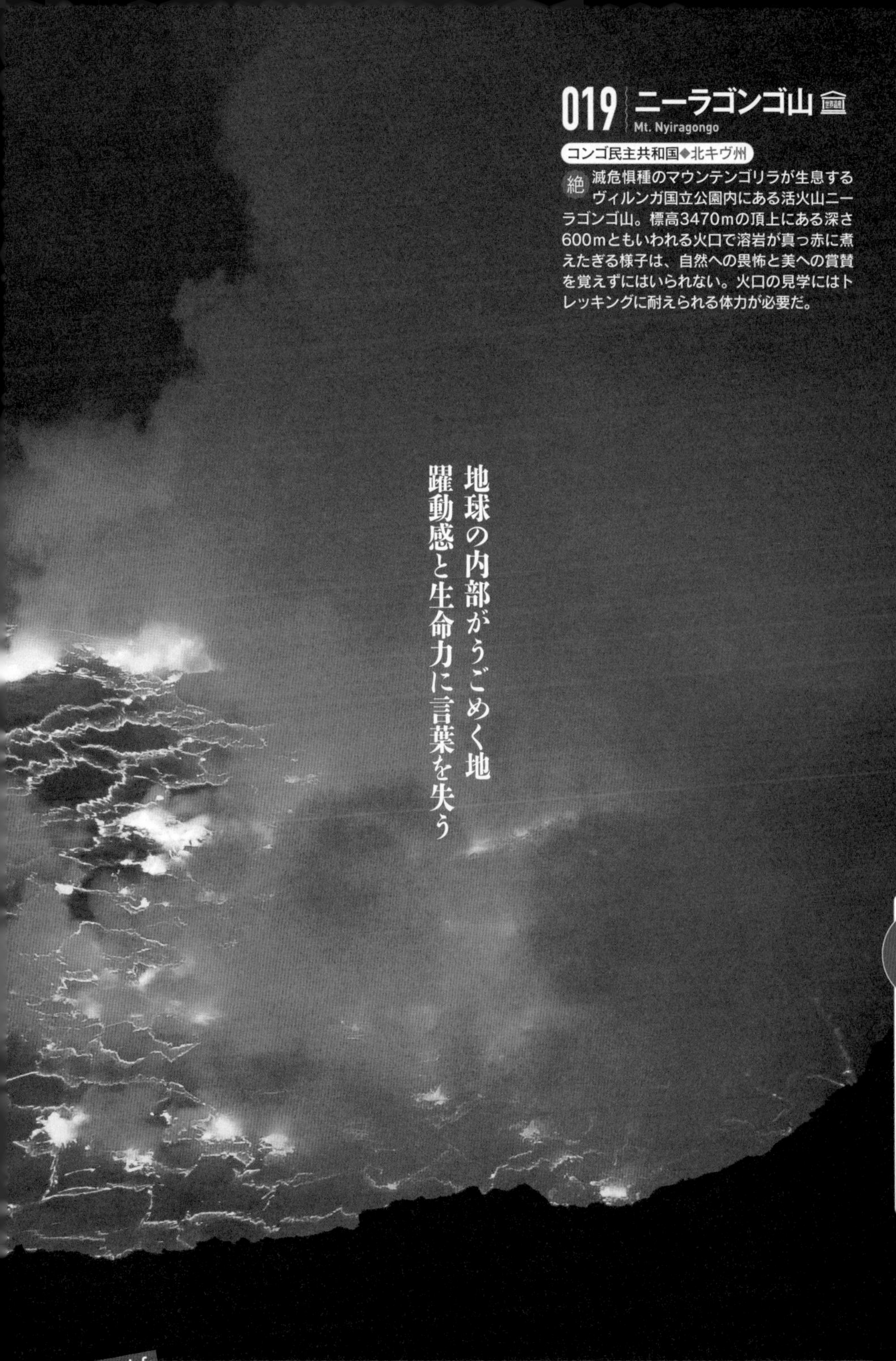

019 ニーラゴンゴ山
Mt. Nyiragongo

コンゴ民主共和国◆北キヴ州

絶 滅危惧種のマウンテンゴリラが生息するヴィルンガ国立公園内にある活火山ニーラゴンゴ山。標高3470mの頂上にある深さ600mともいわれる火口で溶岩が真っ赤に煮えたぎる様子は、自然への畏怖と美への賞賛を覚えずにはいられない。火口の見学にはトレッキングに耐えられる体力が必要だ。

地球の内部がうごめく地
躍動感と生命力に言葉を失う

More Info 噴火は激しくないといわれているが1977年の噴火では犠牲者を出し2002年には麓の街を破壊している危険な火山。

020 | ダロール火山
Dallol

エチオピア◆アファール州

世界で最も暑い場所のひとつ、ダ
ナキル砂漠にあるダロール火山
は海抜−約45m。地熱によって水蒸
気爆発を起こした塩水と硫黄などの
鉱物が極彩色の奇観を形成している。
現在もあちらこちらから黄色い塩水
が噴出しその表情を変えている。

砂漠の向こうに現れる
幻のような極彩色の世界

021 シナイ山
Mt. Sinai

エジプト◆南シナイ県

モーゼが神から十戒を授かった伝説が残る山。神聖な場所でご来光を拝もうと世界中から人々が集い、あたりが薄明かりに包まれるとほどなくして太陽が静かに昇る。

祈りにも似た気持ちと
聖なる山で迎える夜明け

多様な動植物が生息する
世界自然遺産の国立公園

022 キリマンジャロ
Mt. Kilimanjaro

タンザニア◆北部

スワヒリ語で「輝く山」という意味のキリマンジャロは頂上部に氷河と万年雪を抱くアフリカ大陸最高峰。麓のサバンナとのコントラストが鮮やかな一帯は、国立公園として貴重な生態系保護に努めている。

アフリカ

023 カイロ
Cairo

エジプト◆カイロ県

ナイル川流域で繁栄したアフリカ大陸最大の都市。旧市街を中心としたカイロ歴史地区には600以上のモスクと1000のミナレットが立ち並び「千の塔の都」と称される。イスラム教が色濃い街はもうひとつのエジプトの顔だ。

街に響き渡る
祈りの声と人々の
暮らしの喧騒が

024 マトマタ
Matmata

チュニジア◆ガベス県

ア ラブ人の迫害から逃れるためにベルベル人が地面に掘った穴居住宅で、現在も人々が暮らす。映画『スター・ウォーズ』の撮影にも使われ、街全体がまるで異星のよう。

025 フェズ 🏛
Fès

モロッコ◆フェズ=メクネス地方

狭 い路地が入り組み迷路のような旧市街は喧騒に包まれている。1000年以上もの歴史を刻み、中世のまま時が止まったかのような迷宮は今も生活が営まれている生きた遺産だ。

026 アイト・ベン・ハッドゥ 🏛
Ksar of Aït-Ben-Haddou

モロッコ◆ドラア=タフィラルト地方

モ ロッコ一美しい村とされるレンガ造りの城砦村。『アラビアのロレンス』をはじめ数多くの映画舞台にもなった。

歴史と文化が交差した
かつての賑わいを残す街

027 ストーン・タウン 🏛
Stone Town

タンザニア◆ザンジバル島

多様な建物がひしめき合うのは、交易で
もたらされたアラブ文化やヨーロッパ
の支配により独特の文化を生み出したから。
特徴的な石造建築物の旧市街は世界遺産。

028 ムザブの谷 🏛
M'Zab Valley

アルジェリア◆ガルダイア県

異端視され迫害から逃れたイスラ
ム清教徒が築いた5つの村からな
る街。真四角な家が立ち並ぶ都市美は
フランスの芸術家にも影響を与えた。

029 マラケシュ
Marrakech

モロッコ◆マラケシュ=サフィ地方

街の中心広場は毎夜屋台や大道
芸で賑わう。映画『Sex and
the City 2』の買い物シーンはス
ーク(市場)で撮影された。

街に足を踏み入れると
そこは青に包まれた迷路

030 シャウエン
Chefchaouen

モロッコ◆タンジェ

さ まざまなトーンの青色で覆われ、
どこを切り取っても絵になる山
間部の旧市街。青く塗られた街は「青
い真珠」と称され、海の底のような
おとぎの国のような不思議な世界だ。

職人の技と芸術が光る
静寂に包まれる祈りの場

031 ハッサン2世モスク
Hassan II Mosque

モロッコ◆カサブランカ＝セタット地方

港 町カサブランカの海沿いにあるモロッコ最大級のモスク。造営には国内の芸術家や職人が約1000人集められたとされ、大理石の床やシャンデリア、モザイクタイルの壁など芸術的なみどころも多い。モロッコでは珍しく異教徒もモスク内部の見学ができる。

032 アル・サハバ・モスク
Al Sahaba Mosque

エジプト◆南シナイ県

紅 海に面した国際リゾート地シャルム・エル・シェイクに建てられた新しいモスク。ファーティマ朝、マムルーク朝、オスマン朝スタイルの混在する新時代を象徴する建築様式が特徴。

ユニークなモスクが示す
新しい時代の多様性

033 アブジャ国立モスク
Abuja National Mosque

ナイジェリア◆連邦首都地区

金 色に輝くドームと4本の塔が目を引く街の代表的モスク。国立モスクの正面には国立教会が建てられており、この国で対立するイスラム教とキリスト教の融和を反映している。

宗教を越え祖国の平和に
祈りを捧げる人々が集う

アフリカ

435

One Point

3000kmを1年かけて移動するヌーの群れ。6月ごろにケニアのマサイ・マラ国立保護区を目指してマラ川を渡り、9月ごろから再び戻ってくる。

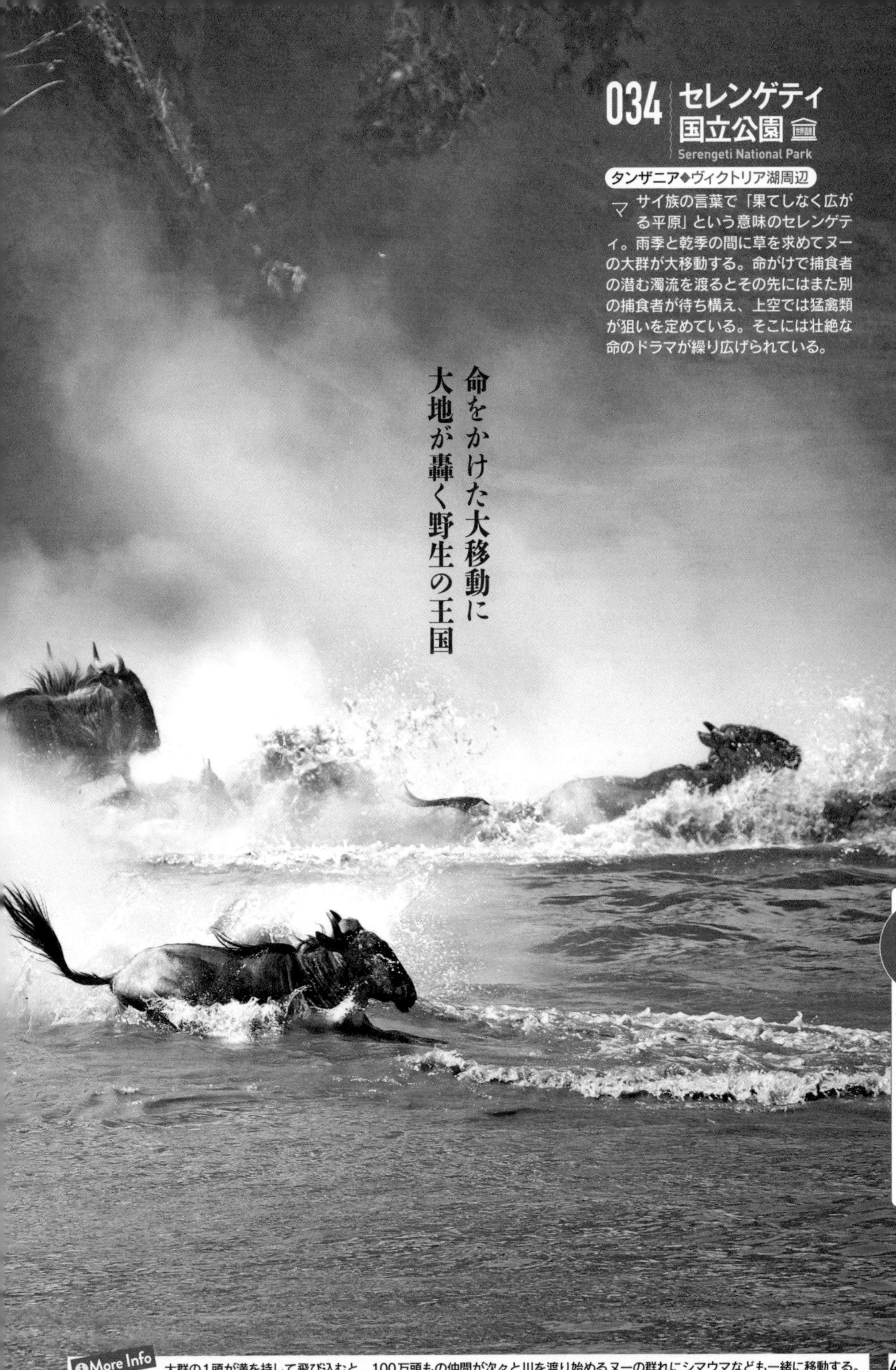

034 セレンゲティ国立公園

Serengeti National Park

タンザニア◆ヴィクトリア湖周辺

マサイ族の言葉で「果てしなく広がる平原」という意味のセレンゲティ。雨季と乾季の間に草を求めてヌーの大群が大移動する。命がけで捕食者の潜む濁流を渡るとその先にはまた別の捕食者が待ち構え、上空では猛禽類が狙いを定めている。そこには壮絶な命のドラマが繰り広げられている。

命をかけた大移動に
大地が轟く野生の王国

More Info 大群の1頭が満を持して飛び込むと、100万頭もの仲間が次々と川を渡り始めるヌーの群れにシマウマなども一緒に移動する。

035 | マサイ・マラ国立保護区
Masai Mara National Reserve

ケニア◆ナロク

多種多様な野生動物を間近に見ようと世界中から観光客が集まるサバンナ。見渡す限りの草原では空、大地、水中とあらゆる場所で命が営まれている。

自然の恵みと厳しさ
大草原は野生動物の楽園

036 | クルーガー国立公園
Kruger National Park

南アフリカ◆リンポポ州／ムプマランガ州

アフリカ有数の広さの鳥獣保護区でもある国立公園。ライオンなどのビッグファイブ級の主役はもとより数百種もの動物や鳥、植物が生息する大自然の宝庫。

夜明けとともに姿を現す動物たちの変わらぬ日常

037 シミエン国立公園 [世界遺産]
Simien National Park

エチオピア◆アムハラ州

ア フリカの天井と称される高山や深い渓谷が連なる過酷な自然下で、高地ヤギやヒヒなどの独自に進化を遂げた固有種が多く生息する。

038 クイーン・エリザベス国立公園
Queen Elizabeth National Park

ウガンダ◆西部地域

2 つの湖を結ぶ水路を、ゆったりと下るボート・サファリが人気。インパラにも似た希少な固有種、ウガンダ・コーブが棲息している。

アフリカ

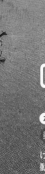

039 オカバンゴ・デルタ [世界遺産]
Okavango Delta

ボツワナ◆北西地区

乾 季のカラハリ砂漠に現れる湿地は高原の雨が数カ月かけて流れ着いたもの。水を歩く動物の珍しい姿が見られる。

040 チョベ国立公園
Chobe National Park

ボツワナ◆チョベ地区

象 の密集地として知られ、公園内を流れるチョベ川を渡る象の群れや鳥、ほかの野生動物を陸上と水上から楽しむサファリが人気。

041 グレート・リフト・バレー
Great Rift Valley

ケニア◆ナクル

ア フリカ大陸を南北に縦断する大地溝帯。ボゴリア湖は世界最大のフラミンゴの生息地で知られ、100万羽以上が湖をピンク色に染める。

042 アンボセリ 国立公園
Amboseli National Park

ケニア◆カジアド

ヘ ミングウェイが『キリマンジャロの雪』を執筆した土地として知られ、晴れた日には動物が草を食む草原の向こうに万年雪を冠した山が見える。

シダや希少植物が茂る
野生のゴリラが暮らす森

043 ブウィンディ 原生国立公園 🏛
Bwindi Impenetrable National Park

ウガンダ◆西部地域

絶 滅危惧種のマウンテンゴリラの約半数が生息する原生森林。一日のトレッキング許可人数をごく少数に制限し、秘境の貴重な生物相を保護している。

カルデラの底に残された
人と動物が共存する楽園

044 ンゴロンゴロ 保全地域 🏛
Ngorongoro Conservation Area

タンザニア◆北部

数 百万年前の噴火と地殻変動によってできた巨大な火口原に野生動物が暮らす世界的に珍しい場所。初期人類の化石も発見されている。絶滅の危機にあるクロサイの生息地。

アフリカ

441

One Point
ジンバブエ側の国立公園からの見学が一般的。遊歩道が整備され滝つぼ見学スポットが点在する。雨季は水煙でずぶ濡れになるので雨具は必須。

045 ビクトリアの滝
Victoria Falls

ザンビア◆南部州

ジンバブエ◆北マタベレランド

世界三大瀑布のひとつで世界最大級の水量を誇る。雨季の特に2～5月は最大落差108ｍの大地の裂け目へと大量の水が流れ込み、滝壺は水の勢いで強風が吹き、上空へと水煙が巻き上がる様子が見られる。飛沫が潤す周囲は熱帯雨林を形成しユニークな生態系。乾季に滝はぐっと小規模になる。

迫力の水量と
雷鳴轟き舞い上がる水煙
滝のパワーに驚く

More Info ヘリコプターのツアーでは滝の全体像が見渡せる。高さ111mの橋からスリル満点のバンジージャンプも人気。

046 海の滝
Underwater Waterfall

モーリシャス◆ブラックリバー県

モーリシャスの青く透明な海に現れる巨大な滝は、海中のサンゴや砂が潮の流れで描く自然のアート。目の錯覚で海中に滝が流れ落ちるかのように見える。

壮大な自然のだまし絵
空からしか見えない奇跡

広大な湖に生きる生命の
進化の謎を秘めた魚たち

047 マラウイ湖国立公園
Lake Malawi National Park

マラウイ◆南部州

澄み渡るマラウイ湖の南端に位置する国立公園。500種以上生息する魚類は、そのほとんどが固有種で進化の多彩さから「湖のガラパゴス」と称される。

048 ラック・ローズ
Lac Rose

セネガル◆ダカール州

独特な色から「バラ色の湖」とよばれるレトバ湖。11〜6月の乾季に塩分濃度の高い湖で繁殖する緑藻が光合成を起こすことによる現象。

植物と太陽が起こす
バラ色の湖面は幻の世界

約1万年前はひとつの大湖
今も砂漠で水をたたえる

049 ウニアンガ湖群
Lakes of Ounianga

チャド◆西エネディ州

サハラ砂漠にある18の湖沼群。世界的に珍しい景観を生み出す砂漠の水場はそれぞれ成分や塩分濃度、大きさ、生態系が異なる。

One Point
島の東にある人気スポット
「ザ・ロック」。岩上に立つ
360度オーシャンビューのレ
ストラン。満潮時には渡し舟
で入口まで案内してくれる。

050 | ザンジバル島
Zanzibar

タンザニア

インド洋に浮かぶ小さな島。旧市街のストーン・タウンで知られているが、多くの欧米人が訪れる屈指のリゾート地としても有名。世界有数の美しい海が広がり、「アフリカの楽園」とも称されている。周辺にはリゾートホテルが立ち並び、白砂のビーチはまさに楽園のムード。

青く広い空と
透き通る海
絵画のような楽園がある

アフリカ

051 シャルム・エル・シェイク
Sharm el-Sheikh

エジプト◆南シナイ県

シナイ半島の南端に位置する紅海のリゾートは中東や欧州からのバカンス客で賑わい、世界有数の透明度を誇るダイビングスポットとしても知られる。

砂漠のイメージを覆す
エジプトのリゾート地

052 シディ・ブ・サイド
Sidi Bou Said

チュニジア◆チュニス県

丘の上から地中海を望む小さな街は青と白で統一されたすがすがしい高級リゾート地。ヨットハーバーやカフェ、みやげ物店が並び街歩きも楽しい。

鮮やかなコントラストは
チュニジアンブルーの美

053 | ラ・ディーグ島
La Digue

セーシェル

島 に鎮座する花崗岩の巨岩群は、はるか昔の大陸分裂の名残。白砂とエメラルドグリーンの海とのコントラストは格別。

054 | エッサウィラ
Essaouira

モロッコ◆マラケシュ=サフィ地方

ヨ ーロッパとアラブの文化が融合した異国情緒に浸れる大西洋岸の港町。多くの芸術家が滞在することでも知られる。

055 | ミューゼンバーグ
Muizenberg

南アフリカ◆西ケープ州

サ ーファーの天国とよばれるビーチ。砂浜に立ち並ぶカラフルな小屋は、19世紀に上流階級が海水浴の際に利用したもの。

アフリカ

056 ツィンギ・デ・ベマラ
厳正自然保護区 世界遺産
Tsingy de Bemaraha Strict Nature Reserve

マダガスカル◆マジュンガ州

数万年かけて浸食された、針のように尖っ
た石灰岩の山が広がる。谷底は迷路のよ
うな洞窟になっており、原生林や岩の尖塔群に
はキツネザルなどの固有種が多く生息している。

人を寄せつけない秘境に
立ちはだかる岩山の迫力

057 ブライデ・リバー・
キャニオン
自然保護区

Blyde River Canyon Nature Reserve

南アフリカ◆ムプマランガ州

低差1000m以上のダイナミックな
渓谷は、豊かな水流と森林の緑に囲
まれた自然の宝庫。世界三大渓谷のひとつ。

058 ライオンズ・ヘッド

Lion's Head

南アフリカ◆西ケープ州

ライオンの頭の形をした山頂の岩場から
はテーブルマウンテンやケープタウン
を一望。北側に続くシグナル・ヒルからは
サンセットや夜景を眺められる。

059 ミラドゥーロ・ダ・ルーア

Miradouro da Lua

アンゴラ◆ルアンダ州

月面のような光景からポルトガル語で「月が見える
場所」と名付けられた。切り立った崖の岩肌に地
層の美しいグラデーションがはっきりと見られる。

アフリカ

地球規模の歴史を伝える
古代のロック・アート

060 エネディ山地
Ennedi Massif

チャド◆東エネディ州／西エネディ州

砂 岩の大地が風雨で浸食されて生まれた渓谷や巨大な奇岩が散在する。渓谷の水場にはラクダが集まりワニが生息する。岩壁には先人の岩絵が見られ人類の歴史の痕跡を今に残している。

061 トドラ渓谷
Todra Gorge

モロッコ◆ドラア=タフィラルト地方

道 の両脇に200m以上のそり立った崖が迫る渓谷はロック・クライミングの聖地。地元の人たちが水遊びに訪れる近くの川沿いには緑豊かなオアシスがある。

切り立つ崖の間に立つと
地球の大きさを実感する

062 ルムシキ
Rhumsiki

カメルーン◆極北州

 ンダラ山地の火山活動によってできた巨岩がそびえ立つ景勝地。フランスの文豪アンドレ・ジイドが「世界一の奇岩」と称した。

大地にそびえる奇岩群
カメルーンの聖地へ

---

063 セブン・カラード・アース・オブ・シャマレル
Seven Colored Earth of Chamarel

モーリシャス◆ブラックリバー県

シャマレル特有の大気が火山の鉱物と化学反応を起こして7色に見える大地。地上に虹が現れたかのような幻想的な光景は天候によって異なる配色となる。

自然が描く神秘のアート
絵の具のような鮮やかさ

『星の王子さま』にも登場する
精霊が宿るとされる樹木

064 バオバブの並木道
Avenue of the Baobabs

マダガスカル◆トゥリアラ州

大さ10m、高さは20m以上にもなるバオバブの巨木は、他の草木が育たない砂漠でも生き延びる生命力がある神秘の樹木。朝日や夕日に浮かぶシルエットは幻想的。

065 ルウェンゾリ山地
国立公園 🏛
Rwenzori Mountains National Park

ウガンダ◆西部地域

万 年雪を冠する山はナイル川の源流。氷河や滝、湖があり苔や巨大化した高山植物、熱帯雨林など豊かな植物が生息。

066 〉フィンボス 🏛
Fynbos

南アフリカ◆西ケープ州

ケ ープ地方に特有の植生で帯状に分布する自然の灌木群生地。約5000種の固有種を含む8000種類以上の植物からなり、多様性は熱帯雨林を上回る。

067 ◆ナマクワランド
Namaqualand

南アフリカ◆北ケープ州

半 砂漠地帯にわずかに降る雨が8月から10月に2週間限定の花畑を生み出す自然の奇跡。約4000種の花が一斉に咲き乱れる夢のような光景。

アフリカ

動物たちの集まる聖地

コロニーへ行こう！

特定の場所に動物が集まる集団繁殖地「コロニー」。
アフリカを代表する3つのエリアをご紹介。

シーズン **2～5月**

068 ボルダーズ・ビーチ
Boulders Beach

南アフリカ◆西ケープ州

ケープタウンから車で40分ほどにある小さなビーチ。よちよち歩きの愛らしいケープペンギンの姿を接近して観察することができるため、多くの観光客が訪れる。

都会のビーチに広がるペンギンの楽園

2～5月ごろが産卵のピークで、この時期は一年で最も多くのペンギンが集まる

▷ **ケープペンギン**
ケープ地方に生息するためアフリカンペンギンともよばれる。足黒で体長は約70cmと中型サイズ。

クサカワなオットセイの世界最大級コロニー

海岸は一面オットセイだらけだが、見学用に遊歩道が設けられているので安心

シーズン **11～12月**

069 ケープ・クロス
Cape Cross

ナミビア◆エロンゴ州

ナミビア第2の都市スワコップムントから北西へ約120kmのところにある自然保護区。多いときで20万頭以上生息しているオットセイの楽園。臭いが強烈なので注意。

▷ **ミナミアフリカオットセイ**
アフリカの南および南西海岸に生息。毛色は灰色がかった茶色で、オットセイのなかでは最大級の大きさとなる。

シーズン **5～10月**

070 ベレンティ保護区
Berenty Reserve

マダガスカル◆トゥリアラ州

マダガスカル南部にあり、多くの著名な公人が訪れる有名な私設の自然保護区。広大な敷地にワオキツネザルをはじめ、たくさんの動植物が生息している。

いきいきと暮らすワオキツネザルに出会う

保護区内唯一の宿ベレンティ・ロッジにはたくさんのワオキツネザルが集まる

▷ **ワオキツネザル**
マダガスカル南部に生息。尾の黒と白の輪の模様が名前の由来。小さな体で3m以上もジャンプする。

OCEANIA &
ANTARCTIC

オセアニア・南極

スケールの大きいサンゴ礁とリゾート島に憧憬する

オセアニア 62 SPOT

OCEANIA

オーストラリア大陸とニュージーランドをはじめ、太平洋に浮かぶ島々からなるエリア。

エリアの中核をなすオーストラリア大陸には、先住民族の聖地であったエアーズ・ロックや、世界最大のサンゴ礁地帯グレート・バリア・リーフといったダイナミックな自然の絶景とともに、アボリジニの文化、名建築オペラ・ハウスがあるシドニーなど都会も共存。多くの固有種が生息しているのも特徴だ。キラウエア火山が溶岩を噴くハワイをはじめ、太平洋に浮かぶ島々は、白砂のビーチとエメラルドの海で、どの島も楽園そのもの。世界中の人々を魅了してやまない。

BASIC INFORMATION

- **国** 28カ国
- **人口** 約4318万人(世界の約1%)
- **面積** 約853万km²(世界の約5%)

⬆ミクロネシア連邦のジープ島(P468)。環状のサンゴ礁の中にポツンと浮かぶ

グアム

パラオ

010 021 062
011
ミクロネシア連邦

パプアニューギニア

003 058   033 001
     050   031   008
056   047   002
        049 046   オーストラリア
007
023
                    028
                  022
048   020   025
              027 032 044
       052

⬆観光鉄道が広大な熱帯雨林のなかを走る、オーストラリアのキュランダ(P478)

🏛 世界遺産登録されているスポット

⬆白亜の灯台が印象的な
ニューカレドニアのアメ
デ島(P469)

053 061　004 005 029 037
ハワイ

036 057

マーシャル諸島

キリバス

ナウル

ソロモン諸島

ツバル

サモア
019

017 009
バヌアツ　フィジー
　　　　　045

039

015 026

030

006　ニューカレドニア
014

ニウエ

トンガ

クック諸島
013

フランス領
ポリネシア

012

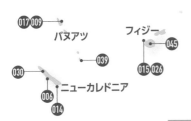

035
024
042　038
018
　　　060
051
　　040
055
059　　　　ニュージーランド
041　　043
　　　016
034
　　054

オセアニア・南極

One Point
サンゴ礁の面積は約35万㎢に及び、日本列島とほぼ同じくらいの大きさがある。1500種以上の魚類と200種以上もの鳥類が生息している。

サンゴ礁の巨大な帯が
果てしなく続く
海洋生物たちの楽園

001 グレート・バリア・リーフ
Great Barrier Reef

オーストラリア◆クイーンズランド州

全 長約2000kmに及ぶ世界最大のサンゴ礁群。400種以
上のサンゴが暮らす豊かな海は、クジラや海カメなど
の大型生物や熱帯魚、鳥類など多様な生物を育み、貴重な
自然の宝庫として世界遺産に登録されている。ダイビング
やシュノーケリングで海中散歩、点在する島々でのリゾート、
空からのパノラマ眺望と楽しみは尽きない。

More Info サンゴは年に一度、11～12月の満月の日のあとに一斉に産卵する。海中に大量の雪が舞うような幻想的な光景が見られる。

002 ホワイト・ヘブン・ビーチ
White Heaven Beach

オーストラリア◆クイーンズランド州

グレート・バリア・リーフの中央部、ウィットサンデー諸島の無人島にある美しいビーチ。ガラスの原料となるシリカの砂粒は輝くほどの白さを放つ。島のヒル・インレット展望台から、潮流が描き出す海の青と白砂の渦巻模様を眺めたい。

003 ケーブル・ビーチ
Cable Beach

オーストラリア◆西オーストラリア州

珠養殖で知られる街ブルームにある全長22kmのビーチ。夕暮れどきが特に魅力的で、オレンジに染まる浜辺を異国情緒たっぷりにラクダに乗って散策するアクティビティが人気だ。

海と白砂が混じり合う
魅惑のマーブル模様

004 ラニカイ・ビーチ
Lanikai Beach

ハワイ◆オアフ島

高 級住宅街の間の小道を抜けると広がるビーチ。ラニカイとはハワイ語で「天国の海」。沖に浮かぶ2つの小島と海の穏やかな青さが織りなす風景はたまらなく美しい。

沖合を歩くという特別な体験に出合う

005 カネオヘ・サンドバー
Kaneohe Sandbar

(ハワイ◆オアフ島)

の東海岸、カネオヘ湾の沖合に、人が歩けるほどの浅瀬がぽっかりとある。サンゴの砂が堆積してできた砂州で、条件が揃う干潮時には砂浜が顔を出す。沖合ならではの360度ビューを楽しみたい。

「天国に一番近い島」の世界遺産リーフ

006 ニューカレドニア・バリア・リーフ
New Caledonia Barrier Reef

(ニューカレドニア◆グランドテール島ほか)

オーストラリアのグレート・バリア・リーフに次ぎ、全長約1600kmの長さを誇るサンゴ礁群。ラグーン群には、多種多様なサンゴや魚類をはじめ、ジュゴン、絶滅危惧種の哺乳類なども見られる。

007 シェル・ビーチ
Shell Beach

オーストラリア◆西オーストラリア州

大陸西部のシャーク湾沿いにあるビーチ。塩分濃度の高い湾内に適応した小さな二枚貝が繁殖し、やがてビーチに堆積。全長110km以上、深さ7〜10mに及ぶ純白の貝殻ビーチが生まれた。

008 ハート・リーフ
Heart Reef

オーストラリア◆クイーンズランド州

グレート・バリア・リーフにあるハート形をしたサンゴ礁。カップルで一緒に見ると一生幸せになれると噂されるパワースポットだ。遊覧飛行で幸せのハートを見つけよう。

009 シャンパン・ビーチ
Champagne Beach

バヌアツ◆エスピリッツサント島

熱帯雨林に囲まれてアーチを描くロマンチックなパウダーサンドのビーチ。海底から湧く真水と泡がシャンパンのようと、名前の由来は諸説ある。緑の森とのコントラストも鮮やかだ。

オセアニア・南極

One Point
現在は島々のほとんどが無人
島で、緑豊かな自然に覆われ
ている。かつて、人々が暮ら
していたことを示す洞窟など
数々の遺跡が残されている。

010 ロック・アイランド 🏛
Rock Islands

パラオ◆コロール島／ペリリュー島ほか

コロール島とペリリュー島の間に浮かぶ大小
200以上の島の総称がロック・アイランド。
火山活動によるサンゴの隆起などで生まれた緑
の丸い島々と青い海が魅せる独特の景観が魅力。
ターコイズブルーのサンゴの海は、多くの海洋
生物が暮らす格好のダイビングスポット。海域
一帯がパラオ初の世界遺産に認定された。

緑のキノコのような
かわいい島が並ぶ
ミクロネシアの名勝

More Info なかでも美しいと評判のセブンティ・アイランドは自然保護区のため船での接近は禁止。遊覧飛行でのみ風景を楽しめる。

011 ジープ島
Jeep Island

ミクロネシア連邦◆チューク州

州の中心にあたるウェノ島から船で約30分の海上に浮かぶ直径34mの小島は、日本人によって開拓された。チューク環礁内にあり、ダイビングや野生のイルカとのスイムも楽しみ。無人島気分を味わえるコテージも。

ハネムーナーに人気 憧れの極上リゾート

012 ボラボラ島
Bora Bora Island

フランス領ポリネシア◆ソシエテ諸島

タヒチ島の北西にある人気のリゾート島。神秘的なオテマヌ山が中央にそびえ、島を囲むブルーラグーンの縁に小島（モツ）が並ぶ風景はまさに「南太平洋の真珠」。水上バンガローなどで優雅な南国ステイを満喫したい。

013 アイツタキ島
Aitutaki Island

クック諸島◆南クック諸島

クック諸島を代表するリゾート島。島を取り囲むラグーンは、特別な青のアイツタキブルーが輝く。魅力的なリゾートホテルが点在し、周辺の島々へのクルージングが人気。

014 アメデ島
Amedee Island

ニューカレドニア◆グランドテール島周辺

ニューカレドニアで最大の島を取り囲むバリア・リーフの島のひとつ。小さな無人島に、1865年に建てられた高さ56mの白亜の灯台が立つ。灯台の上から青一色の世界を堪能したい。

015 ビーチコンバー島
Beachcomber Island

フィジー◆ママヌザ諸島

明度抜群の海とサンゴ礁に囲まれた島へは、フィジー本島から船で約40分。徒歩で一周15分ほどの小島にリゾートホテルが立ち、本島からの日帰りツアーも利用できる。

夜は満天の星が包む
ミルキーブルーの湖

017 ブルー・ホール
Blue Hole

バヌアツ◆エスピリッツサント島

島の東海岸部には、洞窟や鍾乳洞が水没し
てできたブルー・ホールが点在している。
緑の熱帯雨林に囲まれ、地中から湧く水はサ
ファイアのような美しい青色を放つ。

016 テカポ湖
Lake Tekapo

ニュージーランド◆カンタベリー地方（南島）

壮大なサザン・アルプスと森林に抱かれ、ミルキーブルーの水をたたえる神秘的な湖。晴天率が高く空気が澄んだ世界有数の星空観測スポットで、運がよければオーロラにも出合える。11〜12月ごろには湖畔に紫やピンクのルピナスが咲き、一年で最も鮮やかな季節を迎える。

018 ワイトモ洞窟
Waitomo Caves

ニュージーランド◆ワイカト地方（北島）

川の流れる鍾乳洞にツチボタルが群生し、頭上を青白い光が埋め尽くす。捕食のために垂らした糸も発光し、幻想的な空間を演出。ボートに乗って天の川のような光景を楽しめる。

森にぽっかりと開いた青く透明な洞窟プール

019 トスア・オーシャン・トレンチ
To Sua Ocean Trench

サモア◆ウポル島

直 径約50mの穴にターコイズブルーのクリアな水をたたえ、光が差すとブルーの水が輝きを増す。海岸近くの森の中にあり、海底洞窟で海洋とつながっている。長いハシゴを降りて、天然プールへ飛び込もう。

021 ジェリーフィッシュ・レイク
Jellyfish Lake

パラオ◆マカラカル島

マ カラカル島には、無数のクラゲがすむ湖がある。毒性がとても弱い種類のため、クラゲに囲まれて泳ぐという特別な体験を味わえる。ツアーで訪れることもできる。

020 マクドネル湖
Lake MacDonnell

オーストラリア◆南オーストラリア州

ピ ンク色の湖と青い海を道路がまっすぐに隔てる風景がSNS映えすると人気。ピンク色の正体は、塩湖の環境を好む藻類や微生物などの色素だといわれている。

022 ジェノラン・ケーブス
Jenolan Caves

オーストラリア◆ニューサウスウエールズ州

3億4000万年前に誕生したとされる世界最古の鍾乳洞群。それぞれ異なる雰囲気をもち、鍾乳石の多彩な造形美に息をのむ。ガイド付きのツアーなどに参加して見学する。

023 ハット・ラグーン
Hutt Lagoon

オーストラリア◆西オーストラリア州

インド洋に面した海岸地帯コーラル・コーストにあるピンク・レイク。季節や時間帯、天候によりピンクの濃さが変化し、午前中が特に美しいとされる。

024 カセドラル・コーブ
Cathedral Cove

ニュージーランド◆ワイカト地方（北島）

リゾート地として名高いコロマンデル半島にある景勝地。波の浸食により形成されたアーチ状の洞窟で、映画のロケ地にもなった。洞窟の先にある奇岩とセットで眺めたい。

オセアニア・南極

026 クラウド・ナイン
Cloud 9

フィジー◆ママヌザ諸島

太 平洋に浮かぶ水上バーへは、フィジーの
中心島から船で約1時間。トロピカルド
リンク片手にビーチチェアでくつろぎ、シュ
ノーケリングをして過ごすぜいたくな一日。

唯一無二の近代建築
港に浮かぶ白い帆船

025 オペラ・ハウス 🏛世界遺産
Sydney Opera House

オーストラリア◆ニューサウスウエールズ州（シドニー）

🐚 殻や帆船を思わせる、曲線の美しい白い屋根が優雅なシドニーのシンボル。デンマーク人建築家のデザインによる画期的な建築は、1973年の完成までに長い年月が費やされた。コンサートやオペラ、演劇、バレエなどが華やかに催され、館内見学ツアーも行われる。

027 ビクトリア 州立図書館
State Library Victoria

オーストラリア◆ビクトリア州（メルボルン）

18 56年に開館されたオーストラリアでも有数の図書館。アンティークな館内の中でも、吹き抜けドームのリーディングルームが特に有名だ。放射状に配置された机が印象的。

オセアニア・南極

青い霞が包み込む
太古の雄大な風景

029 ｜ モアナルア・ガーデン
Moanalua Gardens

【ハワイ◆オアフ島】

ワイキキから車で約20分の地にある市民憩いの公園。園内に大木のモンキーポッドが育ち、その一本が日本のテレビのCMに登場し、話題になった。5月と11月ごろには花を咲かせる。

028 ブルー・マウンテンズ 🏛

Blue Mountains

オーストラリア◆ニューサウスウエールズ州

シドニーから日帰りでも行ける壮大な世界遺産。ユーカリから揮発する油分が日光に反射して青く霞んで見えることからこの名に。ユーカリの原生林や奇岩スリー・シスターズ、渓谷の雄大な眺めに圧倒される。ロープウェイや展望台とさまざまな角度で楽しめる絶景。

030 ヴォーのハート

The Heart of Voh

ニューカレドニア◆グランドテール島

島 北部にある村ヴォーのマングローブ林で発見されたハート。土壌塩分の濃く、マングローブが生えていないことで生まれた景色。遊覧飛行で眺められる。

031 キュランダ
Kuranda

オーストラリア◆クイーンズランド州

世界最古といわれる熱帯雨林がある村。ケアンズから鉄道やロープウェイで気軽にアクセスでき、ジャングルの内部や上空を駆け抜けて森の豊かさを実感できる。森の中にはコアラとふれあえるネイチャーパークも。

車窓から感じる熱帯雨林のパワー

一面ブドウ畑の丘で景色とワインに酔いしれる

032 ヤラ・バレー
Yarra Valley

オーストラリア◆ビクトリア州

メルボルンの東にあるオーストラリアを代表するワイン産地。なだらかな丘陵地に広がる開放的なブドウ畑を上空から俯瞰する熱気球ツアーが人気だ。空中散歩のあとはワイナリーを訪ねて試飲を楽しもう。

033 デインツリー 国立公園 🏛
Daintree National Park

オーストラリア◆クイーンズランド州

テ　インツリー川を包み込む太古の森。シダ
類や緑のツタなどが生い茂る幻想的風景
が映画『アバター』のモデルといわれる。野生
の動植物と会えるリバークルーズが人気。

034 スロープ・ポイント
Slope Point

ニュージーランド◆サウスランド地方（南島）

南　極からの強風が吹きすさぶ、ニュージー
ランド南島最南端の地。暴風にあおられ
た木々が斜めに伸びたまま成長し、嵐の日の
ストップモーションのような光景を生んだ。

035 ワイポウア・ フォレスト
Waipoua Forest

ニュージーランド◆ノースランド地方（北島）

ニ　ュージーランド北島固有の巨木カウリの
原生林が広がる。マオリ語で「森の神」
という意味で、樹高約51ｍ、国内最大のカウ
リの木「タネ・マフタ」が有名。

大地からあふれるエネルギーを体感

036 キラウエア火山 🏛
Kilauea Volcano

ハワイ◆ハワイ島

今も活発な噴火活動を続ける活火山。随所に噴煙を上げ、真っ赤な溶岩が流れ出る迫力の風景が眺められることもある。火山を見晴らす展望台や火口を巡るトレイルで、大地のエネルギーを感じたい。一帯のハワイ火山国立公園が世界遺産に登録されている。

037 ダイヤモンド・ヘッド
Diamond Head

ハワイ◆オアフ島

ワイキキ・ビーチの景観に欠かせない山の標高は232m。約30万年前の噴火で生まれた火山で、火口から山頂まで登山道が続く。山頂の展望台からホノルルの街を一望できる。

038 レディ・ノックス
間欠泉
Lady Knox Geyser

ニュージーランド◆ワイカト地方(北島)

北島中部に広がる国内最大規模の地熱地帯にある間欠泉。毎朝1回、間欠泉のショーが行われ、石鹸を投げ入れると、人為的に高さ最大20mまで噴出される。

039 ヤスール火山
Yasur Volcano

バヌアツ◆タンナ島

島の東南部に位置し、車を降りて15分ほど登れば、「世界で最も火口に近づける活火山」へ到着。爆音とともにマグマの噴き上がる大迫力のシーンが目前に広がる。

040 トンガリロ国立公園
Tongariro National Park

ニュージーランド
マナワツ・ワンガヌイ地方ほか(北島)

ルアペフ山など3つの活火山の周辺に広がる国立公園で、マオリの人々にとっての聖地。エメラルド色の火口湖や、荒涼としたクレーターを眺めながらのトレッキングを楽しめる。

オセアニア・南極

「女王にふさわしい街」
優美な湖畔のリゾート

041 クイーンズタウン
Queenstown

ニュージーランド◆オタゴ地方（南島）

雄 大なサザン・アルプスを望むワカティプ
湖のほとりにある、ニュージーランド随
一のリゾートタウン。ブレコン・ストリート
からゴンドラで向かうボブズ・ピークの展望
台からは、湖や街並み、山々を一望できる。
星空観賞にもぴったりな場所だ。

042 マタマタ
Matamata

ニュージーランド◆ワイカト地方（北島）

ゆ るやかな丘陵に緑の牧草が広がるマタマ
タは、映画『ロード・オブ・ザ・リング』
のロケ地で有名。ホビット村のセットを見学
し、映画のファンタジックな世界を満喫。

043 クライストチャーチ
Christchurch

ニュージーランド◆カンタベリー地方（南島）

花や緑が爽やかなガーデンシティ。ヨーロッパ風の街並みをトラムがのんびり走る。地震被害を受けた大聖堂の近くには、日本人建築家による紙パイプでできた教会が立つ。

044 メルボルン
Melbourne

オーストラリア◆ビクトリア州

オーストラリア第2の都市で、イギリスのヴィクトリア朝時代の面影が残る歴史建築と、趣深いモダン建築が混在する街が印象的。トラムや徒歩で街巡りを満喫できる。

045 ナバラ村
Navala Village

フィジー◆ビチレブ島

フィジーの伝統文化にふれるならナバラ村へ。ビチレブ島の内陸の集落に茅葺きの伝統家屋ブレが点在する。昔ながらの生活にふれ、伝統料理を味わえるツアーを実施。

オセアニア・南極

047 デビルズ・マーブルズ
Devil's Marbles

オーストラリア◆ノーザンテリトリー

花 崗岩が長年の風雨にさらされて形づくられた丸い巨岩。州中央部の大地の一画に点在し、岩の上に不安定に乗った岩や真っこつに割れた岩など表情は豊かだ。

046 エアーズ・ロック（ウルル）

Ayers Rock (Uluru)

オーストラリア◆ノーザンテリトリー

オ　ーストラリア大陸のほぼ中央にある巨大な
　　一枚岩。高さ346mだが、地表部分は岩全
体のほんの一部にすぎない。朝日や夕日を受け、
刻々と表情を変える姿が神秘的。先住民アボリ
ジニの聖地であり、彼らの呼び名は「ウルル」。
今は観光客の登山が禁止されている。

048 ウェーブ・ロック

Wave Rock

オーストラリア◆西オーストラリア州

縦　縞模様の奇岩はまるで高波のよう。風雨に
　　よる浸食などによってつくられた自然の造形
だ。高さ約15m、長さ約110mに及び、頂上か
ら広大な平野を見渡せる。

049 カタ・ジュタ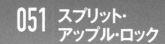
Kata Tjuta

オーストラリア◆ノーザンテリトリー

エ　アーズ・ロックと同じ世界遺産地域内で見
　られるドーム状の巨岩群。大小合わせて36
の岩があり、なかでもマウント・オルガは高さが
約546mで、エアーズ・ロックをしのぐ。

050 パヌルル国立公園
Purnululu National Park

オーストラリア◆西オーストラリア州

先　住民アボリジニがバングル・バングルとよぶ
　奇岩群が広がる。世間に知られたのは1983
年と最近だ。ビーハイブ（蜂の巣）というオレン
ジと黒の縞模様をした円錐型奇岩群は圧巻。

051 スプリット・アップル・ロック
Split Apple Rock

ニュージーランド◆タスマン地方（南島）

タ　スマン湾の海岸から50mほど沖合にある、
　リンゴを半分に切ったような岩。自然の
造形とは思えない直線の断面が見事だ。シー
カヤックで近づくこともできる。

052 グレート・オーシャン・ロード
Great Ocean Road

オーストラリア◆ビクトリア州

メルボルンの南西の海辺に約250km続く絶好のドライブウェイ。「12人の使徒」などの奇岩や美しいビーチ、断崖や温帯雨林の森などみどころは豊富だ。

053 ナ・パリ・コースト
Na Pali Coast

ハワイ◆カウアイ島

映画『ジュラシック・パーク』に登場する断崖絶壁の海岸線。長時間のトレッキングでのみたどり着けるカウアイの秘境だ。船や遊覧飛行で太古のような世界を眺めたい。

054 ナゲット・ポイント
Nugget Point

ニュージーランド◆オタゴ地方(南島)

南島の南部にある断崖の岬。岬の先端に国内最古ともいわれる灯台が立ち、海のパノラマを眺望できる。付近にはペンギンやオットセイが暮らす。

055 フランツ・ジョセフ氷河
Franz Josef Glacier

ニュージーランド◆ウエスト・コースト地方（南島）

西 海岸に位置する世界自然遺産「テ・ワヒポウナム」の一部。全長約12kmの氷河で、一日に数m動く。世界でも珍しく標高の低い場所にあり、氷河の末端が見られるウォーキングコースが設けられている。遊覧飛行で広大な氷河を眺めることもできる。

一日に数ｍも動く
生きた氷の世界へ

056 カリジニ国立公園
Karijini National Park

オーストラリア◆西オーストラリア州

20億年以上もの時をかけて形成。赤い岩肌の深い渓谷や滝、天然プールなど、どこも秘境感があふれる。複数の大きな渓谷が合流するポイントを見渡せる展望台も人気。

057 アカカ滝
Akaka Falls

ハワイ◆ハワイ島

ハワイの神話や歌に登場する美しい滝で、落差は約134ｍ。熱帯雨林に続く一周約20分の遊歩道が整備され、展望スポットからは迫力の風景を眺められる。

058 ミッチェルの滝
Mitchell Falls

オーストラリア◆西オーストラリア州

北部の秘境を流れるミッチェル川にある4段の滝。階段状の滝と滝つぼ、赤茶色の岩場が織りなすワイドで美しい景観が魅力。滝へはトレッキングツアーがあるほか、ヘリコプターでの遊覧飛行も利用できる。

赤茶色の秘境の地に流れ落ちる4段の滝

フィヨルドの造形美に悠久の自然を感じる

059 ミルフォード・サウンド
Milford Sound

ニュージーランド◆サウスランド地方（南島）

島の西海岸にある世界遺産のフィヨルド。氷河に削られてつくられた急峻な峰々が入り江に複雑に連なり、断崖から滝が勢いよく流れ落ちる。水面に峰々を映し出す美しい入り江をクルーズ船で旅したい。

060 フカ滝
Huka Falls

国内最長のワイカト川にある豪快な滝。滝の手前で幅を狭める川の流れは激しくなり、多いときで毎秒22万ℓもの水が轟音を立てて流れ落ちる。滝の上の橋から見られる。

061 ワイメア渓谷州立公園
Waimea Canyon State Park

「太平洋のグランド・キャニオン」とよばれる深さ1000m以上の渓谷。風雨などによって削られた地層は、太陽光の具合で、さまざまな表情を見せる。展望台から広大な渓谷を一望してみたい。

062 ガラスマオの滝
Ngardmau Waterfalls

水のカーテンが美しいパラオ最大の滝で、落差は約30m、滝幅は約37m。ジャングルの中を歩き、川を渡って進む約40分の行程も冒険心をくすぐる。滝つぼで遊泳もできる。

オセアニア・南極

雪と氷に覆われた地球最後の秘境へ

未知なる感動が待つ南極 ③ SPOT

地球上最大で最後の秘境南極大陸は、過酷な気候で人類を寄せつけず、
動物たちが自然を謳歌している。原始の世界を体験できる場所だ。

広大な大陸、南米大陸に向かって突き出ている半島とその周辺の島々から、南極は構成される。南極点を囲むように広がる大陸は面積約1400万㎢で、98%が氷に覆われている。

観光で訪れるには、南米最南端からのクルーズの旅が一般的。ドレーク海峡を渡り、サウス・シェットランド諸島に上陸しながら、南極半島へ向かい、折り返すルートだ。いちばんの難所とされているドレーク海峡を飛行機で移動する場合もある。

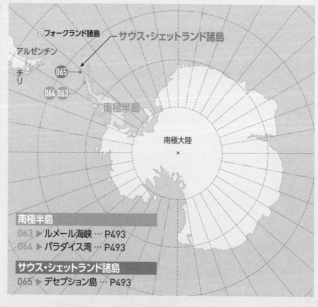

フォークランド諸島 — サウス・シェットランド諸島
アルゼンチン
チリ
065
064 063
南極半島
南極大陸
×

BASIC INFORMATION

- 国 どの国にも属さない
- 人口 年間約1000〜5000人の研究者が常駐
- 面積 約1400万km²（世界の約9%）

南極とその周辺の島に生息するペンギンたち

南極とその周辺の島にはエンペラーペンギン、ジェンツーペンギン、ヒゲペンギンなど8種類が生息。そのうち大陸沿岸部から内陸ではエンペラーペンギン、沿岸部や半島部分にかけてはジェンツーペンギン、ヒゲペンギン、アデリーペンギンなどが暮らす。マカロニペンギンはフォークランド諸島などに生息している。

マカロニペンギン
頭の冠羽が金髪のよう。英語でイタリアの伊達男の意味でマカロニという名に。

ヒゲペンギン
帽子の顎ひもやヒゲのように見える首周りの黒い線が特徴。攻撃的な性格。

エンペラーペンギン
体が一番大きい。厳寒の気候のなか立ったままで雄が抱卵と子育てをする。

ジェンツーペンギン
南極半島で多く見られるペンギン。くちばしはオレンジ、頭に白い模様がある。

アデリーペンギン
黒い顔に目の周りの白い部分、おちょぼ口が特徴。大陸の東部で発見された。

063 ルメール海峡
Lemaire Channel

南極◆南極半島

両岸には岩山が高くそびえる、風光明媚で雄大な海峡。長さが約11km、幅は最も狭くて450m、水深は平均400mある。海峡名はベルギー人の探検家の名前からとっている。

064 パラダイス湾
Paradise Bay

南極◆南極半島

アルゼンチンの観測基地の背後にある高台から湾全体を一望でき、アザラシやペンギン、海鳥たちも見られる。かつて捕鯨船の停泊地として利用された場所でもある。

065 デセプション島
Deception Island

南極◆サウス・シェットランド諸島

海底活火山の島には、ヒゲペンギンの営巣地が点在。地熱で温められた海水が波打ち際で水蒸気となる様子が見られる。捕鯨基地だった歴史があり、その廃墟が残る。

国別絶景カタログ

もっと見つかる **358 SPOT**

北欧・東欧・ロシア

001 (アイスランド)
グトルフォス
Gullfoss
「黄金の滝」という意味の滝。水量が多く、轟音を立てて流れ落ちていくさまは圧巻。

002 (アイスランド)
ゴーザフォス
Godafoss
北アイスランドの中心都市アクレイリ近郊にある「神の滝」という意味をもつ滝。

003 (アイスランド)
ソウルヘイマ氷河
Solheimajokull
ミールダルス氷河の一部で、トレッキングやアイスクライミングも行われる観光地。

004 (アイスランド)
ナウマフィヤットル地熱地帯
Namafjall Geothermal Area
蒸気が噴出する不毛の丘陵地帯。別の惑星に来たと錯覚するほどの光景が広がる。

005 (アイスランド)
ハットルグリムス教会
Church of Hallgrimur
アイスランド一高い教会。異様な存在感を放つ教会として人気の観光スポット。

006 (アイスランド)
ミーヴァトン湖
Myvatn Lake
アイスランドの北部にある噴火でできた火山湖。周辺は自然保護区となっている。

007 (アゼルバイジャン)
フレイム・タワー
Flame Towers
首都バクーのシンボル。天然資源ビジネス成功の象徴である炎の形をした建物。

008 (エストニア)
タリン 🏛
Tallinn
中世の街並みが残るエストニア共和国の首都。街を見下ろす展望台からの景色は必見。

009 (グリーンランド)
タシーラク
Tasiilaq
グリーンランド南東部にある町。切り立った山々とカラフルな家がつくる壮大な景色。

010 (ジョージア)
ウシュグリ 🏛
Ushguli
ヨーロッパ最高地点にある村。いくつもある塔が特徴で、半年は雪に覆われる秘境。

011 (スウェーデン)
エーランド島 🏛
Oland
細長い世界遺産の島。点在する歴史的な風車や遺跡など、のどかな農村風景が広がる。

012 (セルビア)
ウヴァツ自然保護区
Uvac Nature Reserve
切り立った谷間をヘビのようにくねくねと蛇行しながら流れるウヴァツ川の絶景。

013 (デンマーク)
フレデリクスボー城
Frederiksborg Castle
デンマークを代表するルネサンス建築様式の城。現在は博物館になっている。

014 (ノルウェー)
ヴィーゲラン公園
Vigeland Park
彫刻家グスタフ・ヴィーゲランがデザインした、開放感たっぷりの大型彫刻公園。

北欧・東欧・ロシア

015 (フィンランド)
テンペリアウキオ教会
Temppeliaukio Church
「岩の教会」ともよばれ、大岩をくりぬいた壁と銅の天井でできたドーム型の教会。

016 (フィンランド)
ナーンタリ
Naantali
フィンランドで一番陽光が降りそそぐといわれる小さな街。ムーミンワールドが有名。

017 (ブルガリア)
ヴェリコ・タルノヴォ
Veliko Tarnovo
美しい街並みが残るブルガリアの古都。川沿いの崖にへばりつくように家が連なる。

018 (ブルガリア)
リラの修道院 🏛
Rila Monastery
10世紀に造られたブルガリア正教の総本山。外壁などに描かれたフレスコ画は圧巻。

019 (ラトビア)
リガ 🏛
Riga
港町として栄えるラトビアの首都。博物館や記念碑、美しい建物など、みどころ満載。

020 (リトアニア)
十字架の丘
Hill of Crosses
5万以上といわれるほど多くの十字架が立つ丘。無形文化遺産に登録されている。

021 (ルーマニア)
ビガーの滝
Bigar Falls
「ミニス渓谷の奇跡」とよばれる幻の滝。高さ約8mの苔のついた岩の帽子が特徴。

022 (ロシア)
ウスペンスキー大聖堂 🏛
Uspensky Cathedral
金色の丸屋根が美しい建物。祭壇前の天井に残るフレスコ画『最後の審判』は必見。

023 (ロシア)
カムチャッカ火山群 🏛
Kamchatka Volcanoes
ロシア東部カムチャッカ半島にある火山地帯。氷河に覆われたクロノツカヤ火山は有名。

024 (ロシア)
スーズダリのクレムリン 🏛
Suzdal Kremlin
クレムリン内にはさまざまな教会があり、ロジェストヴェンスキー大聖堂は特に美しい。

025 (ロシア)
レナ石柱自然公園 🏛
Lena Pillars Nature Park
レナ川沿岸に現れる、高さ約150〜300mの石柱群がそびえる圧巻の風景。

026 (ロシア)
ロストフのクレムリン
Rostov Kremlin
ロシアの古都群『黄金の環』のひとつ。17世紀の府主教が築いた府主教の邸宅。

027 (ロシア)
血の上の救世主教会 🏛
Church of the Savior on Spilled Blood
玉ネギ型の屋根が印象的で、豪華なモザイク装飾で彩られた古代ロシア風の教会。

028 (ロシア)
聖イサアク大聖堂 🏛
Saint Isaac's Cathedral
天を貫くようにそびえ立つ金色ドームの寺院。絢爛豪華な装飾に目を奪われる。

029 (アイルランド)
アデア
Adare
19世紀の雰囲気が残るのどかな村。かわいい屋根や壁の住居のほか、城や教会が点在。

030 (アイルランド)
カイルモア修道院
Kylemore Abbey
湖畔にたたずむネオ・ゴシック様式の修道院。広大な敷地内には教会や庭園などがある。

031 (アイルランド)
ダウンパトリック・ヘッド
Downpatrick Head
北西部に位置する岬。海岸だった部分が浸食されてできた奇岩で知られる。
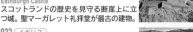

032 (イギリス) 🏛
エディンバラ城
Edinburgh Castle
スコットランドの歴史を見守る断崖上に立つ城。聖マーガレット礼拝堂が最古の建物。

033 (イギリス)
キルト・ロック
Kilt Rock
スカイ島の海に切り立つ断崖。海に向かって滝の水が激しく流れている。

034 (イギリス)
グレンフィナン陸橋
Glenfinnan Viaduct
世界最古のコンクリート製陸橋で、高さは30m、長さは381m。蒸気機関車も走る。

035 (イギリス)
セント・マイケルズ・マウント
Saint Michael's Mount
フランスのモン・サン・ミッシェルを思わせる島。干潮時には徒歩で渡ることができる。

036 (イギリス)
大英博物館
British Museum
世界中の文化財を所蔵する博物館。エジプトのミイラやロゼッタストーンは必見。

037 (イギリス)
ダノター城
Dunnottar Castle
断崖絶壁に立つ古城。天井はほぼ抜け落ちているが、教会や貯蔵庫の跡が残る。

038 (イギリス)
ハットフィールド・ハウス
Hatfield House
15世紀後半に建造。ヘンリー8世に没収されたあと、王室の宮殿として利用された。

039 (イギリス)
ハンプトン・コート宮殿
Hampton Court Palace
豪華絢爛な歴代君主の居城。大庭園では様式の異なるさまざまな庭園が見られる。

040 (イタリア) 🏛
ヴィッラ・デステ
Villa d'Este
1550年に造られた別荘。広大な庭園を有し、園内には数えられないほどの噴水がある。

041 (イタリア)
オルタ・サン・ジュリオ
Orta San Giulio
オルタ湖畔の街。周囲の山々と湖に浮かぶサン・ジュリオ島の景色が楽しめる。

042 (イタリア)
スカーラ・ディ・トゥルキ
Scala dei Turchi
シチリア島南部にある人気スポット。真っ白な石灰岩でできた崖は不思議な形状。

043 (イタリア) 🏛
ストロンボリ島
Stromboli
現在も噴火の見られる火山島。山肌を溶岩が流れ落ちていく様子が特徴的。

044 (イタリア)
トロペア
Tropea
そそり立つ崖の上に建物がある街は、神々の海岸と称される美しいビーチも自慢。

045 (イタリア)
ピティリアーノ
Pitigliano
凝灰岩の切り立った崖の上にある街。岩壁に掘られた穴はかつての住居や保存庫。

046 (イタリア) 🏛
フィレンツェ
Florence
「屋根のない美術館」ともいわれる歴史都市。ルネサンス期の華やかな雰囲気が残る。

047 (イタリア)
ベッラージオ
Bellagio
アルプスを背景に広がる湖水地方に位置。歴代皇帝やハリウッドスターにも愛される。

048 (オーストリア)
アックシュタイン城
Aggstein Castle
ヴァッハウ渓谷の山上にある古城。15世紀には盗賊騎士の城だったといわれている。

049 (オーストリア)
ホーエンヴェルフェン城
Hohenwerfen Castle
山脈に囲まれた街や川を見下ろす城。都市ザルツブルクを守るために11世紀に建設。

050 (オランダ) 🏛
キンデルダイク
Kinderdijk
オランダの象徴でもある風車が19基立つ。一部の風車は内部が博物館になっている。

051 (オランダ)
ハウテン
Houten
パステルカラーのカラフルな住宅が水辺に並ぶ風景がかわいいと近年話題のエリア。

052 (ギリシャ)
エラフォニシ・ビーチ
Elafonisi Beach
クレタ島の南西部にあるビーチ。細かく砕かれた貝殻が混じり、ピンク色に染まる。

053 (ギリシャ)
シミ島
Symi
ネオ・クラシック様式のカラフルな家が立ち並ぶ。絵本のような光景として人気。

054 (ギリシャ)
レッド・ビーチ
Red Beach
サントリーニ島の隠れ家的ビーチ。赤や黒の巨岩に囲まれており、世界的にも珍しい。

055 (ギリシャ) 🏛
ロードス島
Rhodes
エーゲ海に浮かぶ島。世界遺産に登録された中世の街並みと、リゾートタウンが共存。

056 (クロアチア)
ガレシュニャク島
Galesnjak
アドリア海に浮かぶ島。「愛の島」という名前にふさわしく、きれいなハート形。

057 (クロアチア) 🏛
スプリット
Split
古代ローマ時代の宮殿に、人々が住み始め発展してきた、珍しい歴史をもつ街。

058 (クロアチア)
ビシェヴォ島
Bisevo
リゾート地で名高いヴィス島の南西にある島。水面が美しい青に染まる洞窟が有名。

059 （スイス）
フィルスト
First
ロープウェイで簡単に行ける展望台では、アイガーなどの名峰や氷河の眺望が魅力。

060 （スイス）
ベルニナ・エクスプレス 🏛
Bernina Express
アルプス山脈をはじめ、氷河や湖などを車窓から楽しめる絶景自慢の鉄道。

061 （スイス）
ラヴォー地区 🏛
Lavaux
レマン湖畔の斜面にブドウ畑が広がり、ワイナリーのある小さな村が点在している。

062 （スペイン）
アルバラシン
Albarracin
川に囲まれた崖上に赤レンガの家々が立つ、ノスタルジックな村は夜景も美しい。

063 （スペイン）
コカ城
Coca Castle
15世紀に建造された城塞。建物のほか、当時の壁画や石像が状態よく残る。

064 （スペイン）
サラダ・デ・トレビエハ湖
Laguna Salada de Torrevieja
リゾート地にある塩湖。水中の藻やバクテリアにより、鮮やかなピンク色に染まる。

065 （スペイン）
サン・フアン・デ・ガステルガチェ
San Juan de Gaztelugatxe
ビスケー湾に浮かぶ小さな島に細い石橋が架かり、階段を上った先に礼拝堂がある。

066 （スペイン）
トレド 🏛
Toledo
キリスト、イスラム、ユダヤの文化が共存。大聖堂やアルカサルなどみどころも豊富。

067 （スペイン）
ミハス
Mijas
アンダルシア地方の美しい村。白い色に統一された家々が太陽の光に映える。

068 （スペイン）
メノルカ島
Menorca
バカンスに人気の島。船が浮かんでいるように見えるほど海の透明度が高い。

069 （スロバキア）
スピシュ城 🏛
Spis Castle
1209年に建てられた、小高い丘の上にある城。城下に広がる草原や街を一望できる。

070 （スロバキア）
ブラチスラヴァ城
Bratislava Castle
ドナウ川を望む城は、四隅に塔が立つことから「ひっくり返したテーブル」といわれる。

071 （スロベニア）
ヴィントガル渓谷
Vintgar Valley
エメラルドグリーンの渓流にいくつもの滝が流れ込む。遊歩道で散策が楽しめる。

072 （スロベニア）
シュコツィヤン鍾乳洞 🏛
Skocjan Caves
「カルスト」の語源になった地域にある。地下道や地底湖、滝など雄大な景観が広がる。

073 （スロベニア）
リュブリャナ
Ljubljana
古代ローマの時代からの歴史があり、中世の街並みが残るスロベニアの首都。

074 （チェコ）
クロムニェジーシュ 🏛
Kromeriz
17〜18世紀のバロック様式の城とフラワーガーデンの景観は圧巻。

075 （チェコ）
レドニツェ城 🏛
Lednice Castle
リヒテンシュタイン家が夏の離宮として主に使用。周囲の庭園の美しさでも名高い。

076 （ドイツ）
エルツ城
Eltz Castle
ドイツ3大美城のひとつともいわれる。800年以上にわたり、同じ家系が所有している。

077 （ドイツ）
ツヴィンガー宮殿
Zwinger
古都・ドレスデンの街を代表するバロック建築の傑作。絵画館などを併設している。

078 （ドイツ）
ディンケルスビュール
Dinkelsbuhl
幾多の戦火の影響をほとんど受けておらず、中世の街並みがきれいに保存されている。

079 （ドイツ）
ハイデルベルク城
Heidelberg Castle
旧市街の丘に立つ。17世紀の三十年戦争などによって破壊されたさまが残る。

080 （ドイツ）
バンベルク 🏛
Bamberg
1007年に司教座が創設され、発展した。壮麗な大聖堂や旧市庁舎などがみどころ。

081 （ドイツ）
フロイデンベルク
Freudenberg
灰色の屋根に白い壁の伝統的な家々が整然と並ぶ。モノトーンの風景が独特。

082 （ドイツ）
ボーデ博物館 🏛
Bode-Museum
彫刻やコイン、メダルを所蔵。シュプレー川から眺めるエントランスのドームが印象的。

083 （ドイツ）
ボン
Bonn
ベートーヴェンを輩出した芸術の街で、春の桜並木の美しさでも有名。

084 （ハンガリー）
ヘーヴィーズ温泉湖
Thermal Lake of Heviz
世界最大の天然温泉湖。湖底からは40℃近くの温泉が湧き続けている。

085 （ハンガリー）
トカイ 🏛
Tokaj
ワインの産地として有名な街。広大なブドウ畑が広がり、ワイナリーが軒を連ねる。

086 （ハンガリー）
マーチャーシュ教会
Matthias Church
モザイク屋根が特徴のカトリック教会。内部のフレスコ画やステンドグラスは必見。

087 （フランス）
アヴィニョン 🏛
Avignon
かつてローマ法王庁が置かれた街。12世紀に架けられたサン・ベネゼ橋は童謡でも登場。

088 （フランス）
イヴォワール
Yvoire
レマン湖畔の街。石畳の路地に色鮮やかな花々や石造りの建物が立ち並ぶ。

089 （フランス）
ヴェルドン峡谷
Verdon Gorge
断崖絶壁が続く険しい峡谷。エメラルドグリーンのヴェルドン川が崖の間を流れる。

090 （フランス）
ガヴァルニー圏谷 🏛
Gavarnie Cirque
2万年以上前に氷河の浸食によりできたU字形の谷。ピレネー山脈の山々や滝も必見。

091 （フランス）
シュノンソー城 🏛
Chenonceau Castle
建物を囲む庭園も優雅な城。女性が代々城主だったため『6人の女の城』とも。

092 （フランス）
ストラスブール 🏛
Strasbourg
アルザス地方の中心都市。大聖堂と木組みの家が集まったエリアがみどころ。

093 （フランス）
ポン・デュ・ガール 🏛
Pont du Gard
約2000年前に造られた水道橋。古代ローマの建築技術の高さを感じさせる。

094 （フランス）
ルシヨン
Roussillon
黄土の岩肌の上にある村。家々の壁や屋根は黄土が混じった暖色系の色みで美しい。

095 （ベルギー）
アントワープ
Antwerp
ノートルダム大聖堂など歴史的みどころの多い都市。『フランダースの犬』の舞台にも。

096 （ポーランド）
ヴァヴェル城 🏛
Wawel Royal Castle
かつての国王の居城。戴冠式が行われた大聖堂をはじめ、旧王宮、王の墓などが残る。

097 （ポーランド）
グダニスク
Gdansk
ハンザ同盟都市として栄えた港町。旧市街には当時の面影を伝える建物が並ぶ。

098 （ポーランド）
ザリピエ
Zalipie
約750人が暮らす小さな村。家々や教会など、建物には花々の絵が施されている。

099 （ポルトガル）
アゲダ
Agueda
アートイベントを毎年夏に開催。ショッピングストリートがカラフルな傘で彩られる。

100 （ポルトガル）
アゼーニャス・ド・マール
Azenhas do Mar
断崖絶壁に軒を連ねる小さな街。ポルトガルでも有数の美しい村としても人気。

101 （ポルトガル）
サンタナ
Santana
マデイラ島北東部にある村。カラフルな壁が特徴的な茅葺き屋根の家々が並ぶ。

102 （ポルトガル）
モンサント
Monsanto
巨大な岩石が点在する村。家に岩石が組み込まれるなど、暮らしに密接している。

103 （マルタ）
青の洞門
Blue Cave
神秘的な青の世界が広がる洞窟。光に反射する海水が輝き、美しい色彩を楽しめる。

中東

104 （アフガニスタン）
バンデ・アミール
Band-E Amir Lakes
山岳地帯にある「砂漠の真珠」と例えられるほどの透明度を誇る6つの湖の総称。
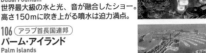

105 （アラブ首長国連邦）
ドバイ・ファウンテン
Dubai Fountain
世界最大級の水と光、音が融合したショー。高さ150mに吹き上がる噴水は迫力満点。

106 （アラブ首長国連邦）
パーム・アイランド
Palm Islands
ヤシの木（パームツリー）をイメージした人工島。観光資源を目的に造られた。

107 （イエメン）
トゥーラ
Thula
イエメン西部の山岳部族が住む村。強固な造りでかつて城砦都市として栄えた。

108 （イスラエル）
テルアビブの白い都市 🏛
White City of Tel Aviv
バウハウス様式の建物が並ぶ中東有数の国際都市。白亜の街全体が世界遺産である。

109 （イラン）
シャイフ・ルトゥフッラー・モスク
Sheikh Lotfollah Mosque
イマーム広場に立つ。内外を青や黄色の彩釉タイルで飾られた美しいドームが魅力。

110 （イラン）
フィン庭園 🏛
Fin Garden
水と緑あふれるペルシャ式庭園。敷地内にはペルシャ工芸を展示する博物館もある。

111 （オマーン）
スルタン・カブース・グランドモスク
Sultan Qaboos Grand Mosque
絢爛豪華な造りはまるで宮殿のよう。整備された庭園や内部のモザイク装飾が見事。
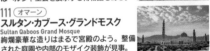

112 （クウェート）
アル・シャヒード・パーク
Al Shaheed Park
最先端の建築と芸術作品が統合された都市公園。美しい庭園や彫刻が園内を彩っている。

113 （サウジアラビア）
アル・ラーマ・モスク
Al Rahma Mosque
海に浮かぶように立つ水上モスク。白く輝く尖塔とドーム型の屋根が目を引く。

114 （サウジアラビア）
アル・ワーバ・クレーター
Al Wahbah Crater
ジッダから東に約350kmの砂漠地帯に現れる、直径約2kmの火山クレーター。

115 （シリア）
ウマイヤ・モスク
Umayyad Mosque
世界で最も古いイスラム教の礼拝所のひとつ。ガラス・モザイクの装飾が美しい。

116 （トルコ）
アマスラ
Amasra
黒海に浮かぶ小さな街。青い海とオレンジの屋根の家々のコントラストが見事。

117 （トルコ）
スメラ修道院
Sumela Monastery
アルトゥンデレ渓谷の断崖絶壁に立つ。約300mの高さに岩をくりぬいて造られた。

118 （レバノン）
ビブロス 🏛
Byblos
地中海の歴史が凝縮された古都で、フェニキア文明の中心地ともいわれる。

119 （インド）
アーグラ城塞
Agra Fort
赤砂岩で築かれたムガル帝国時代の城。宮殿の内部は白い大理石で覆われている。

120 （インド）
アジャンター石窟寺院群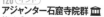
Ajanta Caves
ワゴーラー川沿いの断崖を約550mにわたって築かれた大小30の仏教石窟寺院群。

121 （インド）
アンベール城
Amber Fort
荒涼とした大地に立つかつての王城。無骨な外観だが内部は繊細で優美な宮殿建築に。

122 （インド）
ガンジス川
Ganges
中流域に位置するバラナシはヒンドゥー教の聖地。教徒が沐浴をする風景は圧巻。

123 （インド）
チッタウルガル砦 🏛
Chittorgarh Fort
世界遺産「ラジャスタンの丘陵城塞群」のひとつ。塔に施された壁面彫刻が見事。

124 （インド）
チャンドバオリ階段井戸
Chand Baori Stepwell
北部のアブハネリにある階段井戸。9世紀ごろに造られたとされ、深さ約30mにも及ぶ。

125 （インド）
ニュー・ヴィシュヴァナート寺院
New Vishwanath Temple
シヴァ神を祀る寺院。破壊前のヴィシュヴァナート寺院をモデルにして造られた。

126 （インドネシア）
イジェン火山
Ijen Volcano
600℃以上にもなる硫黄ガスが自然発火し、青い炎のように輝く現象が見られる。

127 （インドネシア）
ウルワツ寺院
Uluwatu Temple
11世紀に建造された約70mの崖上に立つ寺院。インド洋に沈む夕日が美しい。

128 （インドネシア）
コモド島 🏛
Pulau Komodo
コモドドラゴンの生息地としても有名なインドネシアの秘境。アクティビティも充実。

129 （インドネシア）
プランバナン寺院群 🏛
Prambanan Temple Compounds
9世紀に建てられたヒンドゥー教寺院群。ジャワ建築の最高傑作でシヴァ神殿が有名。

130 （インドネシア）
ブロモ山
Mt. Bromo
巨大なクレーターの中にある活火山。ヒンドゥー教の聖地として信仰されている。

131 （ウズベキスタン）
タシュケントの地下鉄
Tashkent Metro
2018年まで撮影が禁じられていた、芸術作品のような世界屈指の美しい地下鉄。

132 （ウズベキスタン）
船の墓場
Ship Graveyard
「20世紀最大の環境破壊」ともよばれる、砂漠化したアラル海に残された廃船。

133 （ウズベキスタン）
ブハラ歴史地区 🏛
Historic Centre of Bukhara
中央アジアの歴史ある街。イスラム建築の傑作、イスマイール・サマニ廟が有名。

---

134 （カザフスタンほか）
ウスチュルト台地
Ustyurt Plateau
海底の隆起とカスピ海の海岸後退などによってつくり出された広大な白亜の大地。

135 （カザフスタン）
タムガリ 🏛
Tamgaly
紀元前14世紀以降に描かれた、約5000点にも及ぶ岩絵群の遺跡が残る峡谷。

136 （カザフスタン）
ヌル・アスタナ・モスク
Nur Astana Mosque
金色のドームと館内の青く細かい装飾が美しいカザフスタン最大級のモスク。

137 （韓国）
漢拏山 🏛
Mt. Hallasan
済州島の中心にそびえる韓国最高峰の山。春は満開のツツジが織りなす景色が美しい。

138 （韓国）
仏国寺 🏛
Bulguksa
韓国を代表する仏教寺院。新羅時代を象徴する多宝塔と釈迦塔が残されている。

139 （カンボジア）
タ・プローム 🏛
Ta Prohm
緑に覆われたアンコール遺跡群のひとつ。映画『トゥーム・レイダー』の舞台で有名。

140 （カンボジア）
プノン・クーレン
Phnom Kulen
アンコール発祥の地として人々の信仰を集める聖山。シヴァを表す彫刻などがある。

141 （カンボジア）
プノンペン
Phnom Penh
王宮、仏教寺院、フランス植民地時代の面影がある建物が共存するカンボジアの首都。

142 （キルギス）
アラ・アルチャ国立公園
Ala Archa National Park
山頂は標高4895mにもなる国立公園。遊歩道が整備され、山岳ハイキングが楽しめる。

143 （キルギス）
タシュ・ラバット
Tash Rabat
キルギス南部の高原地帯にある、かつて隊商宿として使われていた石造りの建物。

144 （シンガポール）
オールド・ヒル・ストリート・ポリス・ステーション
Old Hill Street Police Station
1934年に建てられた旧ヒル・ストリート警察署。927枚のカラフルな窓が特徴。

145 （シンガポール）
セントーサ島
Sentosa Island
シンガポール島の南に位置するレジャーが豊富な島。ケーブルカーからは島を一望。

146 （スリランカ）
アヌラーダプラ 🏛
Anuradhapura
仏教遺跡が多く残る古都。スリー・マハー菩提樹は樹齢2000年を超える。

147 （スリランカ）
ゴール 🏛
Galle
さまざまな国の伝統が融合したエキゾチックな街並み。城塞都市の旧市街は必見。

148 （スリランカ）
シギリヤ・ロック 🏛
Sigiriya Rock
高さ約195mの巨岩の頂上に王宮跡があり、ジャングルを見渡す絶景が広がる。

149 （スリランカ）
アジア
ヒッカドゥワ・ビーチ
Hikkaduwa Beach
スリランカの人気リゾートにある、美しいビーチ。ウミガメに出会えることもある。

150 （スリランカ）
ポロンナルワ 🏛
Polonnaruwa
仏教文化の栄華を誇るシンハラ王朝の遺跡。巨岩に刻まれた4体の仏像が有名。

151 （タイ）
ジェームスボンド島
James Bond Island
海にそそり立つ巨石や洞窟、奇岩がみどころの島。映画『007』のロケ地になり有名に。

152 （タイ）
プラヤーナコーン洞窟
Phraya Nakon Cave
洞窟に光が差し込み、神秘的に輝くクーハーカルハット宮殿がパワースポットとして人気。

153 （タイ）
ブルー・プール
Blue Pool
自然がつくり出す青く神秘的な天然プール。期間限定で公開され、遊泳などは禁止。

154 （タイ）
ワット・パークナム・ケーム・ヌー
Wat Pak Nam Khaem Nu
青と白で装飾された寺院。風化対策に使われたセラミックタイルの光沢が印象的。

155 （タイ）
ワット・ポー
Wat Pho
巨大な涅槃仏で有名なバンコク最古・最大の寺院。タイ古式マッサージの総本山。

156 （台湾）
愛河
Love River
高雄市を流れる河川。ライトアップが美しく、ナイトクルーズで風景を楽しめる。

157 （台湾）
三仙台（三国台竜橋）
Sanxiantai
美しい8つのアーチ橋が架かる小島。3つの岩石を仙人に見立てて名付けられた。

158 （台湾）
春秋閣
Spring and Autumn Pavilions
龍虎塔と並ぶ蓮池潭の観光地。春閣と秋閣の間に騎龍観音像が立つ。

159 （台湾）
雙心石滬
Twin Hearts Stone Weir
浅瀬に石で造られた伝統的な漁のトラップ。干潮時にはきれいなハート形が現れる。

160 （台湾）
美麗島駅
Formosa Boulevard Station
「世界で最も美しい地下鉄の駅」第2位に選出。約4500枚のステンドグラスが輝く。

161 （台湾）
忘憂森林
Wangyou Forest
大地震による地形の変動で生まれた水辺。立ち枯れの木々が幻想的に広がる。

162 （台湾）
龍虎塔
Dragon and Tiger Pagodas
蓮池潭に建てられた高雄屈指のパワースポット。極彩色の塔がインパクト大。

163 （台湾）
龍山寺
Lungshan Temple
清時代の1738年に創建された台北最古の寺。台北を代表する人気のパワースポット。

164 （タジキスタン）
アジア
ファン山脈
Fann Mountains
国の北西部にあり、トレッキングスポットとして人気。湖に反射する山々が美しい。

165 （中国）
黄山
Mount Huangshan
断崖絶壁の山々の間に雲海が広がる水墨画のような風景で名高い。多くの文人が訪れた。

166 （中国）
黄龍 🏛
Huanglong
石灰分を含んだ湧水により、棚田状に連なったエメラルドグリーンの池が形成された。

167 （中国）
洪崖洞
Hongyadong
伝統的な建物が複雑に入り組んだ独特な景観。夜はライトアップされ、幻想的に。

168 （中国）
紅海灘
Red Beach
「レッド・ビーチ」とよばれる湿地帯。秋にマツナという植物が一面を真紅に染める。

169 （中国）
紫禁城 🏛
Forbidden City
約500年近くにわたり明、清朝の皇城であった故宮で、現在は中国最大規模の博物院。

170 （中国）
秦淮河
Qinhuai River
夜になると家々に明かりが灯され、その軒先に並ぶ提灯が川の水面に反射する。

171 （中国）
石林 🏛
Shilin
森林の中に、さまざまな石柱が重なり続く石の森林のような珍しい光景が広がる。

172 （中国）
天門山
Tianmen Mountain
標高1518mの山頂に向かい、99のヘアピンカーブが続く通天大道がみどころ。

173 （中国）
兵馬俑 🏛
Terracotta Army
始皇帝陵に副葬された推定8000体といわれる実物大の兵士、馬、戦車の陶俑。

174 （中国）
鳳凰古城
Feng huang Ancient Town
少数民族が暮らすノスタルジックな街。中心には川が流れ、船で遊覧できる。

175 （トルクメニスタン）
ニサ遺跡 🏛
Nisa
パルティア王国の繁栄を象徴する古代都市遺跡。建物のほとんどが土でできている。

176 （トルクメニスタン）
メルヴ遺跡 🏛
Merv
カラクム砂漠にある、紀元前6～18世紀にかけて栄えた中央アジア最大の遺跡。

177 （ネパール）
スワヤンブナート 🏛
Swayambhunath
首都カトマンズに立つネパール最古の仏教寺院。仏塔からは5色の祈祷旗がたなびく。

178 （ネパール）
セティ・ガンダキ川
Seti Gandaki River
セティはネパール語で白を意味する。ネパール第2の観光都市ポカラなどを流れる。

179 （ネパール）
ダンプス
Dhampus
マチャプチャレやアンナプルナ連峰など8000m級の山々が一望できる小さな村。

180 （ネパール）
ペワ湖
Phewa Lake
ポカラ市街に位置する面積約5km²の淡水湖。ネパールを代表する景勝地。

181 （パキスタン）
フンザ
Hunza
山々に囲まれた盆地。春に咲く花々や秋の紅葉など四季折々の景色が美しい。

182 （パキスタン）
モヘンジョダロ 🏛
Mohenjo-Daro
紀元前25世紀ごろからインダス川流域で繁栄した、インダス文明最大の都市遺跡。

183 （パキスタン）
ロータス城塞 🏛
Rohtas Fort
周囲約4kmに及ぶ難攻不落の巨大城塞。砂岩で造られた12の門が設置されている。

184 （バングラデシュ）
アッシャン・モンジル
Ahsan Manzil
「ピンク・パレス」ともよばれるダッカの旧領主の邸宅。現在は博物館になっている。

185 （東ティモール）
ジャコ島
Jaco Island
手つかずの自然が残る無人島。神聖な場所で、火気の使用や宿泊が禁止されている。

186 （フィリピン）
エルニド・ビーチ
El Nido Beach
エメラルドグリーンの海に50ほどの無人島が浮かぶ。鋭く切り立った奇岩も点在。

187 （フィリピン）
オスロブ
Oslob
セブ島の南端に位置。ジンベエザメに高確率で出会える海がある街として人気に。

188 （フィリピン）
コルディリェーラの棚田群 🏛
Rice Terraces of the Philippine Cordilleras
ルソン島コルディリェーラ山脈の急斜面に広がる。「天国への階段」とよばれるほど壮大。

189 （フィリピン）
フォーチュン・アイランド
Fortune Island
白い神殿や像が古代ギリシャを思わせる無人島。首都マニラから日帰りで行ける。

190 （ブータン）
パロの棚田
Paro Rice Terraces
山々の合間に田園風景が広がる。季節によってさまざまな表情を見せてくれる。

191 （ブータン）
ブッダ・ポイント
Buddha Point
大仏像が街を見下ろすように鎮座。高さが約51mあり、2010年に完成した。

192 （香港）
益發大廈
Yick Cheong Building
香港の鰂魚涌（クォリーベイ）にあるモンスターマンション。その迫力に圧倒される。

193 （香港）
大澳
Tai O
ランタオ島の西部に位置するのどかな港町。高床式のレトロな水上屋屋が並ぶ。

194 （ベトナム）
タンディン教会
Tan Dinh Crunch
フランス統治時代に造られたコロニアル建築の教会。ピンク色の外観が印象的。

195 （ベトナム）
ハンムア寺院
Hang Mua Temple
山頂に立つ寺院。500段にも及ぶ石段を上るとニンビンの街並みが一望できる。

196 （ベトナム）
フエ 🏛
グエン朝の首都として繁栄し、王宮や寺院などがフォーン川のほとりに点在している。

197 （マレーシア）
キナバル山 🏛
Mount Kinabalu
世界遺産のキナバル自然公園にある、標高4000mを超えるマレーシアの最高峰。

198 （マレーシア）
キャメロン・ハイランド
Cameron Highlands
イギリス統治時代から紅茶栽培が盛んな高原リゾート。丘陵地帯に紅茶畑が広がる。

199 （マレーシア）
レダン島
Redang Island
マレー半島の東海岸沖に浮かぶリゾート島で、砂浜や海の美しさはマレーシア屈指。

200 （ミャンマー）
イエレーパゴダ
Ye Le Pagoda
ヤンゴン郊外の川の中州に建てられた黄金の水上寺院。川に浮かぶ姿は神秘的だ。

201 （ミャンマー）
ウーベイン橋
U Bein Bridge
湖に架かる世界最長の木造の橋で、全長は1.2kmに及ぶ。19世紀半ばに建造。

202 （ミャンマー）
カックー遺跡
Kakku Pagodas
パオ族が暮らすミャンマー中部にある仏教遺跡。2400以上もの仏塔が立ち並ぶ。

203 （ミャンマー）
ガパリ・ビーチ
Ngapali Beach
5km以上白い砂浜が続く。イギリス植民地時代にナポリの海にちなんでこの名に。

204 （ミャンマー）
クトードー・パゴダ
Kuthodaw Pagoda
1859年、ミンドン王により建立。白い小仏塔で埋め尽くされた光景が広がる。

205 （ミャンマー）
ゴッティ鉄橋
Goteik Viaduct
高原地帯に架かる鉄橋は地上約100m、全長約690m。橋の下には豊かな森が広がる。

206 （ミャンマー）
ミャウー
Mrauk U
アラカン王国として栄えた都城。王宮跡や砂岩でできた仏塔、寺院が点在している。

207 （モルディブ）
北マーレ環礁
North Male Atoll
モルディブ最大のリゾート。約50の島々が点在し、美しい海と緑が広がる。

208 （モンゴル）
エルデネ・ゾー僧院 🏛
Erdene Zuu Monastery
1585年に建立されたモンゴル最古の寺院で、世界遺産のオルホン渓谷の一部。

209 （アメリカ）
アール・デコ歴史地区
The Miami Beach Architectural District
マイアミ・ビーチのサウスエリアに広がるパステルカラーのカラフルな建物。

210 （アメリカ）
アカディア国立公園
Acadia National Park
緑豊かな風景と大海原を望む東海岸屈指の絶景。海岸沿いの岩のビーチが有名。

211 （アメリカ）
アルカトラズ島
Alcatraz Island
サンフランシスコ市から2.4kmに浮かぶ連邦刑務所跡地。ツアーによる見学が可能。

212 （アメリカ）
ヴァージン川
Virgin River
ザイオン国立公園に流れるコロラド川の支流。ナバホ砂岩を浸食し力強い景観をつくる。

213 （アメリカ）
ウッデン・シュー・チューリップ祭り
Wooden Shoe Tulip Festival
ウッドバーン郊外にあるチューリップ畑。春になると色とりどりの花が咲き誇る。

214 （アメリカ）
エリー湖
Lake Erie
北アメリカ五大湖のうちのひとつである淡水湖。コバルトブルーの湖面が美しい。

215 （アメリカ）
オケフェノキー国立野生生物保護区
Okefenokee National Wildlife Refuge
オケフェノキー湿地が広がる。淡水の生態系が守られ、ワニなどの爬虫類が暮らす。

216 （アメリカ）
化石の森国立公園
Petrified Forest National Park
木の化石といわれる珪化木が点在する国立公園。約2億1100万年前の珪化木が残る。

217 （アメリカ）
カドー湖
Caddo Lake
カドーとよばれる先住民が暮らすエリア。湿地と檜林に閉ざされた秘境。

218 （アメリカ）
カトマイ国立公園
Katmai National Park
火山灰の中から蒸気が立つ「1万本の煙の谷」が見られる。ヒグマの生息地でもある。

219 （アメリカ）
キャノン・ビーチ
Cannon Beach
ヘイスタック・ロックとよばれる海山が特徴的なビーチ。サーフィンの聖地でもある。

220 （アメリカ）
キャピトル・リーフ国立公園
Capitol Reef National Park
川の激流により削られた赤い岩の渓谷。険しい岩壁が続くが、トレイルはなだらか。

221 （アメリカ）
グラス・ビーチ
Glass Beach
捨てられたガラスが打ち上がりできた海岸。きらめく海岸がフォトジェニックと話題に。

222 （アメリカ）
グレート・サンド・デューンズ国立公園
Great Sand Dunes National Park
北米で最も標高の高い砂丘。非常に風が強く、砂が舞い上がり移動する特殊な環境。

223 （アメリカ）
グレート・スモーキー山脈国立公園 🏛
Great Smoky Mountains National Park
複数の州にまたがる山脈。トレッキングや乗馬、サイクリングができ、地元でも人気。

224 （アメリカ）
コーラル・キャッスル
Coral Castle
個性的な石灰岩の構造物。石ひとつの重さが数tあり、制作・運搬方法は未解明。

225 （アメリカ）
サワロ国立公園
Saguaro National Park
地域原産のサワロサボテンが自生する国立公園。ハイキングコースも整備されている。

226 （アメリカ）
サン・アントニオ・ミッションズ 🏛
San Antonio Missions
スペインの宣教師がキリスト教頒布のために建てた厳かな伝道所が密集する地区。

227 （アメリカ）
シェナンドー国立公園
Shenandoah National Park
ジョージア州からペンシルベニア州にかけて続くブルーリッジ山脈が広がる。

228 （アメリカ）
シャスタ山
Mount Shasta
ネイティブアメリカンの聖地とよばれる山。山頂は万年氷河と雪で覆われる西部の水源。

229 （アメリカ）
ジュノー
Juneau
アラスカ州の都市。海が凍りにくく、夏にはジュノー山を背景に高山植物が開花する。

230 （アメリカ）
ジョシュア・ツリー国立公園
Joshua Tree National Park
2つの砂漠を含む国立公園。砂漠の植物として名高いジョシュア・ツリーが自生する。

231 （アメリカ）
スミスロック州立公園
Smith Rock State Park
ロッククライミングの名所として知られる。展望台やトレッキングコースも整備。

232 （アメリカ）
スミソニアン博物館
Smithsonian Museum
科学、産業、技術、芸術、自然史の博物館が集まる。新古典主義的な建築様式が印象的。

233 （アメリカ）
セントラル・パーク
Central Park
ニューヨークにある都市公園。散策やピクニック、ヨガなどを楽しむローカルが多い。

234 （アメリカ）
ツイン・ピークス
Twin Peaks
サンフランシスコ郊外の展望スポット。美しい高層ビル群や海景色を見渡せる。

235 （アメリカ）
デナリ国立公園
Denali National Park
北米最高峰のマッキンリー山の麓に広がる。トナカイやハイイログマが生息している。

236 （アメリカ）
デビルズ・ブリッジ
Devil's Bridge
セドナのトレイル最終地点にある自然がつくり出した天然岩のアーチ。

237 （アメリカ）
バッドランズ国立公園
Badlands National Park
プレーリーとよばれる大平原と岩山の地帯。先住民の儀式の聖地として崇められている。

238 （アメリカ）
ハリウッド・サイン
Hollywood Sign
ハリウッドヒルズ地区にあるランドマーク。屋外広告として設置されたのが始まり。

239 （アメリカ）
ビスケーン国立公園
Biscayne National Park
米国屈指のダイビングスポット。透き通った湾岸にはマングローブの林も広がる。

240 （アメリカ）
ビバリーヒルズ
Beverly Hills
ロサンゼルスにある高級住宅街。ハイエンドな雰囲気の街に世界のセレブが集まる。

241 （アメリカ）
フィラデルフィア・シティ・ホール
Philadelphia City Hall
歴史ある石造りの建築が見事。展望台からは街を一望でき、館内を巡るツアーもある。

242 （アメリカ）
ブルーボネットの花畑
Taxas Bluebonnet Garden Field
ブルーボネットが一面に咲く花畑。テキサス固有の種で州花になっている。

243 （アメリカ）
ボウリング・ボール・ビーチ
Bowling Ball Beach
干潮時に球形の石が現れるビーチ。荒波による浸食で生まれ、直径は1mほど。

244 （アメリカ）
ボエジャーズ国立公園
Voyageurs National Park
国境に位置する国立公園。森林やケトル滝など、みどころはボート移動で見学できる。

245 （アメリカ）
ボストン
Boston
アメリカで最も歴史の古い街のひとつ。レンガ調のレトロな街並みが魅力的。

246 （アメリカ）
ホワイトハウス
White House
アメリカ大統領の住居で、執務を行う官邸・公邸。外観と周辺の観光ツアーがある。

247 （アメリカ）
マンハッタン島
Manhattan Island
全米一の都市・ニューヨークのきらめく街並みが広がる。高層ビルが立つ夜景が美しい。

248 （アメリカ）
ミシシッピ川
Mississippi River
全長3779km、アメリカで2番目に長い川。ゲートウェイ・アーチの隣を優雅に流れる。

249 （アメリカ）
メンデンホール氷河
Mendenhall Glacier
トンガス国立森林公園周辺の氷河。ビジター・センターのツアーで洞窟内を見学可。

250 （アメリカ）
ラッセン火山国立公園
Lassen Volcanic National Park
カスケード山脈南部の火山地帯。世界最大級の溶岩ドームや、沸騰する泥水泉がある。

251 （アメリカ）
レーストラック・プラヤ
Racetrack Playa
デス・バレー国立公園内にある乾燥地。凍結した雨水と風の力で動く不思議な石が有名。

252 （アメリカ）
ロイヤル・ゴージ・ブリッジ
Royal Gorge Bridge
アーカンソー川に架かる米国一高い吊り橋。鉄道と車で通過でき、トロッコで見学も可。

253 （アメリカ）
ロンバート・ストリート
Lombard Street
サンフランシスコを東西に通る坂道。ヘアピンカーブが続く道と急勾配が特徴的。

254 （アメリカ）
1ワールド・トレード・センター
1 World Trade Center
アメリカで最も高いビル。展望台や商業施設、9/11メモリアル・ミュージアムを併設。

255 （カナダ）
アブラハム湖
Abraham Lake
カナディアンロッキーの麓に位置する氷河湖。コバルトブルーの湖面が鮮やか。

256 （カナダ）
アルゴンキン州立公園
Algonquin Provincial Park
1893年に制定されたカナダで最も古い州立公園。紅葉が艶やかでハイキングも人気。

257 （カナダ）
ウッド・バッファロー国立公園 🏛
Wood Buffalo National Park
複数の川により形成された淡水の三角州が見られる。シンリンバイソンの生息地。

258 （カナダ）
キャピラノ吊り橋
Capilano Suspension Bridge
1889年に造られた吊り橋。高さ70mから森林を一望でき、空中散歩を体感できる。

259 （カナダ）
グロス・モーン国立公園 🏛
Gros Morne National Park
アメリカの大陸形成や移動の痕跡が残る岩石構造をもち、雄大な大地が広がる。

260 （カナダ）
コロンビア氷河
Columbia Icefield
コロンビア山をはじめ、複数のカナディアンロッキーに囲まれた氷原。

261 （カナダ）
シー・トゥー・スカイ・ゴンドラ
Sea to Sky Gondola
スコーミッシュの景勝地。ゴンドラで移動し、山頂から眺める景色は格別。

262 （カナダ）
スピリット島
Spirit Island
カナディアンロッキーの絶景ポイント。ジャスパー国立公園内にある。

263 （カナダ）
ダイナソール州立自然公園 🏛
Dinosaur Provincial Park
大量の恐竜化石が発掘された公園。調査が進むなか、現在も多彩な動植物が暮らす。

264 （カナダ）
チャーチル
Churchill
マニトバ州の都市。タイガ林が広がり、数多くのホッキョクグマが集まっている。

265 （カナダ）
バンクーバー
Vancouver
活気あふれる西海岸の港湾都市。科学館や水族館など観光名所が盛りだくさん。

266 （カナダ）
ミステイクン・ポイント 🏛
Mistaken Point
断崖絶壁の生態系保護区。約2000万年前の化石が埋蔵されている化石の宝庫。

267 （カナダ）
リドー運河 🏛
Rideau Canal
1832年の軍事目的で開通し、現在もほぼ当時のまま使われている北米最古の運河。

268 （カナダ）
ルーネンバーグ旧市街 🏛
Old Town Lunenburg
18世紀、植民地から繁栄した港町。船用のペンキで塗られたカラフルな家が並ぶ。

中南米

269　アメリカ領ヴァージン諸島
ホークスネスト・ビーチ
Hawksnest Beach
ヴァージン諸島国立公園にあるビーチ。静かに打ち寄せる波がプライベート感を演出。

270　キューバ
サンタマリア・ビーチ
Santa Maria Beach
ローカルに人気のビーチ。リゾートホテルやレストランなど、周辺施設も充実。

271　キューバ
プラヤ・ヒロン
Playa Giron
かつてアメリカの侵攻により戦場となった小さな村のビーチ。

272　キューバ
プラヤ・ラルガ
Playa Larga
観光客が少なく穴場の観光地である遠浅のビーチ。日中はもちろん幻想的な夕景も◎。

273　キューバ
モロ城 🏛
Morro Castle
ハバナ湾の入口を守る要塞。白亜の城と灯台は航海のランドマークとしても機能する。

274　ジャマイカ
ドクターズ・ケイブ・ビーチ
Doctors Cave Beach
モンテゴ・ベイにあるビーチ。美しい海を求めて多くの観光客が訪れる一大観光地。

275　ドミニカ共和国
アメリカ首座大司教座聖堂 🏛
Catedral Primada de America
コロンブスが発見した新大陸に、初めてできた聖堂。厳かな空間で歴史を感じられる。

276　ドミニカ共和国
サオナ島
Saona Island
シュノーケリングやボートなどが体験できる熱帯の島。多様な鳥や魚の楽園が広がる。

277　ドミニカ共和国
プラヤ・ボニータ
Playa Bonita
ヴィラが並ぶリゾート感あふれるビーチ。輝く海が見渡せ、裏手には山並みが続く。

278　ドミニカ共和国
プラヤ・マカオ
Playa Macao
白い砂浜や透明度の高いカリブ海を満喫できるビーチ。地元のサーファーに人気。

279　ドミニカ共和国
ホヨ・アズール
Hoyo Azul
プンタ・カナの洞窟にあるクリスタルブルーの泉。天然のプールにはジャンプ台も設置。

280　トリニダード・トバゴ
パラツビエ湾
Parlatuvier Bay
トバゴ島北東部にある小さな湾。ジャングルに囲まれた隠れスポットとして近年話題。

281　プエルトリコ
プラヤ・フラメンコ
Playa Flamenco
クレブラ島にある浅瀬のビーチ。馬蹄形の湾にあり、ターコイズブルーの海が爽快。

282　グアテマラ
聖トーマス祭
Santo Tomas Festival
12月に行われる聖トーマス教会の祭典。衣装を身につけた聖人のパレードが独創的。

283　グアテマラ
チチカステナンゴ
Chichicastenango
マヤのキチェ族の文化が残る街。毎週開かれるローカル市場が観光におすすめ。

中南米

284　グアテマラ
モンテリコ
Monterrico
火山性の黒砂のビーチとウミガメの産卵地として知られるビーチリゾート。

285　ニカラグア
レオン大聖堂 🏛
Leon Cathedral
中米最大級のカトリック教会。低く太い塔などスペイン建築と中米の特性が融合する。

286　ニカラグア
レオン・ビエホ遺跡群 🏛
Ruinas de Leon Viejo
レオン大聖堂を含む、スペインのコロニアル様式の建築や遺構が残る貴重な遺跡群。

287　ホンジュラス
ロアタン島
Roatan Island
ダイバーの楽園といわれるカリブ海に浮かぶ島。船で渡ることができる。

288　メキシコ
アクマル・ビーチ
Akumal Beach
ガイドツアーに参加し、ウミガメと一緒に泳げるビーチとして名高い。

289　メキシコ
カーン・ルーム・ラグーン
Laguna de Kaan Luum
秘境スポットと話題の天然の泉。コバルトブルーの神秘的な色で、泳ぐこともできる。

290　メキシコ
サン・クリストバル・デ・ラス・カサス
San Cristobal de las Casas
先住民族の伝統的な集落が多く残る街。趣のあるコロニアル建築が立ち並ぶ。

291　メキシコ
シカセル・ビーチ
Xcacel Beach
さらさらとした白い砂浜とカリブ海が美しいビーチ。ローカルな雰囲気が感じられる。

292　メキシコ
セノーテ・シケケン
Cenote Xkeken
かつてマヤの地下世界へ続くと考えられていた泉。澄んだ水で満たされ美しく輝く。

293　メキシコ
テンプロ・マヨール遺跡 🏛
Templo Mayor de Mexico-Tenochtitlan
アステカの中心都市にあった巨大神殿の跡地。巧妙な構造や建築過程を学べる。

294　メキシコ
ドルフィン・ビーチ
Dolphin Beach
カリブ海を一望できる爽やかなビーチ。カンクンのホテルが立ち並ぶエリアに広がる。

295　メキシコ
メリダ
Merida
かつてのスペイン人の居住区が歴史地区として保存されているフォトジェニックな街。

296　アルゼンチン
ウマウアカの谷 🏛
Quebrada de Humahuaca
7つの色をもつ丘があることで有名な渓谷。グランデ川の浸食により生まれたもの。

297　アルゼンチン
エル・アテネオ・グランド・スプレンディッド
El Ateneo Grand Splendid
世界で最も美しい書店に名が挙がる本屋。劇場として造られた内装は豪華絢爛。

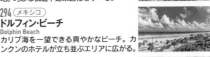

298　アルゼンチン
ラ・ポルボリージャ鉄橋
Viaducto La Polvorilla
地上からの高さは最高63m、標高4200mに位置する鉄橋。

299 （エクアドル）
オタバロ
Otavalo
先住民オタバロ族の街。スペイン統治時代から織物技術で栄え、鮮やかな市場が名物。

300 （コロンビア）
グアタペ
Guatape
おもちゃのようにカラフルな家や建物が集まる街並み。壁に施された装飾も個性的。

301 （コロンビア）
タイロナ国立公園
Tayrona National Park
先住民が暮らし、ジャングルと海が広がる神聖な公園。開放感あるビーチが美しい。

302 （チリ）
アタカマ塩湖
Salar de Atacama
山に囲まれた広大な塩湖。フラミンゴの保護区であり、ロマンチックな夕景も見事。

303 （チリ）
サンティアゴ
Santiago
南アメリカ有数の国際都市。高層ビルの夜景と歴史的建造物が共存。

304 （チリ）
ネフ氷河
Nef Glacier
アンデス山脈の南端部にある氷河のひとつ。気候変動により後退しており、貴重な景観。

305 （ブラジル）
王立ポルトガル図書館
Royal Portuguese Cabinet of Reading
ポルトガル文化を伝えるために設立された図書館。荘厳な書棚が幻想的な空間をつくる。

306 （ブラジル）
オウロ・プレット 🏛
Ouro Preto
ゴールドラッシュに沸いた歴史都市。中世ヨーロッパのような赤い屋根の建築が素敵。

307 （ブラジル）
ゴイアス歴史地区 🏛
Goias
18〜19世紀、植民地時代のヨーロッパ建築や色とりどりの家が残る美しい街並み。

308 （ブラジル）
コパカバーナ・ビーチ 🏛
Copacabana Beach
ブラジルで最も活気のあるビーチ。全長4kmの弓なりの砂浜が特徴的。

309 （ブラジル）
ブージョス
Buzios
20を超えるビーチが集まるリゾート街。小舟が浮かぶ穏やかな海でのんびり過ごせる。

310 （ペルー）
パラカス国立自然保護区
Paracas National Reserve
絶滅危惧種のフンボルトペンギン、アザラシ、フラミンゴなどが生息する。

311 （ペルー）
モライ遺跡
Moray Remain
円形の窪みの内部が段構造になっているインカ遺跡の一部。いまだ調査が続いている。

312 （ペルーほか）
インカ道 🏛
Inca Road
インカ帝国が整備した道路網跡。ペルーなど6カ国を縦断し、「偉大な道」を意味する。

313 （ボリビア）
オルーロ・カーニバル
Oruro Carnival
南米3大カーニバルのひとつ。先住民の信仰とキリスト教が融合した文化が個性的。
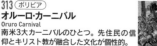

314 （アルジェリア）
アセックレム高原
Asekrem
首都から約1500㎞に位置する高原。奇岩が果てしなく連なる光景が美しい。

315 （アルジェリア）
アルジェのカスバ 🏛
Kasbah of Algiers
首都アルジェの旧市街。伝統的な家々やトルコ式の浴場、モスク、宮殿などが残る。

316 （アルジェリア）
タッシリ・ナジェール 🏛
Tassili n'Ajjer
サハラ砂漠の南、約800㎞にわたり連なる山脈。太古の岩壁画も多く残る。

317 （エジプト）
アレキサンドリア
Alexandria
「地中海の真珠」ともよばれる美しい港町。アレクサンドロス大王によって建設。

318 （エジプト）
エドフ神殿
Temple of Edfu
エジプトで最も保存状態のよい遺跡のひとつ。プトレマイオス朝時代に建造された。

319 （エジプト）
ダハブ
Dahab
紅海に面したビーチリゾート。透明度が高い海はダイビングスポットとしても人気。

320 （エジプト）
ナイル川
The Nile
世界最長級の河川。古代から流域に暮らす人々の生活や文化に影響を与えている。

321 （エチオピア）
アブナ・イエマタ教会
Abuna Yemata Guh
高さ760mの岩窟を登った先にある。教会内部の色鮮やかなフレスコ画が見事。

322 （エチオピア）
エルタ・アレ火山
Erta Ale
ダナキル砂漠にある活火山。山頂の火口付近には世界最古の溶岩湖がある。

323 （エチオピア）
ファジル・ゲビの宮殿群 🏛
Fasil Ghebbi
かつての首都ゴンダールにある小高い丘。17〜18世紀の居城や聖堂などが点在。

324 （ケニア）
ジーザス要塞 🏛
Fort Jesus
スペイン王フェリペ2世の命により建設。東アフリカの交通の要衝として栄えた。

325 （サントメ・プリンシペ）
サントメ山
Pico de Sao Tome
標高2024mの楯状火山。森に覆われており、徒歩でしか登ることができない。

326 （ジブチ）
アッサル湖
Lake Assal
地球上で最も塩濃度が高い湖のひとつ。岩塩の採掘場。アフリカ大陸の最低標高地点。

327 （ジンバブエ）
マトボの丘 🏛
Matobo Hills
花崗岩でできた巨大な奇岩が点在する。先史時代には人々が岩の内部で暮らした。

328 （ジンバブエ）
マナ・プールズ国立公園 🏛
Mana Pools National Park
雨季に川が氾濫する一帯。一面が湖のようになり、大型動物が水を求めて集まる。

アフリカ

329 （セネガル）
ジュッジ国立鳥類保護区
Djoudj National Bird Sanctuary
サヘル地域唯一の緑地帯で、350種、300万羽以上の渡り鳥が飛来する。

330 （タンザニア）
オルドイニョ・レンガイ
Ol Doinyo Lengai
マサイ族の言葉で「神の山」を意味する。炭酸塩岩を噴出する世界で唯一の活火山。

331 （タンザニア）
ナトロン湖
Lake Natron
半乾燥地域にある強アルカリ塩湖。赤色に染まることから「炎の湖」ともよばれる。

332 （フランス領レユニオン）
シラオス圏谷
Cilaos
火山によってすくい取るように削られた独特の地形に、美しい街並みが広がる。

333 （マダガスカル）
ボネ・ド・パップ山
Bonnet de Pape
ユニークな形状から「お父さんの帽子」とよばれる巨大な花こう岩の一枚岩。

334 （マリ）
バンディアガラの断崖
La Falaise de Bandiagara
ドゴン族の居住地域となっている崖。およそ700の村落に約25万人が暮らす。

335 （南アフリカ）
喜望峰
Cape of Good Hope
アフリカ大陸の最南西端。インド航路を発見したことを記念して名付けられた。

336 （南アフリカ）
ビッグ・ホール
Big Hole
かつての露天掘りのダイヤモンド鉱坑。人力で掘られた穴としては世界最大級。

337 （南アフリカ）
ボ・カープ
Bo-Kaap
ケープマレーとよばれる民族集団が独自の文化を築く。カラフルな住居が立ち並ぶ。

338 （南アフリカ）
ワインランド
Winelands
周囲を1000m級の山々が囲むワイン生産地。約700軒ものワイナリーが点在。

339 （モーリシャス）
ル・モーン・ブラバン
Le Morne Brabant
モーリシャスの南西端に位置する半島。標高556mのル・モーン山がシンボル。

340 （モザンビーク）
モザンビーク島
Ilha de Mozambique
ポルトガル植民地時代の貿易拠点。美しいビーチや歴史的建造物がみどころ。

341 （モロッコ）
マジョレル庭園
Majorelle Garden
マラケシュ新市街にある鮮やかな青色とアール・デコ風建築が印象的な庭園。

342 （リビア）
ガダミス
Ghadames
全長7kmの城壁で囲まれた旧市街。石灰を塗った白いレンガの建物群が特徴的。

343 （ルワンダ）
キガリ
Kigali
ルワンダの首都。いたるところに丘が広がり、斜面には多くの家々が立ち並ぶ。

オセアニア

344 （オーストラリア）
エア・ハイウェイ
Eyre Highway
オーストラリア大陸南部の平原を横断するハイウェイ。長い直線道路で有名。

345 （オーストラリア）
ピナクルズ
Pinnacles
パースから北へ約250km、砂漠に林立する無数の奇岩群がつくり出す不思議な光景。

346 （オーストラリア）
ヒリアー湖
Lake Hillier
ルシェルシュ群島で最大のミドル島にある湖。ピンク色をしていることで知られる。

347 （オーストラリア）
ブリッドストゥ・ラベンダー・エステート
Bridestowe Lavender Estate
タスマニア島にあり、約105haの広さを誇る世界最大級のラベンダー畑。

348 （オーストラリア）
ロットネスト島
Rottnest Island
パース西部の沖合18kmにある島。世界一幸せな動物といわれるクオッカに出会える。

349 （サモア）
アロファアガ噴水孔
Alofaaga Blowholes
サバイイ島にある噴水孔。噴出音とともに10〜20mの高さまで海水が噴き上がる。

350 （ニューカレドニア）
イル・デ・パン
Isle of Pines
白い砂浜、ナンヨウスギで有名な島。多くの熱帯魚が集まる天然プールはまさに天国。

351 （ニュージーランド）
アオラキ／マウント・クック国立公園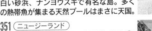
Aoraki／Mount Cook National Park
国内最高峰を中心に広がり、標高3000m以上の山々や、幾多の氷河が美景をつくる。

352 （ニュージーランド）
インフェルノ火口湖
Inferno Crater Lake
ワイマング火山渓谷にある、鮮やかなミルキーブルーの火口湖。水温は80℃前後。

353 （ニュージーランド）
ワイオタプ・サーマル・ワンダーランド
Wai-O-Tapu Thermal Wonderland
カラフルな地熱地帯。各温泉池やクレーターには「画家のパレット」など名前がつく。

354 （ニュージーランド）
ワナカ湖
Lake Wanaka
南島に位置し、南北に細長い湖。湖に生える木が写真映えすると話題に。

355 （バヌアツ）
メレの滝
Mele Cascades
エファテ島西部のジャングルにある、階段状になった滝。滝つぼで泳ぐこともできる。

356 （パラオ）
カヤンゲル島
Kayangel Island
パラオの北部にある小さな有人島。干潮時に現れるロングビーチが美しいと人気。

357 （ハワイ）
マウナ・ケア
Mauna Kea
世界各国の天文台が集まるハワイの最高峰。美しいサンセットや星空が楽しめる。

358 （ハワイ）
ワイピオ渓谷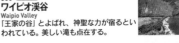
Waipio Valley
「王家の谷」とよばれ、神聖な力が宿るといわれている。美しい滝も点在する。

初版発行　2020 年 12 月 1 日
三刷発行　2021 年 5 月 1 日

編集人　山本祐介
発行人　今井敏行
発行所　JTB パブリッシング
　　　　〒162-8446 東京都新宿区払方町 25-5
　　　　編集　03-6888-7878
　　　　販売　03-6888-7893
　　　　https://jtbpublishing.co.jp/

編集・制作　海外情報事業部
　　　　　　棚田素乃
取材・執筆　K&B パブリッシャーズ
　　　　　　遠藤優子
　　　　　　伊勢本ポストゆかり
表紙デザイン　中嶋デザイン事務所
デザイン　　K&B パブリッシャーズ
撮影・写真協力　Getty Images
　　　　　　アフロ
　　　　　　アマナイメージズ
　　　　　　istock
　　　　　　Shutterstock
　　　　　　PIXTA
　　　　　　123RF
　　　　　　関係各施設
地図製作　　K&B パブリッシャーズ
印刷所　　　佐川印刷

おでかけ情報満載『るるぶ & more.』
https://rurubu.jp/andmore/

本誌掲載の記事やデータは、特記のない限り 2020 年 9 月現在のものです。各種データを含めた掲載内容の正確性には万全を期しておりますが、その後変更になることがあります。本書に掲載している国名や地名は、通称名を用いている場合があります。なお、本書に掲載された内容による損害等は、弊社では補償致しかねますので、あらかじめご了承くださいますようお願いいたします。